MES SOUVENIRS

OUVRAGES DU MÊME AUTEUR

	Vol.
POINT ET VIRGULE, recueil de nouvelles	1
PARIS-HISTOIRE	1
PALSAMBLEU, roman	1
ENTRE MINUIT ET UNE HEURE	1
BIOGRAPHIE DE MÉRY	1
TROIS ROSES DANS LA RUE VIVIENNE, roman	1
LES CAPRICES DE DIOMÈDE, roman	1
FOSCA, roman	1
TOUT A L'AMBRE ET TOUT A L'AIL	1
PARIS NOUVEAU JUGÉ PAR UN FLANEUR	1
TARTE A LA CRÈME (histoires humouristiques)	1
LES VINGT-HUIT JOURS D'ANAÏS, roman	1
LADY DON JUAN (Iseult), roman	1
LE STORE BAISSÉ, roman	1

MES
SOUVENIRS

LES BOULEVARDS
DE
1840-1870

PAR

GUSTAVE CLAUDIN

QUATRIÈME ÉDITION

PARIS
CALMANN LÉVY, ÉDITEUR
ANCIENNE MAISON MICHEL LÉVY FRÈRES
3, RUE AUBER, 3
—
1884
Droits de reproduction et de traduction réservés

MES SOUVENIRS

PREMIÈRE PARTIE

— PARIS —

De 1840 à 1851

Je n'ai jamais rien été, je ne suis rien, et je ne serai jamais rien. Pourquoi alors, me demandera-t-on, raconter vos souvenirs?

Pourquoi? Parce que, favorisé par le hasard, j'ai eu cette bonne fortune, depuis 1840, d'être toujours placé aux premières loges pour voir et entendre les comédies et les tragédies qui ont été jouées à Paris, et approcher de très près les grands comédiens qui ont tour à tour paru sur la scène.

Cela dit, rien n'étant ennuyeux comme un préambule, j'entre tout de suite en matière.

Je suis né à la Ferté-sous-Jouarre, département de Seine-et-Marne. A cette époque le siècle était majeur. Je n'ai jamais été au collège. J'eus pour professeurs deux séminaristes : l'un s'appelait Alexandre Leduc, latiniste distingué ; l'autre, Hégésippe Moreau, un charmant poète mort tout jeune à l'hôpital. Pour les sciences, j'eus pour précepteur l'abbé Rigaud, un jésuite fort riche qui, s'il avait daigné écrire, aurait prouvé qu'il était un savant de premier ordre.

Ce fut avec Hégésippe Moreau que je terminai mes classes. Après m'avoir bien saturé de latin, de grec, d'histoire, de rhétorique et de philosophie, il me conduisit à la Sorbonne au mois de juin 1837 et me fit passer mon examen de bachelier. Je fus interrogé par des hommes illustres qui s'appelaient Victor Leclerc, lequel eut la bonté de me pardonner un contre-sens que je fis en traduisant un passage du discours de Démosthène *pro Corona*, par Saint-Marc Girardin, qui me demanda le nom de la femme de Marc-Aurèle, et par Jeoffroy, député-rapporteur de la question d'Orient en 1840 et auteur d'un remarquable traité de *métaphysique*.

Hégésippe Moreau, que mes parents aimaient beaucoup, me traitait plus en ami qu'en élève. Quand je fus reçu bachelier, il me dit de sa voix douce : « Maintenant tu as le droit de lire les mauvais livres, et tu vas venir au théâtre avec moi. »

Il me conduisit au Vaudeville, situé alors dans cette rue de Chartres qui n'existe plus. Là il était heureux. Étienne Arago, qui était directeur, jouait les pièces qu'il lui apportait et qu'il ne signait pas. Le poète Moreau faisait la cour à mademoiselle Anaïs Fargueil, qui était alors belle comme le jour et dans tout l'éclat de sa splendeur.

Ceux qui n'ont point connu Moreau ont écrit sur lui une foule de choses fausses. Il était né à Provins. C'était un enfant naturel, beau à faire des passions. Il fut élevé au grand séminaire de Fontainebleau et s'en fit chasser pour avoir écrit à dix-sept ans une chanson qui figure dans ses œuvres et qui est intitulée : *Les noces de Cana*. Cette chanson racontant la gaieté de Jésus avait pour refrain :

> Et les apôtres se signaient
> Et Judas surtout s'indignait.
> Je crois, leur dit-il, mes amis,
> Que l'bon Dieu nous a compromis.

On chassa le séminariste. L'abbé de Lamennais, qui avait connu l'incident, le défendit mollement.

Avant d'être mon précepteur, Moreau avait été ouvrier typographe. Il était poitrinaire et mourut peu de temps après notre arrivée à Paris, c'est-à-dire en février 1838, à l'hôpital de la Pitié, où le poète Henri Berthoud, rédacteur du *Charivari*, alla chercher sa dépouille pour lui rendre les derniers devoirs. Il fit sur sa mort des vers magnifiques qu'on retrouverait dans la collection du *Charivari*.

Il y a dans les œuvres d'Hégésippe Moreau, que ses amis ont réunies dans un volume intitulé : *le Myosotis*, des petits chefs-d'œuvre. Le *Hameau incendié*, la *Fauvette du calvaire*, les *Petits Souliers*, la *Souris blanche*, *Thérèse Sureau* sont des merveilles en vers et en prose. Hégésippe Moreau avait l'horreur des pédants et ne parlait jamais littérature. « J'aimerais mieux

» disait-il en répétant le mot de Raffet, jouer aux
» boules devant l'Observatoire, que de causer littéra-
» ture; » et il ajoutait : « Fuis les pédants, ils te man-
» geraient le goût. ». Dans ses papiers, on a pu retrouver des fragments malheureusement trop incomplets d'un poème sur le fanatisme religieux dans lequel, comme épisode principal, il parlait de cette vieille bonne femme boiteuse et dévote arrivant en retard pour apporter son fagot au bûcher sur lequel on brûlait Jean Huss. Il y avait là une pétarade sublime sur le *Sancta simplicitas!* qu'il m'avait lue et que j'ai eu le tort impardonnable d'oublier complètement.

La plupart des écoliers ne conservent pas un bon souvenir de leurs maîtres. Je fais exception. Alexandre Leduc et Moreau sont restés dans ma mémoire comme mes premiers amis.

En 1838, j'étais à l'École de droit et j'habitais, rue Favart, chez un ami de mon père. Tous les matins, à huit heures, je partais pour l'École, et, arrivé au Pont-Neuf où il y avait alors des baraques, je prenais du café au lait. Tandis que je mangeais, je voyais passer régulièrement un carrosse jaune et bleu de la cour, conduisant au collège Henri IV le duc d'Aumale et le duc de Montpensier, qui n'avaient point encore terminé leurs études.

A l'École de droit, j'eus des condisciples très distingués. Je citerai d'abord M. Adelon qui, tout professeur de médecine légale qu'il était à la Faculté, suivait le cours de M. Bugnet avec son fils, M. Adelon, qui devait être, en 1870, sous-secrétaire d'État. Il faut citer encore M. Girod de l'Ain ; M. Denormandie, qui fut gouverneur de la Banque de France et qui est sénateur; M. Andral, qui fut président du conseil d'État; puis mon ami Félix Loyer, un philosophe et un sage. Ces messieurs ne s'occupaient pas encore de politique. On s'en rapportait au gouvernement pour conduire les affaires de la France; nous n'avions pas le suffrage universel ni ces politiciens qu'il devait faire naître.

L'École de droit et le quartier Latin étaient cependant de l'opposition. Nous lisions le *National* et nul ne songeait qu'on pût aller plus loin en politique que ce journal. Nous allions en corps féliciter M. Laffitte quand il était nommé président de la Chambre des députés, puis vociférer un peu sous les fenêtres de la Conciergerie quand on y mettait en prison l'abbé de Lamennais. Tout le tapage se bornait là, et cela ne faisait point baisser la Rente 5 0/0, qui était à 124 fr. On était heureux, chacun se tenait à sa place, sûr du lendemain.

C'était, en effet, un bon temps que celui-là. Louis-Philippe régnait et ne gouvernait pas; ses fils guerroyaient en Afrique; Victor Hugo était pair de France, Arago directeur de l'Observatoire, Lamartine, Berryer, Montalembert tonnaient contre le ministère, Delacroix peignait ses chefs-d'œuvre, Henri Heine envoyait ses lettres sur Lutèce à la *Gazette d'Augsbourg*, Royer-Collard faisait des mots, le comte d'Orsay donnait le ton, Alexandre Dumas écrivait les *Mousquetaires*, Eugène Sue publiait les *Mystères de Paris* dans les *Débats* et le *Juif-Errant* dans le *Constitutionnel*, Balzac nous donnait le *Lys dans la vallée*, Toussenel les *Juifs rois de l'époque*; Considérant, élève de Fourier, *socialisait* dans un journal, le baron de Rothschild négociait des emprunts, Armand Marrast dînait au *Café Hardi* avec ses collaborateurs du *National*, Romieu et Henry Monnier faisaient des farces, et Gavarni des caricatures; Rubini chantait *Don Juan* aux Italiens, Duprez, les *Huguenots* et la *Favorite* à l'Opéra ; M. Dupin faisait des calembours ; le marquis de Saint-Cricq, avec sa figure rouge comme une praline encadrée dans ses favoris blancs, portait son chapeau sur l'oreille ; lord Seymour égayait le carnaval, le major Fraser était pantalonné à la cosaque, Rachel interprétait les tragédies de Corneille et de Racine et les drames de madame Delphine de Girardin ; Frédérick Lemaître et madame Dorval jouaient au boulevard du Crime, Alfred de Musset dînait avec le docteur Véron au *Café de Paris*, Nestor Roqueplan n'avait pas de tic ; Auber, triste comme Hamlet, montait à cheval ; Béranger ne faisait plus de chansons, Ledru-Rollin entrevoyait déjà dans ses rêves le suffrage universel, le marquis du Hallays payait au poids de l'or la fleur qu'il achetait, chaque soir, à l'*unique* bouquetière du boulevard et M. Narcisse de Salvandy présidait la distribution des prix à la Sorbonne.

Ainsi qu'on le comprend, je veux éviter de parler de moi. Je ne suis aucunement intéressant, et j'ai hâte de parler des hommes politiques, des auteurs dramatiques et des artistes que j'eus, étant très jeune encore, l'honneur et l'avantage de connaître.

Mon père avait de fort belles relations. Il me conduisit chez le baron Ducharmel, un de ses amis, qui habitait un hôtel rue Cadet. M. Ducharmel avait un salon. Il était le fils aîné du baron de Bonnefoy, qui avait été, sous Louis XVI, gardien de Trianon. Ce baron mourut à quatre-vingt-quatorze ans ; c'était un petit marquis du xviii° siècle, l'un des derniers représentants d'un monde aboli. Il était, cela va sans dire, plus royaliste que le roi. On a coutume de dire que c'est là un tort ; c'est au contraire, à mes yeux, un mérite. Il faut, pour être suffisamment royaliste, l'être plus que le roi. Il doit en être de même pour un républicain.

Dans ce salon du baron Ducharmel je rencontrai Scribe, Bayard et Mélesville, qui étaient vers 1840 les grands pourvoyeurs des principaux théâtres. Ces messieurs me réclamaient, faute de mieux, pour faire un quatrième au whist. Pour les punir je coupais avec rage les cartes maîtresses.

Bayard me fit obtenir mes entrées au théâtre et dans les coulisses des Variétés. Je fus très fier de cette faveur, et, à partir de cet instant, je me pris pour quelque chose dans les lettres. Je rêvais d'écrire des comédies, des drames, des romans, et surtout de rédiger un feuilleton dramatique. On m'eût proposé d'écrire dans la *Ruche des écoles*, dans l'*Abeille cauchoise*, ou dans toute autre feuille plus ridicule, que j'eusse accepté tout de suite, et tenu tête à Jules Janin et à Gustave Planche.

A cette époque on jouait aux Variétés les *Saltimbanques*, ce qui me permit de faire la connaissance d'Odry, qui était fort spirituel, de mademoiselle Flore, qui était très grasse, de Hyacinthe, qui avait le nez très long, et de mademoiselle Esther de Bongard, qui était fort belle. Ses yeux noirs, sa peau blanche troublèrent mes nuits. Je la dévorais des yeux chaque soir, alors qu'au troisième acte des *Saltimbanques*, costumée en Espagnole, elle dansait la *cachucha* sur la place de Lagny. Mais mademoiselle Esther avait à ce moment-là un fort bel amoureux : c'était le comte Tristan de Rovigo, brillant officier qui fut tué en Afrique dans une escarmouche avant la bataille d'Isly. Mademoiselle de Bongart était de noble origine. On vendait son portrait avec ses armes ; elle portait *mi-parti d'or et d'azur à une fasce de même de l'un en l'autre*, avec cette devise : *Bon sang ne peut mentir.*

Par Esther de Bongard je connus Tristan de Rovigo qui, lui-même, me fit connaître son frère le duc René de Rovigo. Enfin René de Rovigo, avec lequel je restai très lié, me fit connaître Émile de Girardin, qui faisait déjà dans toute la presse de Paris la pluie et le beau temps, puis Villemessant, qui cherchait sa voie et créait par-ci par-là des petits journaux, tous plus amusants les uns que les autres, dans lesquels René de Rovigo écrivait.

A cette époque Émile de Girardin était jeune. C'était un élégant cavalier mis à la dernière mode. Il portait des pantalons modèles, des bottes vernies resplendissantes, et se rendait à la Chambre des députés dans un tilbury qu'il conduisait lui-même.

Madame Delphine de Girardin, sa femme, était dans tout l'éclat de sa beauté et de son talent. Elle était blonde et se coiffait à l'anglaise. Ils habitaient à cette époque l'ancien hôtel Choiseul-Gouffier situé alors rue Saint-Georges; cet hôtel n'existe plus.

Leur salon était le rendez-vous de tout ce qu'il y avait de plus illustre dans la politique, les lettres, les sciences, les arts, la noblesse et la finance. C'est dans ce salon que je vis pour la première fois M. Guizot, alors président du conseil, que M. de Girardin soutenait énergiquement dans le journal *la Presse;* le chancelier Pasquier, M. le marquis de Boissy, pair de France; M. de Montalembert, M. de Belleyme; M. Gabriel Delessert, préfet de police; M. Victor Hugo, Lamartine, Alexandre Dumas, Balzac, Alfred de Musset, Théophile Gautier, Méry, Mérimée, le père Enfantin, Lamennais, le docteur Cabarrus, M. Ferdinand de Lesseps, Gozlan, Alphonse Karr, Delacroix, mademoiselle Rachel; madame Sophie Gay, mère de madame de Girardin; madame Sand, Jules Sandeau, le comte d'Orsay, Alfred de Vigny, Michelet, de Genoude, de Lourdoueix, Scribe, Rossini, Meyerbeer, Decamp, Horace Vernet, Paul Delaroche, le baron Taylor, Véron, Sainte-Beuve et bien d'autres.

Dans ce milieu j'étais fou; je n'avais ni assez d'yeux pour voir, ni assez d'oreilles pour entendre, et j'étais honteux de ne rien être. Je fis part de mes soucis à M. de Girardin, qui me permit de collaborer aux faits divers du journal *la Presse;* j'avais le pied dans l'étrier. *Sic itur ad astra,* me dit-il, en me regardant d'une façon ironique avec son lorgnon dans l'œil.

M. Guizot surtout captivait toute mon attention. Il était alors à l'apogée de sa gloire. A sa réputation de grand lettré et de grand écrivain il ajoutait celle de grand politique et de grand orateur. On se souvient des belles luttes oratoires qu'il soutenait à la Chambre des pairs et à la Chambre des députés contre MM. Berryer, Lamartine, Montalembert, Billault, Ledru-Rollin, Odilon Barrot, Thiers, Maugui, Michele de Bourges, Dufaure, le comte Molé et le duc Victor de Broglie. Il fallut une révolution pour l'éloigner du pouvoir. On a dit qu'il était tombé parce qu'il avait refusé la réforme électorale, c'est-à-dire l'adjonction des capacités ; on le blâma partout. M. Ledru-Rollin nous apporta le suffrage universel, que M. de Cormenin avait trouvé. Il y a de cela quarante-cinq ans. Ce suffrage universel a-t-il fait la France plus grande ? De plus habiles que moi décideront la question.

A tous ces prestiges M. Guizot en ajoutait un autre, celui que les Anglais appellent *la respectabilité*. M. Guizot était austère, puritain. Le dimanche, comme un simple bonnetier de la rue Saint-Denis on le rencontrait dans le parc de Saint-Cloud, donnant le bras à sa vieille et respectable mère, dont il ne pouvait s'occuper que ce jour-là. Il se dérobait aux réceptions officielles pour dîner en tête-à-tête avec elle. Cette simplicité de mœurs était touchante. Elle était d'ailleurs partagée par presque tous les hommes éminents de cette époque. M. Villemain et M. Cousin vivaient de la sorte.

M. Villemain était désolé, quand il était au pouvoir, d'être séparé de ce que M. Thiers a appelé plus tard *ses chères études*. Il avait horreur des réceptions et n'assistait aux grands dîners et aux fêtes qu'avec humeur. Quand le roi Louis-Philippe l'engageait à venir au château d'Eu, son bagage tenait dans un journal qui contenait, à ce que prétendaient alors les mauvaises langues, un rasoir, un faux-col et le grand cordon de la Légion d'honneur.

M. Cousin lui ressemblait par beaucoup de côtés. Il n'aimait que l'étude, et maugréait d'être ministre parce que cela l'empêchait d'écrire ses livres. M. Cousin était d'ailleurs un type. Ce philosophe perdait la raison quand les autres philosophes, comme Pierre Leroux et Jouffroy, se permettaient de ne point admettre sans réserve son *éclectisme*.

Plus tard, sous le second Empire, M. Cousin, ayant dit adieu à la politique, s'était fait l'historien du xviie siècle qu'il aimait avec passion. Lui, qui n'avait jamais remarqué une jolie femme dans un salon, se prit d'un violent amour pour la duchesse de Longueville, à laquelle il accordait toutes les perfections. Les Mémoires du temps étaient unanimes à constater que la duchesse de Longueville n'avait pas de gorge, ce qui le contrariait beaucoup. Aussi quelle ne fut pas sa joie, lorsqu'on vint un jour lui montrer un portrait authentique de la sœur du grand Condé, qui la représentait avec un corset abondamment pourvu. Fort de cette découverte, il écrivit un chapitre spécial là-dessus, et malmenait ceux qui semblaient douter, ainsi que pourraient l'affirmer ses secrétaires qui vivent encore. Mérimée lui-même, qui vivait à Cannes près de M. Cousin pendant les dernières années de sa vie, dut croire à la gorge de la duchesse.

Le roi Louis-Philippe poussait la simplicité encore

plus loin que ses ministres. On l'appelait le roi-citoyen. Dans le faubourg Saint-Germain, resté légitimiste, on riait beaucoup de sa redingote verte, de son chapeau de castor blanc et de son parapluie. M. Victor Hugo avait pour lui le plus grand respect, malgré les épigrammes qu'il lui a décochées dans son roman des *Misérables*. Il a dit de Louis-Philippe qu'il était *inaccessible à l'Idéal*. C'était à M. Fontaine son architecte et son restaurateur de palais, bien plus qu'à lui, que s'adressait ce reproche. Il a dit encore que, par sa tenue, Louis-Philippe participait tout à la fois de Charlemagne et d'un avoué : ce sont là de bien légers travers, compensés par les vertus les plus grandes. Ce fut d'ailleurs la destinée de Louis-Philippe d'être mal jugé et méconnu. N'étaient-ce pas ceux qui avaient diminué de moitié sa liste civile qui lui reprochaient de n'être plus entouré, dans son palais, de mousquetaires, de chevau-légers et de cent Suisses ?

Dans le faubourg Saint-Germain et dans les journaux légitimistes, on était très dur pour lui.

Mais on ne parvint point à le dépopulariser, parce qu'il était bon, juste, consciencieux. Nul roi ne fut plus avare que lui du sang et de l'argent du peuple sur lequel il régnait, sans le gouverner. On n'a point oublié la fameuse formule disant que le roi régnait et ne gouvernait pas, ce qui faisait écrire ironiquement à Alphonse Karr dans ses *Guêpes :* « Le roi règne, comme la corniche règne autour d'un plafond. « *Le Charivari* dépensait un esprit énorme à le caricaturer. Il donnait à sa tête la forme d'une poire. On riait de ces gamineries, et on n'en aimait pas moins le roi.

On savait à quelle torture le ministre de la justice le soumettait, lorsqu'il lui apportait le dossier d'un condamné à mort qui faisait appel à sa clémence. Louis-Philippe, enfermé dans son cabinet, revoyait les pièces du procès avec la plus minutieuse attention, et ne refusait la grâce que quand sa conscience d'homme et de chrétien le lui défendait. Sans l'insistance de ses ministres, il eût gracié tous ceux qui avaient attenté à ses jours. Ce fut avec une joie très sincère qu'il apprit, en 1846, que le prince Louis-Napoléon s'était évadé du fort de Ham.

Comme tous les hommes qui ont connu l'adversité, il était plein de pitié pour ceux qui souffraient. Ne chassant pas, il méditait sans cesse. On sait avec quelle résignation il s'inclina toujours devant les décisions du Parlement, acceptant ou plutôt subissant pour ministres ceux qui avaient la majorité. Il n'aimait pas M. Thiers, mais il se réconciliait avec lui quand les Chambres le voulaient. Louis-Philippe, tout en restant chrétien, était au fond un peu voltairien. Cela tenait à cette éducation du xviiie siècle qui lui avait été donnée.

Quant à la reine Marie-Amélie, c'était une sainte, religieuse sans ostentation, d'une tolérance absolue et d'une charité inépuisable. Il n'était pas d'œuvre de bienfaisance à laquelle elle ne s'intéressât. Elle était vénérée par tous les pauvres.

Les fils du roi, qui avaient tous été élevés au collège et qui ne se doutaient pas qu'un jour leur père dût régner, avaient des amis dans tous les rangs.

Le duc d'Orléans élégant, distingué, affable, était

l'ami des hommes de lettres et des peintres. Delacroix, Decamp, Alexandre Dumas étaient ses intimes, ainsi que ceux du duc de Nemours.

Tous ces jeunes princes faisaient un peu leurs fredaines. On les voyait, le soir, après avoir dit bonsoir à leur père, se promener dans les rues, puis entrer dans les petits théâtres, aux Variétés, au Vaudeville, au Palais-Royal, et s'amuser comme des bien heureux, lorsque, bien entendu, les grades qu'ils avaient dans l'armée ne les appelaient pas en Afrique, où ils servaient avec le maréchal Clausel, Bugeaud, de Lamoricière, Changarnier, Cavaignac et Bedeau.

Ainsi s'explique la douleur grande et profonde que ressentit la France entière lorsque, le 13 juillet 1842, le duc d'Orléans fut tué dans un accident de voiture. Le deuil fut général et spontané. Paris et toutes les grandes villes furent plongées dans la consternation. J'étais à Auteuil ce jour-là, dans le jardin d'Esther de Bongard, lorsqu'un ouvrier effaré vint nous apprendre cette catastrophe. L'oraison funèbre du duc sortit dans toutes les bouches. Victor Hugo, Alexandre Dumas et d'autres illustrations prononcèrent des paroles magnifiques. De tous les coins de la France, le roi reçut les compliments de la plus respectueuse et sincère condoléance. La France plaçait son espoir dans le duc d'Orléans, qu'elle savait tout à la fois bon, brave et juste. *Tu Marcellus eris...* pensait-on de toute part. Qui sait ce qui se serait passé le 24 février 1848 si ce prince si Français, si moderne et si libéral eût vécu !

En 1842 il n'y avait encore ni chemins de fer ni

télégraphe électrique. Or, ce 13 juillet, je partais le soir pour le Havre. Ce fut par les voyageurs de la diligence qu'on apprit sur la route de Paris au Havre, la nouvelle de la mort du pauvre duc d'Orléans. Partout cette nouvelle causa la plus douloureuse impression. Le lendemain, au Havre, la ville était morne. On avait suspendu les affaires, on se réunissait par groupes dans les rues pour s'entretenir de ce grand malheur. Les navires du port avaient mis leurs pavillons en berne. Les théâtres restèrent fermés. On vit le jour suivant les paysans normands accourir de tous les côtés pour vérifier si la nouvelle était exacte. Ce qui se passa au Havre se passa par toute la France.

Ce fut à Florence qu'Alexandre Dumas, que le duc d'Orléans protégeait, apprit la triste nouvelle. Il était auprès du prince Jérôme Bonaparte. Il ne put retenir ses larmes, et, se jetant dans les bras du prince, il lui dit : « Permettez-moi de pleurer un Bourbon dans les bras d'un Bonaparte. »

*
* *

On comprendra qu'il n'y a pas de transition possible dans cette évocation de mes souvenirs, et qu'il me faut passer brusquement d'un sujet à un autre.

Et d'ailleurs il se passa tant de choses à Paris de 1840 à 1842. Paris à ce moment changea d'aspect, et le monde élégant dut lui-même changer d'habitudes. En voici la cause.

Jusqu'à 1840 l'endroit le plus élégant de Paris fut le Palais-Royal. La foule y était telle, qu'on se portait dans ces galeries, aujourd'hui presque solitaires. Le Palais-Royal devait sa splendeur aux maisons de jeu et aux demoiselles aussi légères que charmantes qui y avaient élu domicile. Par malheur, en 1837, le gouvernement abolit les jeux publics. Cette réforme éloigna les visiteurs et les demoiselles, qui durent, les uns trouver ailleurs des distractions, les autres chercher fortune vers d'autres parages.

On se réfugia sur les boulevards, en passant par la Bourse et la rue neuve Vivienne, tout récemment percée. A partir de cet instant, le Palais-Royal devint triste, et il vit disparaître, les uns après les autres, les établissements les plus renommés tels que le restaurant Véry, les Trois Frères Provençaux, le café Valois, le café Lemblin et le café de Foy. Seul entre tous, Véfour résista, appuyé d'un côté sur la Comédie-Française et de l'autre sur le théâtre du Palais-Royal. Cette décadence se fit sentir ailleurs.

Elle tua le restaurant célèbre du Rocher de Cancale, situé rue Montorgueil, qui, tant qu'il exista, fut un des cabarets les plus élégants de Paris.

Paris était peuplé de Parisiens, et c'était l'élite de ces Parisiens qui occupait le boulevard et le considérait comme son fief. En vertu d'une sélection qui n'était contestée par personne, on n'y était admis qu'autant qu'on apportait une supériorité ou une originalité quelconque. Il semblait qu'il existât une sorte de barrière invisible et morale qui interdît l'accès de cette enceinte aux médiocres, aux incolores et aux insignifiants qui pouvaient passer, mais qui ne s'y arrêtaient pas, ayant tous conscience que leur place n'était point là.

C'était, je le répète, des Parisiens endurcis qui occupaient le boulevard et lui donnaient tout son prestige. Par malheur l'année 1848 et les années suivantes amenèrent ce que je demande la permission d'appeler l'invasion des Barbares. Ils vinrent, non conduits par Attila, mais amenés par des chemins de fer qui, au fur et à mesure qu'ils furent construits, mirent Paris à quatre, six ou dix heures des grandes villes qui, sous le régime des diligences et des chaises de poste, en étaient séparées par de longues journées de marche.

La vapeur, appliquée non seulement sur terre mais sur mer, mit Paris à dix jours de l'Amérique et de l'Orient. Alors les Bourguignons, les Provençaux, les Gascons, les Bretons, les Basques, les Flamands, puis les Américains du Nord et du Sud, les Russes, les Turcs, les Égyptiens, les Chinois, qui ne connaissaient Paris que par les descriptions superbes qu'ils avaient lues, conçurent le dessein de le visiter. Ils se mirent en marche, et, un beau jour, débarquèrent par toutes les gares.

Comme ces visiteurs avaient des bourses bien garnies, ils se dirigèrent tout droit vers les quartiers les plus à la mode. Les vrais Parisiens disparurent dans la foule, et ne purent se retrouver. Le soir, les restaurants où ils avaient coutume de dîner, les loges et les stalles de spectacle où ils allaient écouter des opéras et des comédies, étaient pris d'assaut par des cohortes de curieux voulant, comme le baron de Gondremark de la *Vie parisienne*, s'en fourrer jusqu'au cou.

Si cette invasion n'avait dû être que de courte durée, les Parisiens, semblables à ces oiseaux qui marchent par bandes, se seraient retrouvés; mais par malheur il était écrit qu'elle devait continuer et devenir plus intense d'année en année. Les expositions universelles, ces tournois pacifiques qui n'ont jamais fait baisser le prix des bas, mais qui, en revanche, ont fait beaucoup augmenter le prix des biftecks, vinrent mettre le comble. Les Parisiens durent capituler, et consentir à ce que leur ville ne leur appartînt plus, et devînt le caravansérail, la guinguette, la gare des habitants des quatre parties du monde, qui, s'ennuyant chez eux, trouvaient agréable de venir à Paris se distraire un instant.

On aurait bien tort de croire que j'exagère les choses. Elles se passent absolument ainsi. Dès qu'il y a la moindre fête à Paris, tout est envahi, non par les habitants de la ville, mais par des provinciaux et des étrangers amenés par les trains de plaisir. Tel jour l'Opéra-Comique est loué par des Angevins, au Vaudeville ce sont des Lyonnais, à la Comédie-Française des Marseillais, au Gymnase des Tourangeaux. Puis viennent des Américains, des Espagnols, des Brésiliens et des Italiens brochant sur le tout. Ces soirs-là Tortoni est la tour de Babel. On y entend parler toutes les langues.

Mais, pourrait-on me dire, de quoi viens-je me plaindre? Ces étrangers, contre lesquels je m'élève, ne font-ils pas la fortune de Paris, et cette fortune, l'a-t-on achetée trop cher, parce que, pour l'acquérir, il a fallu bouleverser une fourmilière élégante, un petit coin de Paris très coquet, et troubler dans leurs habitudes des viveurs et des fainéants? J'admets toutes les raisons qui s'imposent, mais, tout en les admettant, je puis bien, d'une façon d'ailleurs très platonique, regretter certains tableaux disparus et tenter, à l'aide de mes souvenirs et avec une patience d'archéologue, de les reconstituer tant bien que mal, afin d'en donner une idée, même confuse, à ceux qui ne les ont pas vus.

Qui sait si ceux qui liront ces détails ne seront pas d'accord avec moi, pour reconnaître qu'on a gâté le Paris de ce temps-là, que le Paris actuel ne le vaut pas, et qu'à la suite de ces perturbations, la race des Parisiens a disparu comme celle des carlins?

Par le *boulevard*, on entendait déjà, de 1840 à 1848, l'espace compris entre la rue Drouot et le nouvel Opéra. L'aspect a beaucoup changé. Il y avait alors dans le paysage beaucoup moins de Crédit lyonnais et beaucoup plus de bains chinois. Les deux galeries du passage de l'Opéra étaient fort animées. Il y avait là des marchands de musique, des bouquetières et des confiseurs dont nous ne possédons plus que l'ombre rabougrie. Ces galeries étaient le lieu de rendez-vous des chanteurs de l'Opéra et des Italiens.

C'était là que demeurait le Persan, ce personnage si poli et si convenable qu'on voyait partout, à l'Opéra, aux concerts du Conservatoire et au bois de Boulogne. Il portait une jupe de soie blanche et par-dessus une robe chamarrée, puis il était coiffé d'un bonnet pointu en fourrure d'astracan. Ce Persan, qui habita Paris pendant trente ans, était toujours seul et ne parlait jamais. J'ai connu son voisin de stalle à l'Opéra, qui pendant dix ans n'échangea pas une parole avec lui. On racontait sur lui des légendes. Selon les uns, c'était un pacha qui avait l'Orient en horreur, et, selon les autres, un marchand de cachemires enrichi. Il y avait des mauvaises langues qui prétendaient qu'il avait tout simplement vendu des dattes et des pastilles du sérail. Il mourut sous le second Empire, très estimé dans son quartier. Il ne possédait ni femme, ni sérail, ni parents, et avait toujours été seul dans son appartement.

Au coin de la rue Laffitte, il y avait, de 1840 à 1848, un bureau de tabac où les élégants du boulevard allaient acheter leurs cigares. Dans ce temps-là, la régie livrait aux amateurs des cigares à quatre sous la pièce, excellents et bien supérieurs à ceux qu'il faut aujourd'hui payer seize ou dix-huit sous. Ces cigares ne portaient pas de jarretières, mais étaient faits avec du vrai tabac de la Havane. Alfred de Musset allait deux fois par jour dans ce bureau, attiré, dit-on, par une certaine demoiselle blonde aux yeux flamboyants.

Cette maison, qui appartenait à lord Seymour, avait un vaste perron circulaire de plusieurs marches, qui faisait instinctivement lever la tête vers un balcon où on pensait que le soir devait apparaître une belle marquise pour entendre une sérénade. On ne voit plus maintenant à Paris des constructions aussi élégantes.

Le perron a été démoli et transformé en étalage où s'épanouissent des gilets et des paletots.

Le quartier général de tous les personnages qui formaient l'élite dont je parle était le *Café de Paris*, situé au coin de la rue Taitbout. Le restaurant occupait toute la maison. On arrivait aux grands salons du rez-de-chaussée en montant un perron de trois ou quatre marches, tout à fait pareil au perron de Tortoni.

Le *Café de Paris* possédait les plus grands cuisiniers. Ces artistes culinaires se préoccupaient de ce que les gourmets qu'ils faisaient manger pensaient de leurs plats. Ils jubilaient quand le maître d'hôtel venait leur dire que M. Véron, le marquis du Hallays, lord Seymour ou le prince de la Moskowa avaient été contents de leurs sauces.

Les habitués du *Café de Paris* avaient tous élevé cette prétention de bien manger et de bien boire, et de n'avoir jamais mal à l'estomac. Aussi ne faisait-on passer sur leur table que les poissons les plus frais, les viandes les plus succulentes et les vins les plus généreux.

« Je te pends, maroufle, disait Roger de Beauvoir à l'un des cuisiniers, si tu t'avises de me servir des sauces rousses, ou de me faire manger des viandes rôties autrement qu'au bois. »

Il serait fastidieux d'insister davantage sur ces détails de cuisine; cependant je ne puis passer sous silence la supériorité avec laquelle, au *Café de Paris*, on savait apprêter un plat si simple qu'on appelle *le veau à la casserole*.

Alfred de Musset en mangeait trois fois par semaine, et quand Balzac et Alexandre Dumas s'étaient surmenés au travail, ils venaient tout exprès se refaire avec ce mets qu'ils digéraient sans le sentir, et qui leur rendait les forces perdues.

Il s'élevait parfois des schismes parmi ces gourmets. Méry était le schismatique, quand il venait proclamer, en sa qualité de Marseillais, la supériorité de la cuisine à l'huile sur la cuisine au beurre. Parfois deux ou trois convives se ralliaient à son avis, mais cela n'avait pas de suite, le schisme s'éteignait, et on revenait à la cuisine au beurre.

Il y avait beaucoup de passants qui dînaient au *Café de Paris*, mais sa vraie clientèle était composée d'habitués qui avaient leur table retenue. Comme tables principales, il faut citer celles du docteur Véron, du marquis du Hallays, de lord Seymour, du marquis de Saint-Cricq, de M. Romieu, du prince Rostopchine, du prince Soltikoff et de lord Palmerston, qui, à Paris, ne dînait jamais ailleurs.

Presque tous les soirs il y avait échange de politesse entre ces tables. M. Véron, qui aimait le vin de Musigny, en offrait au marquis du Hallays, lequel, de son côté, envoyait au docteur les morceaux les plus fins. Le vin de Bourgogne avait ses partisans, qui prétendaient que les crus les plus fins de Bordeaux n'étaient que de la tisane. La discussion s'animait, et alors, Roger de Beauvoir, Romieu et le comte d'Alton-Shée intervenaient brusquement pour proclamer la supériorité du vin de Champagne, qui seul savait les mettre tous en belle humeur.

Le docteur Véron, qui dirigeait alors le *Constitutionnel*, dînait très souvent avec Malitourne et Alfred de Musset qui lui promettait des romans qu'il n'écrivait jamais, puis avec Eugène Suë, qui lui avait donné le *Juif-Errant* et les *Sept Péchés capitaux*. En ce temps-là, Eugène Suë était très élégant, quoique un peu gros. Il était du Jockey-Club.

Bien que travaillant beaucoup, cela ne l'empêchait pas de faire deux toilettes par jour, de salir chaque soir une paire de gants blancs, de paraître à l'Opéra et d'aller ensuite dans le monde où, comme auteur des *Mystères de Paris* et de *Mathilde*, il était très fêté par les belles dames. Mais c'était un égoïste qui réservait son esprit pour ses livres. Il fallait le piquer au jeu pour lui arracher un mot de quelque valeur. Il ne se doutait pas alors qu'on ferait de lui, après la Révolution de 1848, un député socialiste. Il fut, comme on sait, député de Paris.

Pendant la campagne électorale, le comité conservateur fit tout pour le ridiculiser. On écrivait partout sur les murs cette plaisanterie d'un goût douteux : *Eugène Suc des pieds*. Il avait eu pour concurrent un nommé Leclère, dont la candidature fut soutenue avec un immense talent par le comte de Coëtlogon.

Une fois entré à la Chambre, Eugène Suë ne prit jamais la parole, et, juché à l'extrême gauche, il corrigeait sans cesse les épreuves de ses romans.

Quand il avait dîné au *Café de Paris*, Eugène Suë, resté sur les marches du perron, écoutait immobile ce qu'on racontait, et ne sortait de son immobilité que pour appeler une bouquetière et mettre une fleur à sa boutonnière; après quoi, il partait avec Gérard de Nerval ou avec Frédéric Soulié! Il va sans dire que cela se passait pendant la belle saison.

Roger de Beauvoir et Alfred de Musset étaient alors dans tout leur éclat. Avec sa belle chevelure noire et frisée, son habit bleu à boutons d'or, son gilet de poil de chèvre jaune, son pantalon gris perle, sa canne en corne de rhinocéros, Roger de Beauvoir donnait dans l'œil de toutes les femmes. Il était d'une gaieté et d'une bonne humeur que rien ne pouvait assombrir. Il y avait dans son esprit une pointe d'ironie qui piqua souvent ses amis intimes. M. Véron fut longtemps sa victime. On sait que le docteur portait d'énormes cravates destinées à cacher certaines cicatrices fâcheuses qu'il était impossible de faire passer pour des grains de beauté.

Roger de Beauvoir l'avait surnommé le prince de Galles, et lui écrivait : *A monsieur Véron, dans sa cravate, à Paris.* En ce temps-là M. Véron habitait la rue Taitbout. Au rez-de-chaussée il y avait un serrurier qui n'avait pas le droit d'agiter ses marteaux avant neuf heures du matin, afin de ne pas troubler le sommeil de ce sybarite qui attendait l'aurore pour se coucher.

Alfred de Musset, aussi très beau garçon, ne ressemblait pas du tout à Roger. Il avait des cheveux blond cendré que n'eût pas dédaignés une jolie femme. Il était élancé et ressemblait un peu à un brillant officier de hussards; avec cela, des yeux bleu faïence, et myope à l'excès, ce qui donnait à son regard une fixité qui pouvait passer pour de l'impertinence. Il avait très grand air, causait peu et semblait toujours plongé dans une sorte de misanthropie dédaigneuse. Mais, quand on le connaissait, il était doux, affable, ne parlait jamais de lui, et ne contestait le talent de personne. Il avait horreur des gros sous, et quand il achetait quelque chose, des gants ou des cigares, il laissait toujours l'appoint sur le comptoir, ce qui lui valait les remontrances de son frère Paul, qui ne put jamais le corriger de cette manie.

On comprendra qu'on ne peut donner une idée de ce monde élégant et agité qu'à bâtons rompus. Puisque je parle des brillants cavaliers de ce temps-là, je dois mettre sur cette liste le major Fraser, une des originalités du boulevard. Il était étranger, selon les uns Russe et, selon Nestor Roqueplan, Espagnol. En tout cas, c'était un Parisien. Il portait toujours un pantalon gris clair à la cosaque, une redingote courte serrée à la taille, et de longues cravates de satin noir ou de foulard à pois, formant un nœud énorme sur la poitrine.

Il était aimé et estimé de tous. Un certain mystère semblait l'envelopper. Il était garçon et on ne lui connaissait aucun parent. Il occupait un entresol situé sur le boulevard, au coin de la rue Laffitte. Un jour, le major Fraser se crut obligé d'envoyer des témoins à Léon Gozlan. Ce dernier avait, dans une comédie, introduit un major pourvu de trois croix. On lui avait donné la première parce qu'il n'en avait pas, la seconde parce qu'il n'en avait qu'une, et la troisième parce qu'il en avait deux. On choisit des témoins qui réconcilièrent le major Fraser avec Léon Gozlan, qui déclara n'avoir jamais eu l'intention de faire allusion à ce galant homme.

Il faut citer encore Paul Daru, le comte Fernand de Montguyon, le comte de la Tour-du-Pin, spirituel autant qu'il était Breton, le comte Germain, le plus jeune de tous les pairs de France, tous habitués de ce qu'on appelait alors à l'Opéra la loge infernale. Ces messieurs, connaisseurs et difficiles, étaient la terreur du corps de ballet.

Il ne faut pas oublier Arthur Bertrand, fils du général, qui était allé à Sainte-Hélène avec le prince de Joinville pour ramener en France les cendres de l'empereur Napoléon I*er*. Arthur Bertrand était encore plus élégant qu'il n'était beau garçon. Ce fut, sans contredit, le Parisien qui consomma le plus de gants blancs et qui acheta le plus de fleurs aux bouquetières. A Noël, alors qu'il neigeait, il envoyait galamment à ses amies des bottes de roses et des gerbes de lilas. Il était le frère cadet du comte Napoléon Bertrand. C'est Napoléon Bertrand qui, au moment de monter à l'assaut de Constantine, mit des gants blancs qu'il avait apportés de Paris tout exprès. Le comte Napoléon Bertrand était, comme on sait, d'une bravoure chevaleresque.

C'est sur la frégate *la Belle-Poule*, qu'il ne fallait pas laisser sans *coke*, ainsi que le disait le *Charivari* du temps, que les cendres de Napoléon revinrent en France. L'aumônier de ce bâtiment était l'abbé Coquereau, qui resta très lié avec Arthur Bertrand. Celui-ci parvint à amener l'abbé dîner au *Café de Paris*, mais il ne put jamais le décider à le suivre dans ses équipées du soir. L'abbé Coquereau portait non une soutane, mais une redingote noire à une rangée de boutons, ce qui le faisait ressembler à un pasteur protestant. Un certain jour, après le dîner, l'abbé se promenait sur le boulevard avec Arthur et avec Alexandre Dumas. Ses compagnons l'amenèrent au théâtre des Variétés, espérant l'y faire entrer par surprise; mais l'abbé résista, et les repoussa en leur criant: *Vade retro, Satanas*. Les mauvaises langues prétendaient que l'abbé s'en était allé visiter une pénitente très belle à laquelle il avait promis de ne sauver que son âme.

Mais on n'en finirait pas si on voulait même simplement esquisser les personnalités originales qui défilaient devant le *Café de Paris*. Après l'heure du dîner, les habitués de ce restaurant se mêlaient à ceux du café Hardi et du café Riche situés à côté l'un de l'autre, sur le boulevard, entre la rue Laffitte et la rue Le Peletier. On disait qu'il fallait être *riche* pour dîner au café *Hardi*, et *hardi* pour dîner au café *Riche*. L'un de ces restaurants a disparu, absorbé par l'autre.

Le café Hardi avait pour habitués toute la rédaction du journal *le National*, dont les bureaux de rédaction étaient situés rue Le Peletier. Vers sept heures, on voyait arriver Armand Marrast, le baron Dornès, tué aux journées de juin, Clément Thomas, Bastide, Gérard de Nerval, l'ingénieur Degousé, Recurt, Thibodeau, et quelquefois M. Louis Blanc.

Armand Marrast avait l'air d'un marquis et ressemblait à Barras. Bien qu'on ne fût pas en politique de la même opinion, on n'en fraternisait pas moins pour cela. Il est vrai que cela se passait dans la rue, et qu'une fois séparés, chacun conservait ses idées.

Louis Blanc, vers 1842, habitait la maison de Tortoni. Il était alors très jeune et ressemblait à un rhétoricien. Il travaillait à son *Histoire de dix ans*. Bien qu'opposé au gouvernement de Juillet, il n'en était pas moins très bien vu et accueilli par MM. Guizot et Thiers.

Le matin, vers neuf heures, il descendait de son appartement et venait prendre place à une table du café Tortoni, alors tenu par M. Girardin. C'est à lui qu'on servait la première tasse de café de la journée. Celui qui écrit ces lignes se faisait servir la seconde. Louis Blanc lisait le *National*, je parcourais le *Journal des Débats*, m'intéressant peu à la politique et rêvant d'obtenir un feuilleton des théâtres me donnant le droit d'entrer dans les coulisses. Je me rappelle que Louis Blanc admirait beaucoup Fourier. Il avait un culte pour ce grand génie, et me prédisait que la génération actuelle verrait la France en République, et la statue de Fourier dressée dans toutes les grandes villes.

Il y avait, à la même époque, une autre illustration littéraire qui était un habitué de Tortoni : c'était M. de Ballanche. Il habitait rue Laffitte. Il venait à pied à Tortoni et déjeunait avec du thé dans lequel il trempait des rôties couvertes de fromage de Brie.

L'auteur de la *Palingénésie* était tout de noir habillé et cravaté de blanc. Après son frugal repas, il montait dans un omnibus qui le conduisait rue de

Sèvres, à l'Abbaye-au-Bois, où il passait la journée en compagnie de madame Récamier et de M. de Chateaubriand. Madame Récamier, le vicomte d'Arlincourt et lui disaient la messe en l'honneur de l'auteur du *Génie du Christianisme*, qui, étendu sur un canapé, acceptait avec froideur ces hommages.

On sait que Chateaubriand fut triste toute sa vie. On se demande pourquoi? Il était né noble, avec des fleurs de lis dans ses armes, il fut ministre, ambassadeur; il fut un des plus grands écrivains de son temps, adoré par les plus jolies femmes de l'Europe; son roi le pensionna. Tout cela ne put dissiper les nuages amoncelés sur son front. Il est juste de dire que M. de Ballanche n'était pas fait pour l'égayer, pas plus que madame Récamier, qui n'était plus belle, hélas! et en était arrivée à regretter *son bras si dodu, sa jambe bien faite et le temps perdu*.

Roger de Beauvoir a seul connu la cause de la tristesse de Chateaubriand. Selon lui, il pleura toujours son roi, et ne sut bénir que ce qui tombait. Lorsque Alexandre Dumas épousa mademoiselle Ida Férier, il eut pour témoins Chateaubriand et Roger de Beauvoir. A la cérémonie nuptiale, qui eut lieu dans la chapelle de la Chambre des pairs, il bénit la mariée qui avait des choses considérables à mettre dans son corset. « Voyez, dit-il à Roger, ma destinée ne
» change pas, et en ce moment encore, tout ce que
» je bénis tombe. »

Toujours, vers cette année 1845, il se passait bien des choses sur le boulevard des Italiens. On sait que Méry était très joueur et qu'il restait souvent la nuit dans un cercle pour jouer à la *bouillotte*. Il ne rentrait chez lui que vers quatre ou cinq heures du matin. En passant devant le *Café de Paris*, il lui arriva trois jours de suite d'y rencontrer Balzac, vêtu d'un pantalon à pieds et d'une redingote à revers de velours. Le troisième jour, il demanda à Balzac pourquoi il le trouvait toujours à cette place à une heure aussi matinale. Balzac fouilla dans sa poche et lui fit voir un almanach constatant que le soleil ne se levait qu'à quatre heures cinquante-cinq.

— Je suis traqué, dit Balzac, par les gardes du commerce, et forcé de me cacher pendant le jour ; mais à cette heure je suis libre, je me promène, on ne peut pas m'arrêter : le soleil n'est pas levé.

— Moi, répondit Méry, quand pareil désagrément m'arrive, je ne me cache pas, je vais en Allemagne.

Cela dit, ils se serrèrent la main et s'éloignèrent.

J'ai dit qu'en ce temps-là lord Seymour savait égayer le carnaval. C'est lui qui conduisait la descente de la Courtille, le mercredi des Cendres, après le bal de l'Opéra. Il avait pour compagnons, dans ces folles équipées, le comte d'Alton-Shée, pair de France de par l'hérédité ; puis Romieu, qui avait, comme on sait, infiniment d'esprit.

Ils partaient en voiture découverte et, une fois arrivés à la Courtille, ils s'installaient dans un cabaret et jetaient par les fenêtres, aux masques qui grouillaient dans la rue, des bonbons et de l'argent roulés dans de la pâte frite. Ces messieurs faisaient bien les choses, et se mêlaient sans façon aux pierrots, aux arlequins, aux débardeurs, aux paillasses, aux laitières crottées et aux marquises salies, vomis par tous les bastringues de Paris.

Vers dix heures du matin, lord Seymour et les autres libertins, ses compagnons, brisés par leurs travaux, rentraient chez eux ; et, le soir, on les voyait reparaître en habit noir et en gants blancs au *Café de Paris*.

On sait que plus tard le comte d'Alton-Shée et Romieu jouèrent un rôle politique et réalisèrent cette prophétie du vieux Royer-Collard, qui avait dit : « Laissez faire ces jeunes bambocheurs, ils seront un jour l'espoir de la France. » Il en est beaucoup d'autres, que je ne nommerai pas, qui firent également partie de cette bande de jeunes bambocheurs. Il y en a parmi eux qui sont devenus ministres et ambassadeurs. Il faut que jeunesse se passe, et si à présent nous sommes moins gais que nos pères, si nous sommes devenus *poseurs*, c'est parce que jeunesse ne s'est pas passée.

Les années pendant lesquelles se passait ce que je raconte se distinguaient surtout par la gaieté. On semblait être heureux de vivre, et on ne se montrait ni tendre, ni attentif pour les utilitaires et les réformateurs. Alexandre Dumas, Méry, Théophile Gautier publiaient des choses charmantes. Un feuilleton réussi était un événement. C'est ainsi qu'on écrivait de province à la grave rédaction du *Journal des Débats* pour connaître d'avance le dénouement de *Monte-Cristo*.

Alexandre Dumas, installé à Saint-Germain dans son palais de Monte-Cristo, ne cessait de travailler que pour faire des mots, et venir, à titre de congé, flâner un peu sur le boulevard. Un matin, à Monte-Cristo, il vit deux matelots frapper à sa porte et lui demander l'aumône. Ils avaient fait naufrage. Dumas leur donna dix francs, en leur rappelant que les naufrages étaient les pourboires des matelots.

Lorsqu'il publiait la *Reine Margot*, dans la *Presse*, c'est-à-dire vers 1845, Dumas dînait souvent chez Émile de Girardin. Les honneurs du salon étaient faits par madame Delphine de Girardin, qui fut, comme on sait, une charmeuse. Un soir un convive se fit beaucoup attendre. On n'osait point se mettre à table, car ce convive était M. Viennet, pair de France et membre de l'Académie française. Enfin il arriva, et s'excusa auprès de madame de Girardin, en lui disant qu'il avait oublié l'heure en travaillant à la *Franciade*, poème épique, qui devait avoir près de trente mille vers. « Alors, dit Alexandre Dumas, il faudra » au moins quinze mille hommes pour le lire. »

Madame de Girardin publiait alors, dans la *Presse*, ses courriers de Paris, sous le pseudonyme du vicomte Charles de Launay. Elle y traitait tous les sujets avec une élégance, un esprit et un tact qui étaient cause qu'on comptait avec elle. Encore aujourd'hui ses courriers sont charmants. Il y en a sur le maréchal Soult, qui sont dans toutes les mémoires. Selon madame de Girardin, quand le maréchal Soult n'était pas au pouvoir, le *National* admettait qu'il avait gagné la bataille de Toulouse; mais dès qu'il était ministre, il cessait d'avoir gagné cette bataille.

Ses descriptions du bal de l'Opéra fourmillent de

mots exquis. Elle trouvait qu'à ces bals on était trop pressé et que les masques manquaient d'esprit. « Aussi, s'écriait-elle, on n'a jamais vu tant de chocs » et si peu d'étincelles ! »

Les courriers de Paris de madame de Girardin faisaient un tort immense à ceux par trop naïfs qu'un homme d'esprit pourtant, Eugène Guinot, écrivait dans le *Siècle*. Nos chroniqueurs effrontés d'à présent doivent bien rire s'il leur arrive de jeter les yeux sur les berquinades inoffensives de Guinot. Avec lui, c'était toujours la même petite histoire scandaleuse, c'est-à-dire la petite baronne de X... en loge grillée avec le comte de B..., alors que le baron de X.. se trouve lui-même dans la salle, dans une loge également grillée, avec la petite *Tata*, à laquelle le comte de B... veut du bien.

Pendant dix ou quinze ans Paris se contenta de cela, pour toute chronique scandaleuse.

On est bien plus exigeant par ce temps d'indiscrétions qui court, et les courriéristes doivent dépenser bien plus de talent.

Mais à cette époque, tout était facile. M. de Girardin était, comme on sait, député de Bourganeuf ; c'était son bourg pourri. Il y avait dans ce bourg cent vingt-neuf électeurs. Un de ses amis, un garçon charmant, M. F... de La..., amenait par séries ces bons électeurs à Paris. On déjeunait, on allait au spectacle, et, au jour de l'élection, on trouvait sur cent vingt-neuf bulletins le nom de M. Girardin. Il faut avouer que le suffrage universel donne à présent plus de fil à retordre aux candidats.

Parmi toutes les originalités de cette époque, il en est une sur laquelle il importe d'insister. Je veux parler de Nestor Roqueplan, qui fut proclamé le plus Parisien de tous les Parisiens. Auber seul pouvait lui contester ce titre. Mais ils n'étaient pas jaloux l'un de l'autre, et s'entendaient au contraire à merveille.

Après avoir dépensé beaucoup d'esprit dans les journaux, Roqueplan se fit directeur de théâtres. Il fut, comme on sait, successivement directeur des Variétés, de l'Opéra, de l'Opéra-Comique et du Châtelet. A cette époque, il était aux Variétés. Pour frapper un grand coup, il voulut réunir les artistes les plus aimés du public. Il prit Bouffé au Gymnase et Déjazet au Palais-Royal. Il mit le théâtre des Variétés à la mode et y attira comme habitués tous ses amis du boulevard et du *Café de Paris*. En ce temps-là, l'orchestre des Variétés était aussi élégant que celui de l'Opéra.

Roqueplan était, comme on sait, l'homme des paradoxes, mais avec lui le paradoxe n'était très souvent qu'une vérité exagérée. Il suffit, pour s'en convaincre, de lire *Parisine*.

Ce livre, parsemé, je le reconnais, de fantaisies *abracadabrantes*, déborde de bon sens. Il avait quelques idées fixes, au succès et au triomphe desquelles il travailla toute sa vie. Il détestait la nature, et en art il exécrait tout ce qui n'était pas supérieur. Que de fois, au *Café de Paris* en compagnie d'Alphonse Royer, de Théophile Gautier et de Romieu, n'a-t-il pas plaisanté ceux qui s'en allaient à la campagne ou qui en revenaient minés par l'ennui? Il soutenait qu'il faisait plus frais par la canicule, près du bassin du Palais-Royal ou dans le passage Choiseul, que dans toutes les forêts du monde, où, selon lui, il fallait se défendre des coups de soleil, des rhumes, des reptiles et des insectes. C'était une douce folie. Bien que parlant souvent sur ce sujet, il ne se répétait jamais, et savait toujours trouver quelque chose de nouveau.

Quant à ce qu'il appelait l'art inférieur, il lui fit, comme on sait, la guerre aux dépens de sa bourse. Lorsqu'il était directeur de l'Opéra-Comique, que de parti pris il conduisit fort mal, il jubilait d'entendre les ouvrages médiocres interprétés par les doublures auxquelles il les confiait. Il entrait furtivement à l'orchestre, et il devenait tout joyeux quand un ténor poussif et une chanteuse éreintée avaient bien massacré un duo. Il ne s'était fait directeur de cette scène que pour dégoûter ses compatriotes du genre de l'Opéra-Comique qui, selon lui, était en musique l'équivalent de ce qu'est, en fait de forces militaires, la garde nationale. Ce paradoxe lui coûta cher, ainsi qu'à ses amis.

Rien n'était amusant comme d'observer Nestor Roqueplan assis dans son fauteuil de directeur et recevant ceux qui avaient à lui parler. Un jour, on lui passa la carte d'un monsieur qu'il ne connaissait pas et qui s'était déjà présenté vingt fois. Désarmé par tant de patience, il dit à son huissier de faire entrer.

D'un ton un peu embarrassé, ce jeune homme venait lui demander ses entrées. Il croyait y avoir droit, parce que son grand-père avait fait jouer un opéra comique en un acte en 1803. Roqueplan regarda le solliciteur, et le pria de lui fredonner un air de la partition de son grand-père. Cela lui fut impossible. « Eh bien, monsieur, dit Roqueplan, j'ignore encore plus que vous la musique de votre aïeul. Vous voyez que votre demande est excessive. » Mais, je m'arrête, ceci s'étant passé bien après l'époque dont je m'occupe.

En ce temps-là comme à présent, Paris se laissait surprendre par des aventuriers, et surtout par des aventurières. Il en est une qui vint un jour tourner les têtes de ces viveurs difficiles du boulevard. Je veux parler de Lola Montès. C'était une étrange personne. Elle avait vingt-deux ans lorsqu'en 1841 elle vint danser à Paris.

Lola Montès était une charmeuse. Il y avait dans sa personne un je ne sais quoi de provocant et de voluptueux qui attirait. Elle avait la peau blanche, des cheveux ondoyants comme des pousses de chèvrefeuille, des yeux indomptés et sauvages et une bouche qu'on aurait pu comparer alors à une grenade en bouton. Ajoutez à cela une taille lancinante, des pieds charmants et une grâce parfaite. Par malheur elle n'avait, comme danseuse, aucun talent.

Elle avait été mariée fort jeune à un officier anglais qui l'avait emmenée à Calcutta. Comme elle s'ennuyait, elle se sauva, revint en Angleterre, passa en Espagne, et, après maintes fredaines, vint à Paris, guidée par son étoile, qui lui disait qu'elle y ferait fortune. Elle fut engagée à la Porte-Saint-Martin. Elle dansait la *cachutcha*. La foule allait la voir, non pour son talent, mais pour sa beauté très originale.

Elle menait grand train, et comme elle avait beaucoup d'amis dans le grand monde et dans la presse, il était fort question d'elle dans les chroniques. Elle se montrait à la ville dans les toilettes les plus excentriques, qu'elle savait porter avec une crânerie particulière. Ce n'était pas la première venue.

Vers 1845, celui qui écrit ces lignes la voyait beaucoup. Elle lui proposa d'écrire ses mémoires et lui donna des notes. J'ai oublié de dire qu'elle avait beaucoup d'esprit; au XVIIIe siècle, cette aventurière, comme on l'appelle, eût joué un rôle.

Elle était née à Séville, en 1823, avait pour parrain un officier français et pour marraine, ainsi que cela se voit en Espagne, la ville de Séville. Elle avait consigné sur un carnet toutes les aventures de sa vie. Elle me racontait qu'étant au bal à Calcutta, elle avait refusé de valser avec un monsieur enrichi de diamants comme une tabatière. Ce monsieur demandant la cause de ce refus : « Je ne puis danser avec vous, parce que ce matin vous m'avez fait mal au pied. » C'était son pédicure. — En cherchant bien dans les vieilles collections de journaux, je retrouverais les fragments de ces mémoires, qui furent interrompus tout de suite.

On sait de quelle brusque façon elle quitta Paris pour aller tourner la tête du roi de Bavière, se faire créer comtesse de Lansfelds et renverser le ministère bavarois. Elle fut la cause d'une révolution. Elle monta à cheval, tint tête à l'émeute, et cravacha les gendarmes. A la fin, la raison l'emporta, et le roi fit prendre le chemin de la frontière à cette trop fougueuse Espagnole.

Elle fut mêlée, comme on le sait, au duel malheureux dans lequel Dujarrier, l'un des gérants du journal *la Presse*, fut tué. Ce duel eut lieu le 11 mars 1845. Dujarrier, qui se battait avec M. de Beauvallon, reçut une balle dans la figure et mourut quelques heures après. Quand on le ramena chez lui, rue Laffitte, n° 30, une femme se jeta sur son cadavre et le couvrit de baisers. C'était Lola Montès.

Ses obsèques eurent lieu à Notre-Dame-de-Lorette. Les coins du drap étaient tenus par Balzac, Alexandre Dumas, Méry et Émile de Girardin. Ce dernier prononça sur sa tombe un discours catholique, apostolique et romain.

Le soir de la mort de Dujarrier, M. de Girardin se rendit au journal *la Presse* et se fit apporter les épreuves. Seul de tous ses collaborateurs, il avait pensé à substituer le nom d'un nouveau gérant à celui du défunt, qu'on y avait laissé.

Je n'ai pas la prétention de faire connaître la cause exacte de ce duel. On a dit qu'il avait été motivé par une contestation de jeu qui s'était élevée entre Dujarrier et Beauvallon, après un souper au restaurant des Frères Provençaux, présidé par mademoiselle Liéven, actrice du Vaudeville, souper auquel assistaient madame Alice O..., mademoiselle Atala B..., Roger de Beauvoir, Saint-Agnan et quelques autres personnes. La cause était très futile ; malgré cela, le comte de Flers, le vicomte d'Ecquevilly, témoins de Beauvallon, Arthur Bertrand et Charles de

Boigne, témoins de Dujarrier, ne purent arranger l'affaire.

On trouva sur le secrétaire de Dujarrier un testament où il disait : « Au moment de me battre pour la cause la plus futile et la plus absurde, je lègue, etc., etc. » Parmi ces legs, il y en avait un de dix-huit actions du théâtre du Palais-Royal à Lola Montès.

Ce duel donna lieu à un procès. On avait prétendu que les pistolets dont on s'était servi avaient été essayés. L'affaire se termina devant la cour d'assises de Rouen. Presque tous les personnages qui figuraient à ce procès appartenaient au monde du boulevard.

Ce fut Berryer qui défendit Beauvallon, et Léon Duval plaida pour la mère et la sœur de Dujarrier. Il y eut condamnation.

Parmi les témoins entendus se trouvaient Alexandre Dumas et Lola Montès. Celle-ci comparut en toilette de grand deuil. Ses beaux yeux parurent aux juges encore plus noirs que ses dentelles. Sa déposition fut insignifiante et n'apprit rien à la justice.

C'est pendant cet interrogatoire qu'Alexandre Dumas répondit au président, qui lui demandait sa profession : « Auteur dramatique, si je n'étais pas dans la patrie de Corneille. » A quoi le président répondit : « Il y a des degrés. » Si je rapporte ces paroles, c'est parce qu'on les a beaucoup commentées. Mon avis est qu'Alexandre Dumas fit preuve de modestie en s'exprimant ainsi, et que le président en lui répondant oublia d'être spirituel.

Il me faut dire quelques mots de Marie Duplessis,

qui brillait aussi vers ce temps-là et qui eut des rapports très intimes avec les habitués du *Café de Paris*.

Marie Duplessis était Normande. Elle vint à Paris à dix-sept ans. Elle était remarquablement belle et gaspilla ses premiers printemps avec d'indignes vauriens. Mais sa distinction, sa grâce et ses charmes devaient fatalement faire d'elle une étoile dans le monde de la galanterie. Après avoir erré longtemps et traversé les milieux les plus suspects, elle rencontra sur son chemin un gentleman qui conçut pour elle une grande passion. Il lui donna des diamants et le reste.

Marie Duplessis était mince, pâle, et avait de magnifiques cheveux qui tombaient jusqu'à terre. Sa beauté délicate, sa peau fine, sillonnée par de petites veines bleues, indiquaient qu'elle était phtisique et devait mourir jeune. Elle en avait le pressentiment. Aussi ses gaietés nerveuses étaient-elles toujours apaisées par des tristesses soudaines. Elle était fantasque, capricieuse et folle, adorant aujourd'hui ce qu'elle avait détesté la veille, et *vice versa*.

Elle possédait au plus haut degré l'art de s'habiller. C'est bien de Marie Duplessis qu'on aurait pu dire qu'elle avait *du particulier*. Nulle ne cherchait à pasticher son inimitable originalité. Tant que les fleuristes pouvaient lui en fournir, elle portait des bouquets de camélias blancs. Trois jours par mois les camélias blancs étaient remplacés par des camélias rouges. La couleur de son bouquet indiquait que, bien que ne suivant pas Moïse, elle passait aussi la mer Rouge. On ne saurait parler plus clairement le langage des fleurs.

Elle n'avait reçu aucune éducation première, mais elle s'était formée, ou déformée, comme on voudra, en lisant de mauvais livres.

Manon Lescaut l'avait beaucoup frappée. On trouva chez elle, après sa mort, un exemplaire du roman de l'abbé Prévost, avec des notes et des observations écrites de sa main sur les marges du volume. Elle avait la manie de mentir, je dis la manie et non le défaut, parce que ses mensonges étaient presque toujours inoffensifs. Un jour qu'on lui demandait pourquoi elle mentait, elle répondit : « *Le mensonge blanchit les dents.* » C'est, on en conviendra, un bien joli mot de courtisane.

Si elle ne fut qu'une fille de joie, comme disent les moralistes, et qu'une fille de tristesse, comme le dit Michelet en parlant de ses pareilles, elle fut faite martyre par la mort. Elle eut une agonie lente et douloureuse pendant laquelle elle se repentit et demanda pardon au ciel d'avoir aimé le plaisir. Hélas! qu'aurait-elle pu aimer, belle, jeune et abandonnée comme elle était, sans préceptes dans l'esprit et sans verrous à sa porte? L'Évangile à la main, elle est absoute. C'est bien à celle-là que Jésus eût dit : « Allez, et ne péchez plus. »

Elle mourut vers 1843 ou 1844, dans un entresol du boulevard de la Madeleine, situé alors près du manège Dufaut. Après sa mort, les Parisiennes s'en allèrent en pèlerinage visiter son appartement, estimer ses bijoux et ses objets d'art, compter ses chemises de dentelle, ses robes de velours et ses souliers de satin.

Alexandre Dumas fils, qui sortait à peine du collège à cette époque, fut très frappé de cette mort. Il voulut la chanter, et en fit l'héroïne de son roman *la Dame aux Camélias,* qui parut, vers la fin de 1845, en volumes *cabinet de lecture.*

Plus tard il fit avec son roman un drame qui eut cet immense succès qui dure encore.

Tous les auteurs voulurent refaire la pièce à leur façon, mais il en a été de la pièce comme de Marie Duplessis elle-même : il ne fut possible d'imiter ni l'une ni l'autre. La *Dame aux Camélias* restera un type comme Manon, Clarisse, Charlotte et Dorothée. Dans le drame elle s'appelait Marguerite Gautier. Ce fut madame Doche qui créa ce rôle avec un grand talent. Tout Paris allait la voir mourir.

En ce temps-là, les journaux étaient peu nombreux, et l'on peut dire que la qualité remplaçait la quantité. Il y avait le *Moniteur universel* pour promulguer les lois et les débats des Chambres; le *Journal des Débats,* dirigé par le célèbre Bertin; le *Constitutionnel,* la *Presse* de M. de Girardin; le *National,* le *Siècle,* la *Gazette de France,* rédigée par M. de Genoude et M. de Lourdoueix. Il faut citer encore l'*Estafette,* créée par M. Auguste Dumont, puis le *Courrier français,* organe libéral, rédigé par deux publicistes qui possédèrent le secret, perdu avec eux, de refaire avec succès, pendant dix ans, le même *premier Paris.*

Il est arrivé aux journaux de ce temps-là ce qui

arriva aux habitués du boulevard de 1840, avec cette différence, toutefois, qu'il se dépense aujourd'hui plus de talent dans la presse qu'il ne s'en dépensait autrefois, tandis que ceux qui sont à présent en possession du boulevard ne valent pas ceux qu'ils ont remplacés.

Le pauvre *Café de Paris,* quartier général de toute cette élite, en mourut et alla rejoindre le *Rocher de Cancale* et les *Frères Provençaux.*

Avec lui ont disparu l'élégance et le confortable, et, disons-le, l'étiquette, le savoir-vivre et la courtoisie qui y étaient observés.

Partout le service fut négligé. On introduisit le gaz dans les salons; les garçons, alors silencieux, devinrent effarés et bruyants, et entre-choquèrent les assiettes et les couverts.

Puis, ils inaugurèrent l'argot, parlèrent nègre et proposèrent aux dîneurs *une douzaine, une chablis première, une côte nature, un verre de vieille,* etc., au lieu de dire une douzaine d'huîtres, du vin de Chablis première qualité, une côte de mouton au naturel, un verre de bonne eau-de-vie. Au *Café de Paris,* il n'était pas permis de dire : *Voyez au cinq.* On disait : Allez à la table n° 5. On ne disait pas davantage *Moniteur pendule* pour indiquer que ce journal était demandé par la personne placée sous la pendule. Un filet était un filet et non un *chateaubriand,* et un haricot de mouton ne s'appelait pas un *navarin*

On servait des poires de crassane, de doyenné, de Saint-Germain, et non pas ces insupportables poires de *duchesse* ou de *doyenné d'hiver,* sans saveur, et qui ressemblent, comme le dit si bien Roqueplan, dans *Parisine*, à du coton humide, recouvert de gant de peau de Suède. Enfin les garçons ne frottaient pas vos assiettes avec cette horrible serviette dont ils se sont servis depuis le matin pour s'essuyer le cou et la figure, ou pour chasser les chiens.

On ignorait aussi, au *Café de Paris*, ces cabinets de toilette où maintenant les belles-petites vont se laver, se peigner, mettre de la poudre de riz et fumer des cigarettes.

Le *grand service* du *Café de Paris* n'existe plus aujourd'hui, si ce n'est au *Café Anglais*, qui a su conserver quelques-unes des traditions culinaires; puis à la *Maison-d'Or* et au café *Riche*. Il faut dire que ce sont les étrangers qui ont beaucoup contribué à le faire disparaître, parce qu'ils n'en comprenaient pas le raffinement.

Du jour ou des habitants venus d'ailleurs que d'Europe se sont mis à manger du melon au dessert avec du sucre, et à tenir embrochée à une fourchette la poire qu'ils pelaient, alors que les femmes les plus élégantes poissaient leurs doigts au jus de cette poire, c'en a été fait du grand service, et tous les restaurants sont devenus de simples buffets de chemin de fer.

Mais il ne faut pas insister davantage ni entasser des regrets superflus.

Les descendants de ceux qui ont animé le boulevard à l'époque dont je parle existent. Ils vivent séparés, mais quand ils se rassemblent, ils retrouvent la gaieté et l'esprit de leurs pères. Je tiens à le constater et à le reconnaître, car je ne voudrais à aucun prix qu'on vît en moi un de ces Jérémies en chambre, qui nous fatiguent avec leurs injustes lamentations.

Les souvenirs que j'évoquais exigeaient que je parlasse du sybaritisme et des élégances des hommes de ce temps-là.

*
* *

La physionomie du boulevard méritait cette description spéciale. Je n'ai pu m'empêcher d'anticiper sur les événements. Aussi il me faut revenir sur mes pas.

J'avais comme étudiant en droit, en 1840 et 1842, des habitudes particulières. Si le matin j'étais à mes cours et à mes examens, si je flânais dans les cafés du quartier Latin, le soir j'étais sur le boulevard ou au théâtre que j'aimais avec passion, rêvant toujours d'écrire et n'écrivant pas, et ne voyant passer au journal *la Presse* que les faits divers découpés avec des ciseaux, ce qui m'humiliait profondément.

A mes examens de droit je fus interrogé par de savants professeurs dont le souvenir est resté gravé ans ma mémoire. Je citerai M. Rossi, alors pair de France et professeur de droit constitutionnel. Il n'était pas aimé, non parce qu'on doutait de sa valeur, mais parce qu'il avait été nommé professeur par ordonnance.

On lui reprochait aussi de n'être pas né Français.

M. Rossi était un sectaire qui allait droit devant lui. Il était très bon et très indulgent aux examens. Il était toujours très bien mis, chaussé coquettement, et nous montrait à son cours les dents superbes qu'il avait achetées chez Désirabode. Il quitta la France peu de temps après, devint premier ministre du pape, et fut assassiné à Rome en sortant du Vatican.

Il me faut aussi parler de M. Valette, avec lequel je restai lié et que je vis jusqu'à sa mort. M. Valette avait un rhume chronique. L'été, alors que par une chaleur torride il faisait passer des examens, il s'échappait, et, paré de sa robe rouge garnie d'hermine, il fumait philosophiquement sa pipe dans la cour de l'École. Ce fut un des plus grands jurisconsultes de ce siècle. Il fut député. C'était aussi un érudit qui savait par cœur tous les classiques. Quand il n'était pas retenu à l'École, il se promenait volontiers dans Paris, mais rentrait à la brune à cause de son rhume. Selon son désir, on l'ensevelit dans son cercueil, enveloppé dans sa robe rouge de professeur.

M. Pellat, qui fut doyen de l'École, avait une tête de vieille femme. Il ressemblait au Voltaire d'Houdon. S'il y a des gens qui vivent à la campagne, lui vécut dans le *Digeste* pendant quarante ans, sans en sortir. Cet esprit grave, qui ne riait jamais, adorait le théâtre des Variétés. Il y allait tous les dimanches. C'était la seule orgie qu'il se permît. Un jour, je m'avisai de le saluer. Il devint furieux et me recommanda de ne dire à personne que je l'avais rencontré là. C'était le secret de polichinelle. Tous les étudiants connaissaient cette fredaine.

Après trois ans d'études, après avoir passé quatre examens, je devrais dire *subi*, et soutenu une thèse écrite en latin de cuisine, j'obtins le grade de licencié en droit. Heureusement pour les coupables qui auraient pu s'adresser à moi, je n'eus jamais l'idée de plaider. J'aurais échangé les lauriers de Berryer contre l'obscurité du plus inconnu des romanciers ou des journalistes.

Délivré du droit, je me jetai dans les théâtres et je devins un des piliers de la Comédie française, où mademoiselle Rachel, par son génie, venait de remettre la tragédie à la mode. Pendant dix ans j'assistai à toutes ses représentations. Il y avait quatre ans qu'elle régnait dans la maison de Molière. J'avais eu, ainsi que je l'ai dit, l'honneur de la rencontrer dans le salon de M. de Girardin. Je connaissais Raphaël Félix, son frère, et par lui il me devint possible de la voir chez elle et dans sa loge à la Comédie française.

Ce fut le 11 juin 1838 que parut mademoiselle Rachel, qui, par son grand talent d'abord, et par son génie ensuite, vint remettre la tragédie classique à la mode et cicatriser les blessures que l'école romantique lui avait faites.

Elle débuta dans Camille des *Horaces*, puis aborda ensuite Émilie de *Cinna* et *Iphigénie*. C'était en été; on ne croyait plus à la tragédie, ce qui explique pourquoi les recettes ne dépassèrent d'abord pas mille francs. Mais la presse ayant parlé de l'immense talent de la jeune tragédienne, tout changea bientôt, et, dès le mois d'octobre de la même année, les recettes dépassèrent toujours six mille francs.

Mademoiselle Rachel joua ensuite *Hermione*, puis *Phèdre*, création qui vint mettre le comble à sa réputation.

Selon l'avis des abonnés de la Comédie française, mademoiselle Rachel fut la plus grande tragédienne qui ait jamais paru dans la maison de Molière. Dans *Phèdre*, elle était irrésistible de langueur et de passion. Quand elle jouait Émilie de *Cinna*, il y avait un passage de la tragédie où son succès était tel, que la représentation était interrompue pendant un quart d'heure. Voici ce passage. Elle est devant Auguste et lui dit :

> Punissez donc, Seigneur, ces criminels appas
> Qui de vos favoris font d'illustres ingrats.
> Tranchez mes tristes jours pour épargner les vôtres.
> Si j'ai séduit Cinna, j'en séduirai bien d'autres !

A ce dernier vers, elle regardait la salle et *séduisait* par sa beauté et sa fierté incomparables tous ceux qui l'entouraient. En cet instant, les spectateurs se sentaient tous épris d'amour pour elle, et prêts à tomber à ses pieds. On était remué, on frissonnait, on applaudissait et on la suppliait de redire ce passage. Jamais on ne vit au théâtre enthousiasme et succès comparables. C'était du délire. On sentait qu'on avait perdu son âme et que cette enchanteresse s'en était emparée. Rachel n'était pas jolie, mais en cet instant elle se transfigurait, et la beauté la plus parfaite eût pâli à côté d'elle.

Tout est facile au génie. Un jour, à une représentation à l'Odéon, Rachel voulut jouer le rôle de Dorine dans *Tartufe*. Elle y fut excellente, et, oubliant la majesté de Phèdre et les superbes violences d'Hermione, elle échangea sa tunique et sa couronne de reine contre la cornette d'une servante, et se montra *forte en gueule* de façon à déconcerter les goujats.

A la scène, elle était une grande tragédienne; à la ville, une grande dame. On l'eût prise pour une marquise endormie comme la Belle au bois dormant dans un boudoir de Trianon, et se réveillant pour nous montrer les élégances d'autrefois. La nature l'avait faite pour briller, pour éblouir, pour faire à ses amis les honneurs d'un palais, et pour donner la réplique aux plus beaux esprits de France. Sa voix était une musique. Quand elle désirait quelque chose, elle était irrésistible, tant elle savait demander avec grâce. Elle excellait à se faire humble, mais aussitôt celui devant lequel elle s'inclinait se sentait dominé par une charmeuse à laquelle il ne fallait point songer à résister. Comme il est regrettable qu'elle n'ait pu réciter devant La Fontaine sa fable des *Deux Pigeons* qu'elle savait si bien dire !

Rachel a créé plusieurs pièces modernes, mais son talent, emprisonné dans des vers et de la prose médiocres, ne pouvait ni prendre son essor, ni déployer ses ailes. Il fallait à cette grande artiste les chefs-d'œuvre de l'ancien répertoire. De nos jours Victor Hugo, Alexandre Dumas et Augier auraient pu seuls écrire pour elle. Rachel jouant une mauvaise pièce, c'était le Titien peignant des contrevents.

La Comédie française comptait à cette époque des

artistes du plus grand mérite. Il faut citer Firmin, Michelot, Samson, Monrose, Provost, Ligier, Menjaud, Régnier, Jeoffroy, puis mademoiselle Mars, mademoiselle Mente, mademoiselle Plessis, mademoiselle Noblet, mademoiselle Anaïs Auber, mademoiselle Favart, et bien d'autres que j'oublie.

Pendant cette période de 1840 à 1848 tous les théâtres étaient brillants. A l'Opéra-Comique on jouait les œuvres d'Auber, alors dans toute la force de son talent. A l'Opéra le grand répertoire était interprété par les plus grands artistes. Duprez, Levassor, Baroilhet, madame Viardot, madame Stolz chantaient tous les soirs les *Huguenots*, *Robert le Diable*, *Guillaume Tell*, le *Comte Ory*, la *Favorite*. Aux Italiens, il y avait Lablache, Rubini, Tamburini, la Grisi, la Persiani, et bien d'autres.

Il en était de même des petits théâtres. La troupe du Vaudeville était excellente. Elle se composait d'Arnal, le plus fin comique de son époque; de Lafont, le comédien distingué; de Lepeintre aîné, de Lepeintre jeune, de Taigny, d'Amant, et de mesdames Fargueil, Eugénie Doche, Louise Mayer, Guillemain, la duègne si amusante; puis venaient Félix et Ravel.

Il en était de même au Palais-Royal, dont le répertoire, alimenté par Bayard, Dumanoir, Duvert et Labiche, était très varié. On y entendait Déjazet qui avait le diable au corps et qui disait le couplet d'une façon ravissante; Aline Duval, alors mince comme un roseau; Scriwaneck; puis, comme comiques, Achard, Levassor, Alcide Tousez, Hyacinthe, Sainville, Grassot, Lhéritier.

Ce théâtre était très suivi. Au premier rang de
l'orchestre il y avait deux nez qui faisaient concurrence à celui d'Hyacinthe : c'était d'abord celui de
M. d'Argout, gouverneur de la Banque de France,
que le *Charivari* plaisantait impitoyablement ; puis
celui de M. Adrien de Jussieu, directeur du Jardin
des plantes. L'un venait là se reposer des chiffres, et
l'autre oublier les tiges et les racines des plantes que,
comme botaniste, il étudiait au microscope. Je connaissais beaucoup M. Adrien de Jussieu. Nous étions
du même pays et il venait très souvent chez mon
père. Après le spectacle, je le reconduisais du Palais-
Royal au boulevard. Au coin de la rue Montmartre
il prenait un omnibus qui le ramenait à la porte du
Jardin des plantes. M. de Jussieu était d'une myopie
désolante. Il ne parut jamais jeune. Étant allé à l'âge
de quarante ans à un congrès scientifique à Bonn, on
le prit pour son père, qui avait quatre-vingts ans
passés. Comme seule distraction à ses graves travaux, il allait rire au Palais-Royal. Ce grand savant
s'y amusait autant qu'un écolier échappé du collège.

Dans la presse, deux critiques dépensaient beaucoup
de talent. Jules Janin dans le *Journal des Débats* et
Théophile Gautier dans la *Presse* écrivaient des merveilles. Gautier n'était pas dans ce temps-là tendre
pour tout le monde. S'il soutenait Rachel, bien qu'il
fût archiromantique en littérature et en peinture, il
ne pouvait pardonner à mademoiselle Mars de persister à représenter les jeunes filles à la scène. Il lui
reprochait d'avoir consenti à créer le rôle de Mademoiselle de Belle-Isle, d'Alexandre Dumas. C'est à ce

propos qu'il écrivait : «-Cette ingénue est vraiment étonnante, elle marche encore sans canne. » Ces épigrammes chagrinaient beaucoup mademoiselle Mars, qui se sentait éclipsée par Rachel.

C'est à cette même époque que Gautier, dans des articles qu'on a eu bien raison de réunir en volume, défendait Delacroix et Decamps, dont les perruques de l'Institut contestaient la valeur.

Je reviendrai à Théophile Gautier, dont je devais plus tard devenir le collaborateur et la doublure au *Moniteur universel*. Il en sera de même pour certaines autres physionomies que je retrouverai plus tard.

*
* *

Je l'ai déjà dit, et je ne saurais trop le répéter, dans ce temps-là on était heureux, on se laissait vivre et on n'appréciait pas assez la valeur du gouvernement sage, honnête et paternel du roi Louis-Philippe. L'armée, le clergé, les lettres, les arts étaient honorés et respectés. Le roi admirait le grand Arago malgré l'opposition qu'il lui faisait à la Chambre. Quant à Victor Hugo, il le faisait pair de France : il l'eût choisi pour ministre s'il y avait tenu. Les mécontents disaient très haut que l'empereur de Russie boudait un peu Louis-Philippe. Il s'en consolait, et la France aussi. Il était l'ami de la reine d'Angleterre, qui venait le visiter, et le plus jeune de ses fils, le duc de Montpensier, épousait une infante d'Espagne, mariage qui valut à M. Guizot, alors président du conseil, le collier de la Toison d'or.

Le duc d'Aumale avait conquis tous ses grades en Afrique, où il avait passé plusieurs années. Il poursuivait, avec Lamoricière et le général Bugeaud, Abd-el-Kader dans ses derniers retranchements.

Après la bataille d'Isly, cet émir redoutable, à la suite d'une résistance de quinze ans, était fait prisonnier et amené en France. Ce beau fait d'armes mettait fin pour quelque temps à ces guerres coûteuses de l'Algérie.

Mais il y avait à la Chambre des députés une opposition qui ne tenait compte d'aucun de ces bienfaits, et qui se montrait implacable dans ses revendications. Elle était dirigée par des hommes qui, comparés à nos tribuns du jour, ne seraient plus que des réactionnaires. Les principaux s'appelaient Thiers, Odilon Barrot, Arago et Ledru-Rollin.

On inventa la question de la réforme électorale, et on proposa d'adjoindre aux électeurs censitaires, qui seuls avaient le droit de voter, ce qu'on appelait les capacités. Il y avait de bonnes âmes qui feignaient de bondir d'indignation en songeant que les pharmaciens, qui possédaient des bocaux couverts de mots grecs et latins, n'avaient pas le droit de voter.

Il se pourrait, par ce temps de suffrage universel qui règne, qu'on trouvât mon appréciation excessive. Oui, je reconnais qu'elle l'est aujourd'hui, mais elle l'était bien moins en 1847, alors que se passaient ces choses. Il faut se reporter au temps. Je vais revenir d'ailleurs dans ce qui suit sur le suffrage universel.

Cette campagne de la réforme électorale aboutit, comme on sait, à la révolution du 24 février 1848. En trois jours le roi Louis-Philippe fut renversé, forcé de fuir, et proclamé tyran par une foule de tribuns improvisés dont quelques-uns avaient accepté ses bienfaits.

Je ne dirai rien de cette révolution, d'abord parce que de plus habiles que moi l'ont déjà racontée, puis parce que je tiens à ce que mon travail ne soit politique à aucun degré et reste, ainsi que cela est mon intention formelle, purement anecdotique.

Cependant je dois faire remarquer que j'entre dans une période où il n'était question que de politique. La gravité des événements en faisait la préoccupation unique de tout le monde, même de ceux qui ne voulaient point s'en occuper et qui n'y jouaient aucun rôle. J'étais de ce nombre, mais étant donnée ma résolution bien arrêtée d'entrer dans le journalisme, je dus essayer de me mêler aux événements et de me faufiler au milieu des hommes qui les dirigeaient. Je jouai donc de mon mieux mon rôle de cinquième roue à un carrosse, et je ne négligeai rien pour saisir l'occasion, me rappelant qu'elle est chevelue par devant et chauve par derrière, ainsi que l'a dit Rabelais.

On se battait encore dans les rues lorsque M. de Girardin, près duquel je me trouvais, publia dans la *Presse* son fameux article commençant par ces mots : *Confiance! confiance!* Ce fut M. de Lamartine, qui faisait, comme on sait, partie du gouvernement provisoire, qui le lui demanda. M. de Lamartine m'a raconté plus tard qu'en effet il avait prié son ami de faire cet article; mais cette confiance dura peu de temps, et, une fois l'Assemblée nationale élue, M. de Girardin attaqua avec autant de courage que de talent la république naissante. Il commença le feu le jour où son excellence M. Flocon, ancien rédacteur en chef de la *Réforme*, devenu ministre de je ne sais plus quoi, alla s'installer au pavillon de Breteuil.

Vers cette époque, c'est-à-dire en mars 1848, je rencontrai Louis Blanc, qui avait, comme on sait, proclamé le *droit au travail*, et que [le gouvernement provisoire avait chargé de faire des conférences au Luxembourg aux ouvriers faisant partie des ateliers nationaux. Il me serra la main, et me dit : « Où est le temps où (ainsi que je l'ai rapporté dans ce qui précède) je prenais tranquillement du café le matin à Tortoni en travaillant à mon *Histoire de dix ans!* » Je lui répondis : « Tu l'as voulu, Georges Dandin ! » Avec Molière il y a réponse à tout. Il se mit à sourire. A cette époque Louis Blanc aurait pu passer pour un écolier, tant il paraissait jeune. Les ans, l'exil et les déceptions n'avaient point encore ridé son front.

Le gouvernement provisoire fit tout de suite procéder à des élections générales pour nommer une assemblée constituante. On sait ce que Ledru-Rollin, qui était ministre de l'intérieur avec M. Jules Favre pour sous-secrétaire d'État, fit partout en France pour faire élire des députés républicains. Il faisait sonner bien haut que le gouvernement provisoire avait émancipé tout le monde en décrétant le suffrage universel. Ce fut M. de Cormenin qui conseilla d'accorder ce droit exorbitant qui sacrifiait l'élite, laquelle seule devrait gouverner les États, à la foule et au nombre. En proclamant ce suffrage universel on soumettait la tête intelligente, qui est une, aux pieds bêtes, qui sont deux. M. Thiers, M. Arago, M. Ledru-Rollin, M. de Lamartine ne devaient pas plus compter désormais que le savetier du coin qui battait sa femme et cassait sa vaisselle.

Je ne suis point l'ennemi du suffrage universel, mais je le voudrais pondéré et contenu. Je voudrais qu'on ne *comptât plus* les suffrages, mais qu'on les *pesât*, qu'on conservât le droit de voter au savetier et au pauvre à bâton, mais que leurs voix respectives ne valussent qu'*un* dans l'urne, tandis que celle d'un grand esprit, d'un grand propriétaire ou d'un grand industriel valût deux, trois ou quatre suffrages. De cette façon, sans violer en rien l'égalité, qui n'est en réalité qu'un mot, on en reviendrait à l'équité et à la justice, qui n'existent plus avec le suffrage universel aveugle et brutal qui nous régit.

Avec mon système on ne le mutilerait pas comme devait le faire plus tard la célèbre loi du 31 mai puisqu'on le conserverait pour tout le monde, mais chaque électeur l'exercerait dans la mesure de son mérite et de son importance. On m'accordera bien que tous les citoyens n'ont pas la même valeur et que par conséquent ils ne peuvent tous jouir d'un même droit. Il y a tels citoyens dont la vie est plus précieuse que la vie de certains autres.

Pendant le siège de 1870, alors qu'au mont Valérien furent tués Henri Regnault le peintre et un ouvrier charron, la France perdit deux citoyens. Oserait-on prétendre que la perte d'Henri Regnault n'appauvrit pas plus la France que celle de l'ouvrier charron ? Veut-on d'autres exemples ? L'été, des couvreurs travaillent sur la coupole de l'Institut, tandis que les académiciens sont assemblés sous cette coupole. Un orage survient, le tonnerre tombe sur le palais. Le hasard peut faire qu'il tue les quarante couvreurs sur le toit ou les quarante académiciens abrités sous ce toit. Oserait-on prétendre que cette perte des académiciens n'appauvrirait pas plus la France que celle des quarante couvreurs? Les uns comme les autres sont des citoyens français, entre lesquels le suffrage universel, qui est absurde, ne fait pas de différence, mais entre lesquels la raison et le bon sens, qui doivent prévaloir, en font une. J'ai eu occasion d'opposer ces arguments aux partisans effrénés du vote universel. Aucun d'eux n'a pu me répondre. Je puis ajouter qu'on ne me réfutera jamais. M. Louis Blanc, avec lequel il m'arriva souvent de discuter sur ce sujet, dans le salon de Victor Hugo, ne savait que me dire, et perdait son latin et son temps à chercher le moyen impossible de faire représenter les minorités. Il y a en Angleterre et en Suisse des esprits très sérieux qui en sont encore à chercher la solution de cette quadrature du cercle d'un autre genre.

L'Assemblée constituante élue en avril 1848 fut une assemblée d'élite. Le suffrage universel y amena des hommes nouveaux, c'est-à-dire les plus fous et les plus utopistes parmi les républicains; mais il y ramena en même temps presque tous les hommes de réelle valeur de la Chambre des pairs et de celle des députés, ce qui fit compensation. Aussi vit-on cette Assemblée, après quelque hésitation, se lever résolument pour défendre les principes sans lesquels il n'y aurait pas de société possible. La lutte fut chaude et vive. De part et d'autre on prouva beaucoup de courage et de talent.

Il était heureux qu'il en fût ainsi, car le désordre régnait en maître dans tous les esprits, et aussi un peu dans les rues, ce qui avait réduit Caussidière, alors préfet de police, à faire, comme il le disait, de l'ordre avec du désordre. Tout était à peu près désorganisé. Les esprits les mieux pondérés ne savaient plus bien où ils en étaient, après qu'ils avaient lu les journaux insensés, les brochures et les pamphlets qui se publiaient partout. Ce trouble général faisait dire à M. Guizot que l'esprit public avait besoin d'être sauvé.

Paris était traversé toute la journée par des députations et des corporations sortant on ne sait d'où, portant des bannières sur lesquelles les vœux les plus grotesques, les revendications les plus absurdes étaient inscrits. Ces députations s'en allaient frapper à la porte de l'Assemblée et à celles des ministères. Il fallait que les ministres sortissent pour adresser des proclamations et calmer tous ces enragés. M. de Lamartine et M. Arago eux-mêmes, tandis qu'ils siégeaient à l'Hôtel de Ville, furent souvent soumis à ces dures épreuves. Ces foules n'étaient pas toujours rassurantes; aussi Lamartine demandait-il souvent à Arago, qui était un grand mathématicien, de lui dire combien il y avait de chances pour que leurs têtes restassent sur leurs épaules. Je tiens ce détail de M. de Lamartine.

Au 24 février le gouvernement provisoire resta en permanence soixante-douze heures, sans se reposer. C'est pendant ces heures-là que Lamartine rédigea son magnifique manifeste à l'Europe.

Le journal *le National*, des bureaux duquel était partie la révolution du 24 février et dont tous les rédacteurs étaient au pouvoir, fut dépassé par la *Réforme* et par d'autres journaux, comme le *Peuple* et le *Peuple constituant*, créés par Proudhon et par l'abbé de Lamennais. Je ne dirai rien de certains autres petits journaux violents sans conséquence, qui paraissaient trois jours puis disparaissaient ensuite, tels que la *Queue de Robespierre*, le *Père Duchêne*, etc., etc., etc.

Le parti conservateur était défendu par le *Journal des Débats*, le *Constitutionnel*, la *Presse*, où M. de Girardin se montrait très violent ; un peu par le *Siècle*, qui se modelait sur le *National*; par le *Courrier français*, puis par les journaux légitimistes. N'oublions pas la *Démocratie pacifique*, organe des socialistes, qui déjà sous le règne de Louis-Philippe avait essayé de propager les doctrines de Fourier. Elle était rédigée par Victor Considérant, Doërty, Victor Callan, un socialiste catholique ; Toussenel, auteur des *Juifs rois de l'époque* et de la *Zoologie passionnelle*, et par M. Cantagrel, qui est aujourd'hui député.

Jamais les presses ne gémirent autant qu'à cette époque de l'année 1848 comprise entre l'arrivée de l'Assemblée constituante et les journées de Juin. Les imprimeries étaient encombrées de journalistes, de pamphlétaires et de publicistes qui écrivaient tous, ne se lisaient pas et renouvelaient ce qui s'était passé au pied de la tour de Babel.

Pris moi-même d'impatience, j'entrai, un peu à la façon d'un âne dans un vieux moulin, au *Courrier français*, qui avait pour rédacteur en chef Léon Faucher, ancien député de Reims et futur ministre de la République. Il me permit d'écrire, non qu'il eût confiance en moi, mais parce qu'il savait qu'à ce moment-là il se débitait énormément de bêtises dans la presse et qu'une de plus ou de moins ne pouvait rien faire. Je me vis imprimé, mais je m'aperçus que je criais dans le désert et que personne au monde n'avait remarqué ce que j'avais écrit. Ne pouvant voir Léon Faucher, je consultai dans ma naïveté de publiciste débutant le correcteur, un brave homme fort instruit qui s'appelait Chassis-Paulet. Cet homme, entré avec Châtelain au *Courrier français* à sa fondation en 1816 ou 1817, y resta jusqu'en 1854, époque à laquelle ce journal, ayant perdu ses abonnés, disparut pour toujours. Chassis-Paulet avait donc lu, absorbé et avalé tout ce qui avait paru pendant plus de trente-quatre ans dans le susdit journal, qu'il revoyait depuis le premier-Paris jusqu'à la signature du gérant, en passant par les faits divers, la cote de la Bourse, les halles et marchés et les déclarations de faillite. Voici une créature du bon Dieu qui a bien souffert sur cette terre et lui a sûrement droit à une bonne place au paradis. Qu'est-il devenu? Je n'en sais rien. Où qu'il soit, je je remercierai d'avoir bien voulu guider mes premiers pas et corriger mes premières épreuves.

Il ne me suffisait pas d'écrire dans les journaux, il fallait que je fisse des brochures dont j'ai oublié jusqu'aux titres. C'est en en corrigeant une dans une imprimerie du passage du Caire que je rencontrai Proudhon, qui travaillait à son journal *le Peuple*. Il était affable, et bien que je ne partageasse pas ses idées, il me reçut avec bienveillance, me disant que le gouvernement faisait fausse route. « Moi-même, ajouta-t-il, je fais un journal qui va gagner de l'argent grâce à mon nom, mais je ne suis déjà plus libre; des capitalistes l'ont accaparé, et ne veulent point que je risque de le faire saisir. » Puis, me prenant le bras, il me dit : « Souvenez-vous que tout journal qui vaut cent francs est perdu pour son parti. »

Proudhon se peignait tout entier dans cette phrase. Il eût sacrifié sa bourse et sa chemise au triomphe d'une de ses idées, voulant peut-être ajouter l'exemple à la parole et bien prouver *que la propriété c'est le vol*, formule qui le rendit tout de suite célèbre.

On devinait en le voyant une nature rude et fort prédestinée à la lutte. On l'eût dit taillé à la serpe dans un de ces blocs du Jura, son pays natal ; mais avec cela bon, indulgent et doux.

Dès les premières séances il fut facile de prévoir les orages parlementaires qui devaient éclater dans cette Assemblée constituante. Buchez fut élu président. Il était républicain austère et convaincu, et auteur d'une histoire de la Convention qui ne fut jamais beaucoup lue. Il n'avait pas l'énergie qu'il fallait pour dominer les gens ardents de la droite et de la gauche.

La première tempête fut soulevée par Barbès et Jules de Lasteyrie. Barbès s'étant écrié de son banc de gauche : « Silence aux royalistes ! » Lasteyrie lui répondit de son banc de droite : « Silence aux assassins ! » Des amis intervinrent après la séance pour éviter un duel.

Parmi les hommes nouveaux qui siégeaient dans cette Constituante on remarquait l'abbé de Lamennais, le Père Lacordaire, deux évêques, quelques abbés, le chansonnier Béranger, Victor Considérant, Proudhon, Pierre Leroux, etc., etc.

Lamennais, triste et malade, se tint tranquille à son banc. Il siégeait à l'extrême gauche. Béranger lui-même ne brilla guère. Il était déjà trop vieux pour assister à des spectacles aussi violents. Il tomba malade, et je me rappelle l'avoir reconduit plus mort que vif à Passy, où il habitait, en proie à une grande émotion. Il me disait tout ému : « J'ai souhaité la république, mais pas celle-là. » Son vieil ami Dupont de l'Eure vint le voir.

Il y avait une grande ressemblance entre Dupont de l'Eure et Béranger. Ils portaient tous les deux des redingotes avec des collets à la Saxe et des pantalons noisette criblés de taches. Dupont de l'Eure, le plus brave, le plus honnête, et le plus incapable des hommes, était un mélange de *Dieu des bonnes gens* et de *roi d'Yvetot* chantés par Béranger. Les partis le revendiquaient, non à cause de sa valeur, mais à cause de sa probité. Il ne jurait en politique

que par Paul-Louis Courier, le pamphlétaire le
plus correct, grammaticalement parlant, mais sans
contredit, qu'on me pardonne le mot, le plus embê-
tant. Peut-on imaginer qui que ce soit de plus vul-
gaire et de plus prosaïque que ces vignerons de la
Touraine dont il essaye de faire des héros d'Homère?

Et puisque je suis sur Béranger, je vais dire tout
de suite ce que je sais de lui. Quand j'étais enfant, il
venait très souvent à la Ferté-sous-Jouarre chez mon
père et chez un de mes oncles. Je le vois toujours
avec ses cheveux d'un blanc jaune qu'il ramenait sur
son front. Il portait des lunettes d'argent rondes
comme des lucarnes au fond desquelles je voyais des
yeux rouges démesurément grossis. Béranger disait
au dessert ses chansons et celles de Désaugiers, en
savourant du café avec sensualité ; après il taquinait
les enfants, parmi lesquels je me trouvais, et nous
faisait pleurer. Alors on nous envoyait coucher. J'en
ai toujours voulu pour cela à ce grand chansonnier
populaire qui a écrit quinze odes admirables, mais
c'est tout. C'était, tout bien examiné, un bourgeois
égoïste, assez gourmand et sans distinction.

> Allons, Babet, un peu de complaisance,
> Mon lait de poule et mon bonnet de nuit.

Il est là tout entier. Ajoutons qu'il était assez mauvais coucheur. Il suffisait de discuter dix minutes avec
lui pour reconnaître qu'en définitive il n'avait aucune opinion politique. Sous la Restauration il chantait l'Empire et sous le gouvernement de Juillet il

avait des velléités républicaines. Cet Anacréon français traversa l'Assemblée constituante de 1848 sans laisser aucune trace. Il aima Lamartine, admira Victor Hugo et avait un faible pour Chateaubriand. Il faut aussi lui rendre cette justice qu'il fut très désintéressé. Quant à ses captivités, l'histoire dira qu'elles ont couvert de ridicule ceux qui les lui ont infligées. Ses persécuteurs, ainsi qu'il l'a dit dans une de ses chansons, avaient pris, pour *peser une marotte, la balance de Thémis.*

Je ne saurais trop rappeler que, exhumant des souvenirs, je les saisis au vol, dans l'ordre où ma mémoire me les fournit, ce qui me forcera de faire des fugues continuelles et de n'observer aucune transition. Ce manque absolu de transition sera le seul côté par lequel ce travail ressemblera aux œuvres de La Bruyère.

Le premier soin du gouvernement provisoire fut de se faire relever par l'Assemblée du poste périlleux qu'il avait accepté après la chute de la royauté. L'Assemblée, en attendant que la Constitution républicaine fût faite, remit le pouvoir exécutif à ce qu'on a appelé le comité des Cinq, et qui se composa de MM. Arago, Lamartine, Ledru-Rollin, Marie et Garnier-Pagès.

Cela fait, on se mit en demeure d'élaborer une constitution ; mais les temps étaient très troublés, le désordre était dans la rue, le travail national suspendu presque partout, et la Rente 5 °/₀ à 55 francs.

On entend d'ici les cris de paon que poussèrent les contribuables lorsque Garnier-Pagès, ministre des finances, fit décréter le fameux impôt des 45 centimes.

Des vociférations s'élevèrent de tous les coins de la France. Garnier-Pagès restait calme et majestueux. Sa figure était déjà, à ce moment-là, encadrée dans ce faux-col gigantesque qu'il a rendu légendaire. Il était maigre, portait de longs cheveux, un habit noir, mais d'un noir passé à force d'avoir reçu des averses. Signe particulier : il portait des socques dont il ne se séparait pas pour monter à la tribune ou pour s'en aller à l'Hôtel de Ville fonder un gouvernement provisoire, ce qui lui arriva deux fois en sa vie.

Garnier-Pagès, qui devait toute sa réputation à son frère, était un bourgeois de Paris attardé. Il suffisait de l'écouter et de l'observer pour deviner qu'il aurait dû être échevin du temps de François Miron. Il habitait un modeste appartement orné de vases grotesques, de vieilles bergères, de pendules rococo et de paravents datant de la Fronde. La batterie de cuisine elle-même devait provenir de quelque vieil hôtel de la place Royale. Cet homme, qui ne fit aucun bien à la France et qui fut aussi stérile et aussi inutile que M. Odilon Barrot, était excellent et n'aurait pas fait de mal à une mouche. Il restera comme l'incarnation la plus parfaite de la nullité. Il fut pendant longtemps un pilier de la Comédie française. C'est là que je l'ai beaucoup vu et que j'ai pu apprécier les insondables lacunes de son esprit, ainsi que l'ascendant qu'exerçait sur lui tout ce qui était niais.

Malgré tout cela, je l'aimais, et je courais à lui dès que je le voyais. Il était bon, je le répète : cela rachète bien des choses.

Dans cinquante ans d'ici, ceux qui écriront l'histoire

du xixe siècle ne manqueront pas de constater avec étonnement cet incroyable triomphe de la médiocrité dont Garnier-Pagès et Odilon Barrot auront donné le spectacle à leurs contemporains. Odilon Barrot dépassa peut-être Garnier-Pagès. Pendant quarante ans cet homme, qui ne savait pas ce qu'il voulait, qui n'a rien fait, qui n'a rien laissé, occupa la France. Il contribua, sans profit pour lui, à renverser la Restauration, puis le gouvernement de Juillet. Il fut mis à l'écart même par le second Empire, et, après une disparition de près de vingt ans, consentit à remonter sur la scène politique en 1869... Pour quoi faire? grand Dieu!

Pour s'occuper de la question de la *décentralisation*. Un jour, au Parlement anglais, un membre de l'opposition disait à un mauvais ministre qui appelait à son secours le patriotisme, que le patriotisme était le dernier refuge des coquins. On pourrait dire que la décentralisation est la branche à laquelle les sots se rattachent pour faire croire qu'ils ont quelque idée dans la tête. M. Barrot ne décentralisa rien du tout et ne toucha heureusement pas à l'œuvre admirable ébauchée par la Convention et réalisée par Napoléon Ier.

Quand il mourut, au mois d'août 1873, M. Louis Veuillot le jugea ainsi dans le journal *l'Univers* :

« Il était dépourvu de tout mérite, même de toute
» méchanceté.

» Il ne ressemblait pas à M. Hugo, ni à Alfred de
» Musset, ni à Napoléon Ier, ni à Robespierre, ni
» à Manuel, ni au général Lamarque, ni à Benjamin

» Constant. Il était monsieur Barrot, creux au pos-
» sible, sans images, mais pompeux. Il ne fumait
» point, il n'a jamais ri, jamais laissé voir qu'il sût
» ce qu'il voulait dire, jamais rien dit dont on se
» souvînt le lendemain.

» M. Barrot a beaucoup servi M. Thiers. Il a fait
» en 1848 la campagne des banquets, parce que
» M. Thiers, qui ne la faisait pas, voulut qu'il la fît.
» S'il fut bien content d'avoir défait Louis-Philippe
» et fait Napoléon, nul ne le peut dire, et probable-
» ment lui-même ne l'a pas su. Il y a quantité de
» choses que M. Barrot ne sut jamais, quoique les
» ayant faites. »

Les hommes remarquables de tous les partis qui se trouvaient dans cette Assemblée constituante eussent travaillé avec plus d'ardeur à la Constitution républicaine, si on avait pu les délivrer des soucis amoncelés sur leurs fronts. La rue leur donnait des inquiétudes. Il y avait dans Paris dix Cours des miracles, sans les clubs où l'autorité chargée de maintenir l'ordre ne savait ni ce qui se passait, ni ce qui se préparait. Il y avait des fous et des impatients qui se sentaient à la tête de véritables prétoriens, tout prêts à tenter un coup. C'est ainsi que le citoyen Sobrier avait ses tourterelles qui n'obéissaient pas à la préfecture de police.

Et puis tout prétexte était bon pour faire des rassemblements, dégénérant en cortèges, qui ne rassuraient pas précisément les boutiquiers devant lesquels ils défilaient. Les uns prétendaient que l'Assemblée trahissait la République ; d'autres voulaient aller au secours de la Pologne. Un jour qu'on était à cours de prétexte, une partie de la garde nationale fit la manifestation des *bonnets à poil*. C'était grotesque, mais il suffisait d'un rien pour que cela devînt tragique.

On se traîna ainsi jusqu'au 15 mai ; ce jour-là l'orage éclata. La Chambre fut envahie, le président Buchez cerné dans son fauteuil par une bande, dans laquelle se trouvait le fameux pompier du 15 mai. Le nom lui en est resté.

Louis Blanc, qui était très petit, eût été foulé aux pieds sans Arago et le marquis de la Rochejacquelein, ses collègues de l'Assemblée, qui le protégèrent. Il eut la faiblesse de s'en aller à l'Hôtel de Ville, pour proclamer une république plus républicaine. Barbès le suivit. Sobrier, Blanqui et Raspail étaient dans le mouvement. Trois heures après, les principaux factieux étaient arrêtés, et l'ordre rétabli.

La commission des Cinq demanda à la Chambre l'autorisation de poursuivre Louis Blanc. La Chambre refusa d'abord ; mais, au mois d'août suivant, revenant sur son vote, elle autorisa les poursuites. Louis Blanc se sauva en Angleterre, pour ne rentrer en France qu'en 1870, après la révolution du 4 Septembre.

Dans cette mémorable journée du 15 mai, je perdis une bottine en essayant de me dégager de la foule qui m'enveloppait.

Quant à Barbès, Blanqui, Raspail, nous les retrouverons, l'année suivante, devant la Haute-Cour de justice de Bourges.

Ce 15 mai était le prélude des journées de Juin

L'Assemblée discutait toujours la Constitution. M. Grévy, alors simple député du Jura, prit part à la discussion et fut, comme on sait, l'auteur d'un amendement par lequel il demandait qu'il n'y eût pas de président de la République. Il ne se doutait pas de tout ce qu'il y avait dans ce langage de témérité et, on pourrait dire, de dommage pour lui, qui devait être trente ans plus tard président de la République, et toucher avec tant de plaisir les émoluments attribués à la place.

Il faudrait, pour se rendre compte de l'animation qui régnait dans l'Assemblée, suivre, le *Moniteur universel* à la main, les débats des séances. La commission des Cinq, qui représentait le pouvoir exécutif, n'était pas rassurée. Les rapports de police faisaient craindre une insurrection formidable, qui devait éclater le 24 juin. L'Assemblée constituante élut président M. Sénard, et le 25 juin, après s'être déclarée en permanence, elle mit Paris en état de siège et nomma le général Cavaignac chef du pouvoir exécutif.

On sait ce que furent ces horribles journées. Après trois jours d'une lutte affreuse, les insurgés furent écrasés grâce à l'élan des troupes, de la garde nationale et de la jeune garde mobile qui se conduisit héroïquement. Le baron Dornès, représentant du peuple et ancien rédacteur du *National* fut tué, et Bixio traversé de part en part d'une balle. Il survécut à sa blessure.

Je combattis comme garde national dans les rues

de Paris. Mon bataillon était dans la rue du Faubourg-Saint-Antoine, quand Mgr Affre, archevêque de Paris, qui s'en était allé le crucifix à la main pour apaiser les insurgés, fut frappé d'une balle. On le ramena mourant, rue de Grenelle-Saint-Germain, à l'hôtel de l'archevêché; je me trouvais dans l'escorte. Le soir on nous fit camper dans le jardin des Tuileries, sous les orangers, en face le ministère des finances.

Le même soir à minuit, par suite d'un mal entendu, il y eut une fusillade très vive sur la place du Carrousel. Les soldats de la ligne et les gardes nationaux tiraient les uns sur les autres. Le général Poncelet, passant près d'une sentinelle très jeune, lui cria : « Couche-toi donc, gamin. » Cette sentinelle, c'était moi.

Une heure après, l'alerte avait cessé et on ramassait les cadavres. C'était horrible [1].

---

[1]. Je traverse un instant trop douloureux pour raconter une anecdote grivoise. C'est pour cette raison que je la sépare de mon récit, et que je la mets en note.
Après l'alerte, j'avais été placé en sentinelle devant le pavillon de Marsan, en face la place des Pyramides. Des insurgés prisonniers, étant parvenus à s'évader, fuyaient à toutes jambes sous les arcades de la rue de Rivoli. On nous ordonna de faire feu sur les fuyards. Je tirai au hasard, je n'attrapai personne, mon projectile alla briser les vitres du restaurant de la Poissonnerie anglaise, situé devant moi. Dans mon esprit, le pavillon de Marsan resta comme un lieu tragique.
Mais il était écrit que le pavillon de Flore, situé sur le quai, devait un jour m'offrir la comédie. Voici de quelle façon :
Dix ans plus tard, c'est-à-dire en 1858, par une magnifique nuit de juillet, je revenais du bal de la Chaumière en voiture découverte, avec une petite actrice sans conséquence. Elle

La répression de juin fut violente autant que la situation l'exigeait. Il s'agissait en effet de sauver l'ordre social, qui n'avait jamais couru de plus grand danger. L'état de siège permit de supprimer la liberté de la presse et de suspendre tous les journaux hostiles. On se serait cru au 28 juillet 1830 avec les ordonnances mises en vigueur. Parmi les journaux suspendus se trouvait la *Presse*. M. Émile de Girardin fut arrêté et mis au secret.

Quand tout fut rentré dans l'ordre, on respira, et on fut unanime à rendre justice à l'énergie du général Cavaignac, qui devint très populaire, et qui posait aussi sa candidature à la présidence de la République. A tort ou à raison, on se sentit rassuré, et les Français, qui avaient perdu leur gaieté, la retrouvèrent.

L'Assemblée discutait toujours la Constitution. On procéda à des élections partielles, qui furent à peu près conservatrices. A Paris on nomma Victor Hugo,

avait dansé, elle avait bu de la tisane de champagne, et se trouvait grise comme les vingt-deux cantons; ajoutons qu'elle avait une robe blanche. Elle bavardait de façon à se faire *attraper* par une escouade de balayeuses qui nettoyaient le quai près du pavillon de Flore. Pour toute réponse, elle leva sa jupe et fit voir aux balayeuses, qui avaient la langue aussi bien pendue que des poissardes, ce que M. Thiers montra, dit-on, entre deux chandelles, alors que, jeune encore, il assista à ce que les petites gazettes du temps ont appelé *l'orgie de Granvaux*. Sans les vigoureux coups de fouet que le cocher appliqua à son cheval, je ne sais pas ce qui serait arrivé. Je demande pardon d'avoir rapproché ces deux faits d'une nature si différente, qui sont restés dans ma mémoire, l'un comme une tragédie, l'autre comme une comédie.

qui avait fait une profession de foi qui produisit une grande impression.

L'étoile de Lamartine pâlissait. Lui qu'on avait supposé un instant devoir être président de la République, et destiné à donner au monde le beau spectacle de la Grèce nouvelle gouvernée par un nouvel Homère, perdait du terrain. Hélas! il n'en était encore qu'au début de son impopularité.

Parmi les nouveaux députés élus se trouvait le prince Louis-Napoléon Bonaparte, l'ex-prisonnier de Ham, qui avait déjà deux fois, à Strasbourg et à Boulogne, revendiqué ses droits au trône. Après avoir été nommé à Paris il fut réélu dans l'Yonne, et la Chambre valida son élection.

Le prince Louis Bonaparte avait déjà pour secrétaire M.. Mocquard, qui était, comme lui, latiniste. Voici pourquoi je dis cela :

Dans la proclamation par laquelle il posait sa candidature à la présidence de la République, le prince Louis-Napoléon affectait de parler comme autrefois César à Rome avant le passage du Rubicon. César avait dit (on retrouverait ce document dans le *Conciones*, dans Cicéron ou dans Suétone) : *Ut ab exilio redirem, me consulem fecisti*. Le prince s'adressant à ses électeurs, s'exprimait ainsi : *Pour me tirer de l'exil vous m'avez fait représentant*. Je puis affirmer que cette tournure de phrase ne fut pas fortuite, mais calculée et préméditée. Pareille analogie se renouvela plus tard. Le prince Louis-Napoléon fut, comme on sait, un song-ecreux, enclin à la superstition, croyant à la transmutation des métaux, et se laissant exploiter par des alchimistes qui lui promettaient de l'or. Parler comme avait parlé César, cela devait lui porter bonheur.

A la Constituante Louis-Napoléon parla peu. Une fois il se défendit contre les attaques dirigées contre lui dans la presse. Je l'ai entendu un jour présentant un rapport de vingt lignes autorisant une petite commune du département de l'Yonne à surélever la taxe de son octroi. Il se ménageait et songeait déjà à la présidence.

En effet, partout en France on posait comme candidats le général Cavaignac, le prince Louis, Lamartine qui avait ses fidèles, puis Ledru-Rollin et Raspail, soutenus, mais sans aucune chance par les partis avancés.

Le général Cavaignac avait le pouvoir dans sa main, il avait sauvé la patrie et pouvait sans illusion se croire des chances. Hélas ! il avait compté sans un terrible lutteur, sans un polémiste redoutable qu'il avait fait mettre au secret. C'était Émile de Girardin, qui, une fois mis en liberté, rentrait à son journal *la Presse* comme Marius dans Rome, ne respirant que la vengeance et se souvenant des marais de Minturnes.

Pendant près de quatre mois M. de Girardin prit le général à parti, et lui décocha cent vingt articles, tous plus virulents, plus perfides, plus méchants les uns que les autres. Lui, Girardin, qui plus tard devait soutenir la thèse de la non-influence de la presse, démontra au contraire combien une telle arme était dangereuse dans les mains de celui qui savait s'en servir. Aidé par les prodigieuses ressources de son

5

esprit, ce polémiste en délire prouva que la presse pouvait être, non le quatrième pouvoir, mais le premier pouvoir dans l'État.

Il faut compulser cette longue série d'articles pour se faire une idée de ce que la passion peut suggérer d'arguments pour abattre l'homme, si fort et si honorable qu'il soit, dont on a juré la chute. De la pointe du poignard M. de Girardin passa au dard du serpent. C'est en vain qu'on chercherait dans les annales du journalisme une campagne d'opposition plus perfide et plus impitoyable que celle-là. Les lionnes du désert auxquelles on eût pris leurs lionceaux eussent passé pour douces, comparées à ce lutteur en courroux. Le prince Louis-Napoléon eut a chance de trouver cet atout dans son jeu. M. de Girardin tua la candidature du général Cavaignac. C'était le matin de très bonne heure, après une nuit agitée, bien qu'il prétendait qu'elle avait été calme, que M. de Girardin préparait ses articles. La journée était consacrée aux recherches, car il dut fouiller partout pour découvrir des griefs.

Ainsi que je l'ai dit, dans l'Assemblée constituante aussi bien que dans la presse, il n'était question que de l'élection du futur président. Partout l'hésitation était grande. Dans l'Assemblée les royalistes, comme Thiers, Berryer, le duc de Broglie, Beugnot, Montalembert, Molé, de Rémusat, etc., tenaient pour le prince Louis-Napoléon. Selon leur expression, ils le considéraient comme un chemin de traverse devant les ramener à la route royale. Le général Cavaignac avait pour lui toute la dynastie du *National* et la plupart des fonctionnaires.

Le *Journal des Débats* inclinait pour le général Cavaignac ; l'*Assemblée nationale*, créée par M. Adrien de Lavalette, journal qui avait un tirage énorme, était hésitante. Le *Constitutionnel* était franchement pour Louis-Napoléon, qui avait subjugué M. Véron, son directeur. Le *National*, le *Siècle* soutenaient le général Cavaignac. Les journaux légitimistes plaisantaient agréablement. Quant à la *Presse*, elle publiait contre le général et en faveur du prince les fougueux et violents articles de M. Émile de Girardin.

Bien que resté au *Courrier français* qui était encore un peu à Léon Faucher, j'étais entré avec M. de Lavalette au journal *l'Assemblée nationale*. J'étais son secrétaire, je dépouillais pour lui les journaux, et j'allais voir de sa part les hommes éminents de l'Assemblée appartenant au parti conservateur. C'est ce groupe qui organisa le fameux comité de la rue de Poitiers, qui avait pour but de combattre le socialisme en général, et Proudhon et Considérant en particulier. C'est ce même groupe qui, l'année suivante, devait composer cette fraction de la droite qu'on appelait les Burgraves, chargés d'émonder le suffrage universel par la loi du 31 mai 1850.

J'avais cette fois le pied dans l'étrier. Envoyé par Adrien de Lavalette, j'entrais en relations directes avec MM. Molé, Thiers, Berryer, Vatimesnil, duc Victor de Broglie, Odilon Barrot, la Rochejacquelein, de Falloux, de Larcy, etc., etc.

J'allais presque tous les jours trouver ces messieurs qui se réunissaient, rue du Bac, au restaurant Desmares. Là, on me tenait au courant de ce qu'on disait, et je venais rapporter ces bruits et ces nouvelles à M. Adrien de Lavalette, 20, rue Bergère, où se trouvait la rédaction du journal *l'Assemblée nationale*. Il se servait de ces nouvelles pour écrire vers minuit son *premier Paris*. Hélas! il n'en était pas souvent mieux renseigné pour cela. En politique, dans les temps troublés, même ceux qui croient être dans le secret des dieux ne savent rien.

A partir du mois de septembre 1848, les hommes politiques s'en allaient tous les soirs visiter les uns, le général Cavaignac dans l'hôtel qu'il occupait rue de Varennes; les autres, le prince Louis-Napoléon installé place Vendôme à l'hôtel du Rhin. J'accompagnais M. de Lavalette dans ces excursions. Le général Cavaignac avait ses fidèles qui n'allaient pas à l'hôtel du Rhin, et le prince Louis-Napoléon avait aussi les siens qui n'allaient pas à l'hôtel de la rue de Varennes. Puis il y avait les hésitants et les curieux, comme nous, qui allaient dans les deux endroits. Le général Lamoricière et M. Dufaure, qui devaient être plus tard ministres de Louis-Napoléon, étaient assidus auprès du général Cavaignac. Quant à celui-ci, appuyé sur la cheminée, il recevait ses visiteurs avec une grâce parfaite. Le général Cavaignac avait grand air. C'était un très élégant cavalier. Il y avait dans sa physionomie un je ne sais quoi d'énergique et de doux. On nous renseignait sur les progrès que faisait sa candidature à Paris et dans les départements.

A l'hôtel du Rhin, c'était à peu près la même chose. Le prince Louis-Napoléon, en habit noir et en cravate blanche, était aussi debout devant la cheminée. Il avait près de lui une table sur laquelle étaient empilées les pétitions que lui apportaient des solliciteurs qui, le croyant déjà nommé, lui demandaient des places, depuis des bureaux de tabac jusqu'à des sous-préfectures et des recettes particulières.

Il avait près de lui M. de Persigny, qui s'appelait alors beaucoup Fialin et un peu de Persigny, puis M. Vieillard, M. Mocquard, M. Vaudray. Il n'y avait aucun des fils du général Bertrand. L'un d'eux, Henri Bertrand, qui était général, était même aide de camp du général Cavaignac.

Le prince était très affable. Il ne voyait que des visages souriants, lui affirmant qu'il serait élu président à une immense majorité. Il écoutait impassible. Ce fut, comme on sait, un flègmatique. Depuis Roxelane, pour les femmes, le monde est, dit-on, aux nez retroussés. Depuis je ne sais quel héros, pour les hommes, le monde est aux flegmatiques.

Un soir, M. de Lavalette lui ayant demandé s'il pensait que son élection faisait du progrès, il lui répondit :

— Voyez sur cette table ces innombrables pétitions. Ce sont celles de la journée. J'en conclus que ma candidature gagne du terrain.

Ces tournées chez ces deux candidats durèrent jusqu'aux premiers jours de décembre. Il n'y avait pour ainsi dire pas d'autres salons ouverts, à Paris, que ceux de l'hôtel du Rhin et de l'hôtel de la rue de Varennes.

La droite de l'Assemblée constituante avait organisé, ainsi que je l'ai dit, le comité de la rue de Poitiers. Là on préparait des brochures qu'on faisait répandre pour rien partout, dans les faubourgs et dans les campagnes, pour réfuter les théories socialistes de Considérant et de Proudhon. J'eus même l'honneur d'en écrire une intitulée : *Entrevue de Voltaire et de Considérant dans la salle des Pas perdus du Purgatoire;* mais dans cette brochure je n'égratignais personne, pas même Considérant, qui ne m'en voulut pas. Ma brochure est introuvable, c'est dommage. Dans le temps où elle parut, on la vendait cinq sous. Je crois qu'aujourd'hui elle ferait bien prime d'au moins un sou.

M. Thiers, qui ne croyait pas à l'efficacité des petites brochures, s'enferma et écrivit son livre *de la Propriété* pour réfuter Proudhon. Quant à Considérant, il le somma de monter à la tribune et de vouloir bien une fois pour toutes s'expliquer. Il se montra même à cette occasion d'une perfidie excessive. Considérant se plaignait de ne pouvoir exposer ses idées, sans se voir interrompu à chaque instant. M. Thiers, d'accord avec le président de l'Assemblée, fit décider que la parole serait donnée à Considérant dès le début de la séance et qu'il pourrait parler six heures de suite, afin de donner à la question qu'il abordait tous les développements qu'elle comportait. Considérant accepta le défi. Mais, hélas! au bout de deux heures il était au bout de son rouleau, et ne se comprenait plus lui-même.

Ainsi qu'on le devine, M. Thiers ne se tenait pas de joie.

Les Français, ainsi que je l'ai dit, ayant retrouvé leur gaieté, on vit reparaître les caricatures contre l'Assemblée et contre la République. Dans une de ces caricatures on voyait M. Thiers, en hercule, serré dans un maillot, avec un caleçon rouge à paillettes, les poings crispés, s'élançant dans l'hémicycle de la salle des séances, et s'écriant : « Où est-il que je l'extermine? » Puis, sous une banquette, on voyait Proudhon blotti et tremblant.

Dans une autre caricature on découvrait Proudhon fixant la Rochejacquelein. La légende, composée avec des mots qui étaient les noms de représentants, disait :

Proudhon Considérant Lherbette de la Rochejacquelein.

Cham, le caricaturiste archi-spirituel, était là pour quelque chose.

Après la caricature, ce fut le tour du théâtre. Au mois de novembre 1848, le Vaudeville représenta une comédie de MM. Clairville et Cordier intitulée : *La propriété, c'est le vol*, folie socialiste. Les auteurs mettaient en scène madame Ève, puis le serpent qui s'était fait la tête de Proudhon. Je dois dire tout de suite que Proudhon alla voir la pièce, qui le fit beaucoup rire.

Mais tout cela a bien vieilli et est bien démodé. A présent, ces facéties n'auraient plus le succès qu'elles obtinrent alors. C'était M. Delannoy, un comédien de talent, qui était en serpent, et la belle madame Octave qui représentait Ève. Elle portait un costume qui permettait de voir ses formes opulentes. On allait exprès à l'orchestre pour la lorgner. Ses fanatiques attendaient la chute des feuilles.

Je ne puis résister au plaisir de citer le couplet dans lequel les auteurs de cette folie socialiste brûlaient un peu d'encens sous le nez du général Cavaignac et du prince Louis-Napoléon. Comme platitude, c'est délicieux. Le voici :

> Ils étaient deux, deux sur la même ligne ;
> L'un fut choisi par l'éclat de son nom,
> Et de ce nom il sut se montrer digne.
> Que devint l'autre après cet abandon ?
> La France fut-elle ingrate ? oh ! non.
> Car pour tous deux plein de reconnaissance,
> Pendant quatre ans, le peuple dans son cœur
> Associa le sauveur de la France
>   A celui qui fit son bonheur.

Le général Cavaignac assistait à toutes les séances de la Constituante, assis dans un fauteuil placé au bas de la tribune. Il était en uniforme. Son attitude était toujours la même. Il avait une jambe croisée sur l'autre, et s'appuyait sur son sabre, ses gants blancs d'uniforme passés dans la poignée et serrés par la dragonne.

L'Assemblée constituante, présidée par Armand Marrast, acheva enfin la Constitution. La discussion fut longue, pénible et peu brillante. On le comprendra si on songe aux embarras que devaient éprouver les hommes éminents qui n'étaient pas républicains. Ils durent se résigner au silence et ne prendre pour ainsi dire point part aux débats.

L'élection pour la présidence eut lieu le 10 décembre.

Le prince Louis-Napoléon obtint 5,592,834 voix
Le général Cavaignac — 1,469,116 —
M. Ledru-Rollin — 377,237 —
M. Raspail — 37,106 —

Dans la séance du 20 décembre, l'Assemblée constituante, présidée par Armand Marrast, entendit le rapport fait par M. Waldeck-Rousseau sur l'élection du président.

On fit prêter au prince Louis-Napoléon le serment prescrit par la Constitution, et on le proclama président de la République française.

Après ce serment, le prince Louis se dirigea vers le banc où était placé le général Cavaignac et échangea avec lui un serrement de main. Il lui dit : « Je suis fier de succéder à un homme tel que vous. »

Le général inclina légèrement la tête et n'entr'ouvrit pas la bouche.

Le bureau de la Chambre vint prendre le président pour le conduire au palais de l'Élysée. Le soir, Louis-Napoléon avait choisi un ministère. M. Odilon Barrot était ministre de la justice et président du conseil; M. Drouyn de Lhuys, ministre des affaires étrangères; de Falloux, ministre de l'instruction publique et des cultes; Léon de Malleville, ministre de l'intérieur; Bixio, ministre de l'agriculture ; Léon Faucher, ministre des travaux publics; Passy, ministre des finances; le général Rullière, ministre de la guerre, et de Tracy, ministre de la marine.

Le maréchal Bugeaud était nommé chef de l'armée des Alpes; le général Changarnier, chef de la première division militaire de Paris, ainsi que des gardes nationales de la Seine, et le général Rebillot, nommé préfet de police.

Quelques jours après, il y eut une modification ministérielle. M. Léon de Malleville s'étant retiré, M. Léon Faucher devint à sa place ministre de l'intérieur et M. Buffet le remplaça aux travaux publics.

Je bénis pour ma part ce changement. L'intérêt que me portait M. Léon Faucher consolidait ma position de journaliste. J'obtenais mes grandes et mes petites entrées près de lui.

J'ai dit qu'on avait été rassuré lors de l'arrivée au pouvoir du général Cavaignac. On le fut bien davantage partout à l'avènement de Louis-Napoléon. La France avait enfin un gouvernement régulier, qui ne plaisait pas toutefois à tout le monde. Ce gouvernement n'était pas surtout du goût des républicains, qui le subissaient et ne l'acclamaient pas.

Mais cette installation du président fit qu'on respira et que l'insipide politique cessa d'être l'unique sujet de toutes les préoccupations. Notre gaieté, un instant perdue, reprit tous ses droits. Les arts et la littérature, un instant délaissés, refleurirent de nouveau. Les journaux eux-mêmes rendirent aux lettres la place qu'avait usurpée la politique.

La *Presse* publiait en feuilleton les *Mémoires d'outre-tombe* de Chateaubriand, et le *Corsaire* la *Vie de bohème* de Murger.

Le *Corsaire* a été une pépinière de laquelle sont sortis beaucoup d'écrivains de talent. Il s'imprimait alors rue d'Enghien, et appartenait à une vieille femme dont j'ai oublié le nom. Il comptait parmi ses rédacteurs Paul Féval, Jules Sandeau, Théodore Barrière, Murger, Théodore de Banville, Charles Monselet, Auguste Vitu, Fauchery, Privat d'Anglemont, le plus grand des bohèmes de Paris, et bien d'autres. A force d'entregent, je parvins à y faufiler des petits bouts d'articles qui avaient une autre forme que ceux d'à présent. On n'en était qu'aux petites histoires et aux faits divers, et on ignorait encore ce que plus tard on a appelé des chroniques, des échos et des nouvelles à la main.

Dans ce temps-là, Barrière, qui devait plus tard rappeler le brillant Aramis des *Mousquetaires* d'Alexandre Dumas, ressemblait à un séminariste. Il écrivait déjà pour le théâtre et se préparait à tirer une comédie de la *Vie de bohème* de Murger. Il réalisa son projet et obtint un immense succès. La pièce fut, ainsi qu'on se le rappelle, jouée au théâtre des Variétés. L'acteur Kopp y était excellent, et mademoiselle Thuillier irrésistible dans *Mimi* : c'était, je crois, mademoiselle Page ou mademoiselle Alice Ozy qui créa Musette.

Le père de Barrière, un bon bourgeois, habitait rue de la Harpe. Il avait autorisé son fils à inviter de temps en temps ses amis à venir dîner chez lui. Je fus compris, ainsi que Murger, Vitu et Fauchery, parmi les invités. Après le dîner, le père de Barrière nous lisait des choses étranges. Il avait eu l'ingénieuse idée de mettre en vers les comédies en prose de Molière, et de mettre en prose ses comédies en vers; c'est ainsi qu'il nous donna lecture du *Misan-*

thrope en prose, et du *Bourgeois gentilhomme* en vers. On se fait une idée de la peine que cet excellent homme avait dû se donner pour accomplir cette œuvre inutile. Vitu, qui était assidu dans la maison, prétend que le père de Barrière ne mit jamais en vers que le *Legs* de Marivaux.

Ce même Vitu, avec qui je me liai et que plus tard j'ai retrouvé dans plusieurs journaux, était un grand travailleur, doué d'une mémoire prodigieuse. On chercherait en vain un talent plus souple et plus complet que le sien. Vitu, avec une égale compétence, peut écrire un grand article politique, un feuilleton dramatique (le *Figaro* où il écrit est là pour le prouver) et une revue financière. C'est le Pic de la Mirandole de la presse. Il a fait aussi des romans, des pièces de théâtre et des recherches historiques fort curieuses. Son activité est fébrile et sa maigreur doit faire envie aux harengs eux-mêmes.

Le pauvre Fauchery s'en est allé mourir en Chine. Charles Monselet méditait à cette époque ce livre original qui s'appelle *Monsieur de Cupidon*, et préparait, pour la *Presse*, la *Franc-Maçonnerie des femmes*, roman qui eut un très grand succès. Puis vinrent les *Oubliés et les Dédaignés* et des poésies d'une grande saveur. J'oubliais Nadar, qui appartenait à cette pléiade et qui nous étonnait tous par les fusées de son esprit. Chez lui l'écrivain était doublé d'un des plus fins caricaturistes de notre époque. Nadar a caricaturé deux ou trois fois toutes les célébrités de son époque. Il a composé son Panthéon littéraire, c'est-à-dire le défilé d'un bataillon composé de cinq cents écrivains, journalistes, poètes, peintres, sculpteurs et musiciens, tous ressemblants de figure. Victor Hugo, jeune, marche en tête, avec ses grands cheveux noirs et son front pâle, à cheval sur l'hippogriffe et portant la bannière du Romantisme. Il est escorté par ses fidèles qui sont : Granier de Cassagnac, Théophile Gautier, Édouard Thierry, Paul de Saint-Victor ; puis viennent Lamartine, Alfred de Musset, de Vigny, Balzac, Gozlan, Méry, Frédéric Soulié, Eugène Sue, d'Ennery, Victor Séjour, Planche, etc., etc. Ce panthéon eut un immense succès.

Nadar a reçu tous les dons. Il a écrit des livres charmants. *Quand j'étais étudiant*, une boutade amusante, a eu un nombre considérable d'éditions. La figure de Nadar serait gravée sur des pièces de monnaie, qu'elle ne serait pas plus connue. Il n'y a pas en France de notoriété plus grande que la sienne. Il est le plus serviable des amis. Veuillot l'adorait, tout mécréant qu'il est.

Mais le *Corsaire* cessa bientôt de donner dans la presse la note exclusivement gaie qui avait fait sa fortune. Il fut acheté par des hommes politiques attachés au parti légitimiste. Il fut alors dirigé par M. le comte de Coëtlogon, René de Rovigo et Bazancourt. Il se montra très violent et fit campagne avec le journal *la Mode*. Il disait ce que pensaient et ne pouvaient pas dire la *Gazette de France* et l'*Union*.

Il se passa bien des choses pendant l'année 1849. La Constituante, qui avait fini son œuvre, fut dissoute pour faire place à l'Assemblée législative dans laquelle, se trouva, comme on sait, une immense majorité royaliste. Mais, en France, les assemblées royalistes n'amènent jamais la royauté. Celle de 1849 aboutit à l'Empire, comme celle de 1871 aboutit à la République. Le libre arbitre n'est décidément pas dans les assemblées.

Partout on plaisantait agréablement la forme du gouvernement. Les théâtres se distinguèrent. Après *la Propriété, c'est le vol*, qui s'en prenait au socialisme, vinrent au Vaudeville, les 16 janvier, 23 juin et 13 octobre 1849, les numéros de *la Foire aux idées*. Ces satires politiques avaient pour auteurs M. de Leuven et Brunswick. Il y en avait un autre, Maurice Alhoy, mais qui ne pouvait laisser mettre son nom sur l'affiche par crainte des huissiers. Alexandre Dumas attribuait à ce dernier tous les jolis couplets. « Maurice Alhoy, disait-il, aura eu les *idées* et les autres auront eu la *foire*. » Pardon pour le mot, je cite et je dois citer textuellement.

Ces facéties étaient jouées par l'élite de la troupe. Delaunoy, Ambroise, Léonce, brûlaient les planches. Puis à côté d'eux on applaudissait madame Octave et mademoiselle Cico qui faisaient assaut de beauté. Madame Octave était plantureuse. C'était un Rubens qui laissait voir des charmes tout à la fois considérables et délicats. Mademoiselle Cico, plus élancée, incendiait l'orchestre avec ses beaux yeux scintillants comme des étoiles, et gargarisait agréablement les oreilles avec une voix qu'il faut avoir entendue, et dont on essaierait en vain de donner une idée, tant elle était suave, mordante et harmonieuse.

Pendant plus d'un an, grâce à la façon dont on

avait espacé ces trois pièces qui n'en faisaient qu'une, on courut au Vaudeville pour écouter les plaisanteries dirigées contre la République, contre l'Assemblée et contre le gouvernement. Les républicains eux-mêmes venaient les écouter. En France, avec de l'esprit, on parvient à désarmer ses plus violents adversaires.

L'histoire rapporte qu'à la ville madame Octave avait des relations suivies avec les plus jeunes membres de la droite de l'Assemblée, et que les jours où il n'y avait pas séance, on se réunissait dans son salon avant l'heure du dîner. Ce salon était situé rue Le Peletier, tout près de la rédaction du journal *le National*. Si de tout temps il y a eu des rapports intimes entre le corps diplomatique et le corps de ballet de l'Opéra, de tout temps aussi il y a eu des relations entre les hommes politiques et les comédiennes. Il n'y a point de mal à cela, et les hypocrites sont les seuls à n'en pas vouloir convenir. C'était déjà comme cela à Rome sous la République. Les courtisanes festoyaient avec les pères conscrits, et même avec les farouches consuls quand ils revenaient de la guerre.

Léon Faucher, étant ministre de l'intérieur, n'eut plus aucun rapport avec le *Courrier français* qui passa dans le camp ennemi pour quelque temps, puis qui fut racheté, ainsi que le *Moniteur du soir*, par M. de Lavalette, rédacteur de l'*Assemblée nationale*. On m'y fit une position. Je devins une espèce de maître Jacques qu'on mit à toute sauce. J'allais voir M. Léon Faucher qui me donnait des nouvelles que je m'empressais de publier dans le *Moniteur du soir*, qui paraissait à quatre heures du soir; dans le *Cour-*

rier français, qui paraissait à neuf heures, et dans l'*Assemblée nationale*, qui était un journal du matin. Ces trois organes conservateurs faisaient de la politique expectante. On aimait mieux Louis-Napoléon que la République pure, mais on aimait plus encore la monarchie que le prince-président.

M. de Lavalette m'avait chargé spécialement du soin de voir les comités conservateurs à la Chambre et, le soir, au comité Desmares, rue du Bac, à la rue de Poitiers et à la rue Monthabor.

A titre d'encouragement, on voulut bien m'ouvrir les colonnes du feuilleton. Je publiai, dans le *Courrier français*, *Marguerite*, une nouvelle sentimentale, et, dans le *Moniteur du soir*, *une Convalescence à l'hôpital*, une fantaisie. Plus tard j'ai reproduit, avec quelques autres, ces deux nouvelles dans un volume ayant pour titre : *Point et Virgule*.

On me chargea aussi de rédiger les petits filets et les nouvelles politiques de la première page. J'étais lancé cette fois, et presque pris au sérieux. En tout cas, je travaillais énormément. J'allais rue Bergère, n° 20, à l'imprimerie Chaix où était la rédaction des trois journaux; j'arrivais à une heure. De là je m'en allais à la Chambre dans la tribune des journalistes, et le soir, après être allé aux conférences, je revenais rue Bergère résumer ce que je savais. Je n'étais jamais libre avant une ou deux heures du matin.

Ces trois rédactions étaient assez brillantes. A l'*Assemblée nationale*, il y avait M. de Lavalette qui, tout de suite, par son talent et son énergie, compta parmi les premiers polémistes. M. de Girardin disait de lui : « Ce polémiste improvisé nous dépassera tous, s'il continue. » Il était paresseux, mais doué d'une faculté d'assimilation prodigieuse. Après avoir causé un quart d'heure d'une question qu'il ignorait, avec M. Berryer, M. Thiers ou M. Molé, il en savait autant qu'eux, prenait sa plume et écrivait un article excellent. Ajoutons qu'il était brave, et toujours prêt à mettre flamberge au vent.

Il eut un duel avec le prince Pierre Bonaparte qui, alors que le régiment dont il faisait partie assiégeait Zaatcha en Afrique, occupait son banc à l'Assemblée législative. Il le lui reprocha durement. René de Rovigo, son collaborateur, en fit autant de son côté. Le prince envoya ses témoins à Lavalette et à Rovigo. Il se battit au sabre avec Rovigo qui le blessa légèrement à la poitrine. Le lendemain, il se battit au pistolet avec Lavalette. La rencontre eut lieu dans la forêt de Saint-Germain. Avant le duel, les deux adversaires, installés dans un salon du pavillon Henri IV, causèrent politique et furent d'accord sur beaucoup de points. M. Denjoy, le député de Bordeaux, qui était l'un des témoins de Lavalette, vint les trouver. On alla dans le bois et on échangea deux balles sans résultat. M'approchant alors de Lavalette, je découvris qu'une balle avait effleuré l'épaulette de sa redingote.

Il y avait aussi au journal *l'Assemblée nationale* M. Capefigue, l'historien, un transfuge des *Débats*. M. Capefigue faisait les *Lettres diplomatiques* signées d'un *oméga*. C'était un Méridional très riche. Il était garçon et très gourmet. Il se disait autoritaire, royaliste, catholique et ultramontain. Ces prétentions n'étonneront personne quand on aura lu ses *Études sur l'histoire de France*, dans lesquelles il fait l'apologie de Catherine de Médicis, du cardinal Fleury et de madame de Pompadour. Il va sans dire que la Saint-Barthélemy et la révocation de l'édit de Nantes ne le désolaient pas du tout.

Mais je dois ajouter que c'était un collaborateur très aimable et très indulgent pour les débutants. Il ne cessait de m'encourager et de dire du bien de moi à M. de Lavalette. Très souvent il m'emmenait dîner avec lui au *Café Anglais*. Personne ne pénétrait chez lui. Il avait un faible pour les petites modistes. Il payait, dit-on, leurs loyers et leur donnait des rubans. Il n'allait pas jusqu'aux bijoux.

Enfin, parmi les autres rédacteurs, il faut citer : Lacombe, un Méridional ; Saint-Albin, qui rédigeait l'article consacré à la séance de la Chambre. Il passa ensuite à l'*Univers* avec Louis Veuillot. Un peu plus tard, le dévot Saint-Albin épousa cette jolie actrice des Variétés qui avait joué le rôle de la fille dans le *Père de la débutante*, pièce dans laquelle le comédien Vernet eut tant de succès. Il faut encore citer Amédée Achard, Édouard Thierry, Barbey d'Aurevilly, Adolphe Adam, Bazancourt, Gozlan, Latour-Dumoulin, qui fut député sous l'Empire.

La rédaction de ces trois journaux était, ainsi que je l'ai dit, en relations quotidiennes avec tous les députés influents de la droite dont elle soutenait les doctrines. De leur côté, ces députés venaient souvent à la rédaction. Parmi les assidus, il faut citer le marquis de la Rochejacquelein, le baron de Heckeren, Howin Tranchère, député de Bordeaux, que le *Charivari* avait appelé le plus spirituel et le plus enrhumé de tous les députés, Denjoy, Léo de Laborde, Léon de Malleville, et bien d'autres que j'oublie.

L'Assemblée constituante ayant été dissoute, on procéda, au mois d'avril 1849, aux élections générales de la Législative. Ce fut Léon Faucher qui dirigea ces élections qui amenèrent à la Chambre autant de républicains que de monarchistes. M. Dupin aîné, qui avait sous la monarchie de Juillet présidé la Chambre des députés, fut élu président à la place d'Armand Marrast.

Il y eut tout de suite une modification ministérielle. M. Léon Faucher se retira et M. Dufaure qui, jusqu'à la veille de l'élection du 10 décembre, avait soutenu si énergiquement le général Cavaignac, devint ministre de l'intérieur.

Lavalette me désigna pour assister, dans la tribune de la presse, à toutes les séances de l'Assemblée et pour en rendre compte dans le *Courrier français*. Pendant près de deux ans, j'assistai donc aux magnifiques débats de cette belle et violente Assemblée; il me fut permis de suivre les superbes luttes oratoires auxquelles prirent part MM. Thiers, Lamartine, Berryer, de Rémusat, Montalembert, Victor Hugo, de Falloux, Michel de Bourges et Jules Favre. Je ne cite que les principaux. Jamais la tribune française ne fut aussi brillante qu'à cette époque.

Dans la discussion de la loi sur la liberté de l'enseignement, MM. de Montalembert, de Falloux et Victor

Hugo rivalisèrent d'éloquence et de talent. Il n'y a dans aucun *Conciones* de plus beaux discours que ceux qu'ils prononcèrent. Mais aussi, dans ce temps-là, les adversaires, quoique très acharnés les uns contre les autres, se respectaient. Il y avait encore des principes devant lesquels tous s'inclinaient. Dans ce temps-là, M. Hugo, quoique passé dans le camp de l'opposition, établissant la distinction qu'il fallait faire entre la religion et l'Église d'une part, et les jésuites et le parti clérical d'une autre, s'écriait : « Je couvre » de ma vénération l'Église, notre mère à tous. » (Séance du 16 mai 1850.) On parlait ainsi dans l'opposition ; à présent, en 1883, le gouvernement ne parle plus de la sorte et nous avons des ministres des cultes qui ne veulent plus entrer dans une église. Pourquoi consentent-ils à être ministre des cultes? Les innombrables Français qui ont des principes religieux se le demandent.

De tous ces orateurs, les plus perfides dans la réplique, ceux que le marbre de la tribune semblait inspirer, étaient sans contredit Montalembert, Michel de Bourges et M. de Falloux, qui, par malheur celui-là, ne fit qu'une apparition dans la vie parlementaire. Une maladie d'abord et la bêtise du suffrage universel ensuite l'en éloignèrent pour toujours. Il devint membre de l'Académie française, et écrivit des livres remarquables. M. de Falloux est sans contredit un des hommes les plus distingués de notre époque. On peut citer comme un chef-d'œuvre de tact et d'impartialité le discours qu'il fit, en 1849, comme ministre de l'instruction publique, à la distribution solennelle des prix à la Sorbonne. Il savait, celui-là, parler en grand maître de l'Université et se montrer à la hauteur des Villemain et des Cousin.

Ces élections de la Législative, en 1849, avaient amené de grandes déceptions et nous ménageaient d'étranges surprises. On vit, à Paris, le suffrage universel préférer au bâton du maréchal Bugeaud les galons des sergents Boichot et Rattier, puis ne point élire M. de Girardin, qui alors passa dans l'opposition avec armes et bagages, et s'en alla solliciter les voix des électeurs les plus avancés du département du Bas-Rhin qui, hélas! était alors encore Français.

Ce fut à la fin de mai 1849 qu'eut lieu devant la Haute-Cour de justice de Bourges, présidée par M. Bérenger de la Drôme, le procès des insurgés qui, le 15 mai précédent, avaient envahi la Chambre. Les principaux accusés étaient Barbès, Martin, dit Albert, Blanqui, Sobrier et Raspail. Au cours des débats, il y eut une dispute entre Barbès et Blanqui qui échangèrent de très rudes reproches. Ils furent condamnés à plusieurs années de déportation, dans l'audience du 2 avril.

Paris était triste, à cette époque. Le choléra sévissait avec violence. Rien n'est, en effet, lamentable comme une épidémie. Chacun tremble pour soi et pour les siens. On redoute de figurer parmi les victimes que fait chaque jour cet assassin invisible.

Le 10 juin, le maréchal Bugeaud mourut, enlevé par l'épidémie.

C'est en plein choléra, le 13 juin suivant, qu'eut lieu l'échauffourée des Arts et Métiers. Cette insurrection fut heureusement étouffée grâce à l'énergie du général Changarnier qui commandait à Paris. Le président de la République, à cheval, se joignit à lui pour parcourir les boulevards. L'Assemblée mit Paris en état de siège. Ledru-Rollin, qui était à la tête de cette insurrection, se sauva des Arts et Métiers en passant à travers un vasistas. On y arrêta les sergents Rattier et Boichot, et tout rentra dans l'ordre. On supprima les journaux *le Peuple, la République démocratique, la Vraie République, la Réforme, la Démocratie pacifique* et *la Tribune des peuples*.

J'ai dit que lorsqu'il s'était agi, au mois de décembre 1848, de choisir comme président de la République entre le général Cavaignac et le prince Louis-Napoléon, les notabilités monarchiques avaient opté pour ce dernier qui, selon des bruits répandus, était un homme sans valeur, c'est-à-dire ce chemin de traverse qui devait conduire à une route royale. On dut revenir de cette erreur et reconnaître que le prince Louis était quelqu'un. C'est à partir de cet instant que la droite de l'Assemblée, tout en le soutenant, conçut des arrière-pensées. Aussi l'Assemblée législative, c'était visible, fut-elle coupée en trois. Il y avait les républicains purs, les bonapartistes et les royalistes.

Les royalistes formèrent le parti des Burgraves. C'est, dit-on, le spirituel Lireux, rédacteur au *Constitutionnel* et au *Charivari* dans lequel il fit l'*Assemblée nationale comique*, qui leur donna ce nom. MM. Thiers, Molé, de Broglie, Rémusat, Beugnot, Montalembert, de Falloux, de Larcy, brillaient au premier rang. Ils avaient de fréquentes réunions, en dehors des séances, dans lesquelles ils méditaient de réaliser non pas la consolidation du prince Louis-Napoléon, ni celle de la République, mais bien une restauration monarchique. Qui sait si à l'Élysée, où le président était entouré d'amis très capables et très décidés, en tête desquels se trouvait M. de Morny élu député, on ne songeait point déjà au coup d'État du 2 décembre?

Dans cette tribune des journalistes se trouvaient réunis des esprits de toutes les opinions. Il était facile de deviner, d'après les renseignements que chacun de nous apportait de son côté, que les membres de la Chambre devaient prochainement s'engager dans une lutte de Centaures et de Lapithes. On se montrait violent et nerveux de tous les côtés. Cette tribune était une sorte de lanterne magique dans laquelle on pouvait voir et entendre bien des choses. Il y avait là des républicains purs et des bonapartistes, des socialistes et des légitimistes, des orléanistes et des radicaux : car il y en avait déjà dans ce temps-là.

Nous avions pour doyen le vénérable M. Alloury, rédacteur des *Débats*, qui souriait aux exagérations qu'il entendait formuler autour de lui ; M. de la Guéronnière, rédacteur de la *Presse*, avec lequel M. de Girardin qui était député venait causer; le sage Boilay et le non moins sage Louis Boniface du *Constitutionnel*; M. Janicot, de la *Gazette de France*. Veuillot lui-même y faisait de rares apparitions. Puis venaient Paul Meurice, Auguste Vacquerie, Charles Hugo, François-Victor Hugo, Erdan, qui écrivaient dans l'*Événement*, journal appartenant à M. Victor Hugo et à M. de

Girardin. Il faut citer aussi Philibert Audebrand qui s'occupait alors un peu de politique, Edmond Texier du *Siècle*, Courcel Seneuil, Sala de l'*Opinion politique*, Lubis de l'*Union*, Eugène Bareste, Hippolyte Castille, Toulgouët de la *Presse*, Coquille de l'*Univers*, Latour-Dumoulin, et bien d'autres dont les noms m'échappent.

J'ai déjà dit combien la tribune était brillante à cette époque, et combien toutes les séances étaient intéressantes. Ce qui ne l'était pas moins, c'était la façon de présider de M. Dupin ainé, le *paysan du Danube*. Il y avait du sanglier, dans cet homme vif et rude; ses saillies spirituelles, ses reparties soudaines, ressemblaient à des coups de boutoir et emportaient le morceau. M. Dupin était laid. Il ramenait ses cheveux blancs sur les tempes. Il portait des lunettes d'argent. Son nez bourgeonné ressemblait à une truffe. Il avait des loupes que ses flatteurs prétendaient être les doctes protubérances de son front de penseur. Il était resté, comme tous les vieux parlementaires, fidèle à la cravate blanche et à l'habit noir. Il portait de gros souliers ferrés que, selon le *Charivari*, les maîtres de forges auraient voulu mettre à l'Exposition comme un produit métallurgique.

Voilà pour ses ridicules; mais avec cela lettré, jurisconsulte de premier ordre, avocat de talent, ayant plaidé des causes célèbres, travailleur infatigable, membre de l'Académie française, où il avait succédé à Cuvier. Parmi ses écrits il en est un qui ne manquait pas d'originalité : c'était *le Procès de Jésus-Christ*. M. Dupin se supposait contemporain de Notre-Seigneur et chargé par lui de le défendre en cassation.

Il était spirituel, caustique, trivial, et, même sur son siège de président, ne dédaignait pas de faire des calembours. Ce qui n'empêchait pas que nul ne sût mieux que lui diriger des débats et les empêcher de devenir confus. S'appuyant toujours sur le règlement de la Chambre qu'il savait par cœur, il y maintenait une discipline absolue. Il fut peut-être le plus fort de tous ceux qui ont présidé nos assemblées politiques.

Mais avec tout cela sans caractère, excellant à ménager la chèvre et le chou, sachant toujours tirer son épingle du jeu, et avoir sous la main la clef d'une porte de sortie. Il était riche et avare comme Harpagon. C'est lui qui disait : « Il est bien dur d'en être réduit à n'avoir plus de traitements et à vivre de ses revenus.» Il trouva moyen d'être bien avec le roi Louis-Philippe dont il fut l'un des exécuteurs testamentaires, puis avec Napoléon III qui le refit procureur général à la Cour de cassation.

Un jour que la Montagne se montrait tumultueuse, il en rappela en masse tous les membres à l'ordre, en disant : « Je suis bien forcé d'agir ainsi avec des gens qui sont tous perdus dans leurs barbes. » Il lui répugnait d'appeler les représentants *citoyens*. Je le vois encore se fâchant à ce propos et disant à la Chambre : « Restons citoyens, et appelons-nous messieurs. » Victor Hugo, dans les *Châtiments*, a fait de M. Dupin un portrait qui ne s'effacera pas.

Mon vif désir d'apprendre et de connaître les hommes que les événements ou leurs œuvres mettaient en évidence me donnait le courage, je devrais dire l'effronterie, d'aller frapper à toutes les portes. Un jour, muni de lettres de M. de Lavalette et de M. Lubis, de l'*Union*, j'allai voir le marquis de Pastoret qui était le tuteur civil de M. le comte de Chambord. Le marquis, à cheval sur l'étiquete, me parla le langage de la cour. En l'écoutant, on se plaisait à penser que le *Roy* était là caché par un rideau. Il me parut avoir peu d'idées dans la tête et me renvoya à M. le vicomte d'Arlincourt.

L'auteur du *Solitaire* venait de publier deux brochures qui faisaient assez de bruit : l'une s'appelait *Place au droit*; l'autre, *Dieu le veut*. Dans l'une et dans l'autre, on semblait dire que le roi Henri V était à Saint-Denis, et qu'il allait entrer bientôt dans sa bonne ville de Paris. Il y avait dans ces brochures beaucoup d'esprit, et quelques traits assez méchants à l'adresse du prince Louis-Napoléon. Ainsi M. d'Arlincourt disait qu'on n'avait pas tardé à constater en France « que le génie ne fait point toujours partie des successions. » Cette phrase causait des extases aux douairières du faubourg Saint-Germain. Je m'empresse de dire que M. d'Arlincourt était sincère et que ses illusions étaient infiniment honorables et infiniment généreuses. Il devait, celui-là, ne jamais changer d'opinion, et mourir dans ses croyances comme les chevaliers d'autrefois dans leur armure. J'emploie à dessein cette phrase, toute pensive qu'elle est, parce que je l'applique à l'un des plus fervents représentants de l'ancien régime.

M. d'Arlincourt, si j'osais parler la langue verte, *se gobait*. Il était convaincu que son roman *le Solitaire*, paru en 1822, avait eu cinquante éditions et avait été traduit dans dix langues. Le bruit courait que la vicomtesse d'Arlincourt, dont il était alors veuf, faisait racheter les éditions. Il parlait avec non moins d'enthousiasme de ses autres romans, c'est-à-dire de l'*Étrangère*, du *Renégat d'Ipsiboë*, puis de son poème épique *la Caroléide*.

Son frère, le général d'Arlincourt, me dit un jour que, dans un avis publié par la *Quotidienne* sous la Restauration, il avait promis mille francs à celui qui pourrait prouver que dans le *Solitaire* son frère avait dit, ainsi que les mauvaises langues le prétendaient, que les forêts étaient les cathédrales de la nature. Personne ne vint réclamer les mille francs. Alors M. d'Arlincourt, coupant la parole au général, me rappela que les critiques avaient toujours été injustes envers lui, et s'étaient efforcés de le tourner en ridicule, l'appelant le *clair de lune* de M. de Chateaubriand. Il en paraissait encore tout contristé.

Il était si bon, si affable, si poli, que je ne pus m'empêcher de faire chorus avec lui.

Il voulut bien lire des brochures et des articles que je lui avais apportés, et me donner une très chaude recommandation pour le vicomte Walch et pour le marquis de Foudras, qui alors dirigeaient le journal *la Mode* où j'eus le malheur d'écrire quelques bêtises sur madame de Sévigné, bêtises dont je me repens et dont je voudrais anéantir toute trace.

L'appartement au premier que M. d'Arlincourt occupait en 1849 et 1850 était situé rue Neuve-des-Capucines. On apercevait partout le portrait de Charles X, du comte de Chambord, puis celui du pape Grégoire XVI, auquel le vicomte avait dédié quelques-uns de ses ouvrages. Dans son cabinet de travail il y avait son portrait. Il était représenté drapé dans un large manteau noir, et se cramponnant à un arbre planté au bord d'un torrent en fureur. Il faisait de l'orage et le vent soulevait ses longs cheveux noirs bouclés. Il regardait le ciel d'un air inspiré et semblait vouloir lire dans la nue. Sous la Restauration tous ceux qui se faisaient peindre choisissaient cette attitude de naufragé en détresse. M. de Chateaubriand lui-même a sacrifié à cette mode. Plus tard on prendra ces personnages pour Hamlet.

J'ai dit que ces deux brochures de M. d'Arlincourt, qui furent en effet beaucoup lues, avaient ravi les douairières. Madame la princesse de Ligne voulut lui prouver son admiration. Elle lui envoya un beau fauteuil en tapisserie de soie au petit point qu'elle avait fait elle-même. Sur le dos il y avait les armes du vicomte et pour devise : *Place au droit, Dieu le veut!* M. d'Arlincourt était tout fier de ce cadeau. Il écrivit à la princesse de Ligne pour la remercier, et lui disait en terminant : « Je ne m'assoierai sur ce fauteuil, » madame, que quand je me sentirai content de » moi. »

Je serais un ingrat si je ne me montrais pas juste envers M. d'Arlincourt, qui, en 1849 et 1850, me protégea beaucoup.

Je ne dis pas que M. d'Arlincourt a été un grand écrivain, mais je prétends que dans la note triste il lui arriva souvent de trouver. Il se ridiculisait d'ailleurs lui-même, de parti pris, quand il écrivait, par

exemple, en prose : « Déjà du jour la sixième heure
» avait sonné, » mais ne se ridiculisait pas quand dans
le *Solitaire* il s'écriait : « Hélas ! au cœur déchiré par
» la douleur et brisé par l'adversité, un ciel pur et
» serein, un site riant ne semblent-ils pas une amère
» dérision ! Ah ! quelques regrets que puisse laisser
» ici-bas le génie éteint ou le juste disparu, le ciel
» ne lui acccorde pas une larme, la terre pas un soupir.
» La nature poursuit sa marche accoutumée, indiffé-
» rente pour l'homme qui la croit faite pour lui. Elle
» ne remarqua pas plus sa naissance qu'elle ne
» s'occupe de sa mort. »

Si ces lignes se trouvaient dans Lucrèce, *de Natura rerum*, on les citerait à tout propos. Mais elles sont dans le *Solitaire*. Combien, hélas ! y a-t-il en littérature d'injustices semblables ? Il y a des niais et des dindons qu'on porte aux nues, puis, à côté, il y a des esprits charmants qu'on dédaigne et qu'on oublie. Pour bien des gens la postérité c'est la loterie.

M. d'Arlincourt épousa vers 1851 ou 1852 une femme qui lui apporta une assez belle fortune et un château en Champagne. Je reçus de lui une lettre datée de la veille de sa mort. Cette missive figure parmi les quelques autographes que je possède.

J'ai parlé de l'antagonisme sourd et latent qui existait dans l'Assemblée législative entre le parti royaliste et le parti attaché sincèrement au prince Louis-Napoléon. Les royalistes en voulaient beaucoup à celui qui devait être Napoléon III de n'être pas aussi bête, il faut bien appeler les choses par leur nom, qu'on le leur avait promis. Or, puisqu'il était l'élu du suffrage universel, il importait de modifier ce suffrage et de le restreindre. La présidence tomba dans le piège, *en apparence du moins*, et M. Baroche, alors ministre de l'intérieur, vint patronner un projet de loi, ainsi que le disait le *Moniteur universel* du 4 mai, destiné à remanier la loi électorale. MM. Benoist d'Azy, Berryer, Beugnot, de Broglie, Buffet, Molé, Montalambert, Piscatory, Thiers, de Vatimesnil, Léon Faucher faisaient partie de cette commission.

M. Thiers, qui devait plus tard contribuer à fonder la République, fit un discours dans lequel il démontra que la *vile multitude* ne devait pas avoir le droit de voter. La loi passa le 31 mai 1850. Elle décidait qu'on n'inscrirait à l'avenir sur les listes électorales que les citoyens domiciliés depuis trois ans dans la même commune, ce qui laissait sur le carreau trois millions d'électeurs. J'ai dit dans ce qui précède ce que je pense du suffrage universel. Il faudrait *peser* et non *compter* les suffrages.

Les républicains de la Chambre jetèrent les hauts cris et dirent des choses très éloquentes. Mais il y avait une majorité de droite qui leur ferma la bouche.

Je me rappelle cette journée du 31 mai. Il faisait un temps radieux. Les Burgraves se rendirent à pied, vers deux heures, au palais de l'Élysée, pour porter la bonne nouvelle au président de la République. Le prince Louis-Napoléon les reçut de la façon la plus courtoise et sembla se réjouir avec eux d'une décision qui, à l'avenir, les mettait tous à l'abri des mauvais choix du suffrage universel, désormais contenu, réglementé et endigué.

Les Burgraves revinrent à la Chambre. M. Molé, qui était fin comme l'ambre, paraissait soucieux. J'étais assez près de lui pour entendre ce qu'il disait à M. Thiers.

« Avec ce président, dit M. Molé, on n'est sûr de
» rien. Est-il content ou fâché de cette loi ? J'ai appro-
» ché de Napoléon Ier, de Louis XVIII, de Charles X,
» de Louis-Philippe ; je pouvais à peu près deviner
» sur leur figure le fond de leur pensée. Mais avec le
» prince Louis, cela est impossible. »

Je garantis l'exactitude de cette conversation. Je la rapportai le soir à M. de Lavalette, et je lui mis la puce à l'oreille.

M. Molé ne se trompait pas. Cette loi du 31 mai, mutilant le suffrage universel, était une poire que le président réservait pour sa soif. Il le prouva le 2 décembre au coup d'État, qui réussit surtout à cause de cette phrase, qui était en tête des proclamations :

« *Le suffrage universel est rétabli :*
« *La loi du 31 mai est abolie.* »

Les Burgraves, qui pensaient que cette loi avançait les affaires de la monarchie, n'avaient en réalité travaillé que pour l'empire. *Timeo Danaos et dona ferentes*, s'était écrié le vieux Mocquard en voyant, le 31 mai, les députés monarchiques mettre tant d'empressement à apporter cette loi au président. Tout malin qu'il était, M. Thiers joua ce jour-là le rôle du renard qui a la queue coupée.

Dans la presse on jeta les hauts cris. Le *Siècle* se

fit saisir pour un article tout à fait ironique et violent contre cette mutilation du suffrage universel.

Ici j'ouvre une parenthèse pour parler d'un événement qui, bien que n'ayant rien de politique, n'en causa pas moins une assez vive impression parmi les journalistes et les hommes de lettres. Je veux parler du duel d'Amédée Achard et de Fiorentino, qui eut lieu le 5 juin 1851. On choisit pour prétexte à la querelle les beaux yeux d'une comédienne. L'insulte adressée par Fiorentino était grave. On se battit à la mare d'Auteuil. Après deux engagements très vifs, Achard reçut un coup d'épée dans le poumon droit. Il avait pour témoins le baron de Bazancourt et M. de Reims. Fiorentino était assisté par René de Rovigo et Gatayes, l'ami d'Alphonse Karr. Fiorentino se réfugia à Londres.

Achard, qui avait perdu connaissance, fut porté à Auteuil dans la maison de santé du docteur Spendler, et, comme j'avais assisté à la rencontre et que je l'aimais beaucoup, je fus installé à son chevet où je passai huit jours sans le quitter, tant son état était grave. Il fut soigné par le docteur Jobert de Lamballe, que j'allai deux fois chercher la nuit. Ce chirurgien célèbre demeurait, je me le rappelle, rue de la Chaussée-d'Antin, près du boulevard. Il saigna le blessé à blanc pour éviter un épanchement. Achard se rétablit. Pendant son séjour à Auteuil, tout Paris vint le voir, tant il était aimé et estimé.

Je recevais les visiteurs. Parmi les plus assidus, il faut citer Lavalette, René de Rovigo, Siraudin, Villemessant et Balzac, qui habitait Auteuil. Je passai deux ou trois journées avec Balzac, lui récitant ses romans, et lui demandant le secret pour pouvoir en écrire de pareils.

Il me dit que la première qualité d'un romancier était de savoir très bien vivre, qu'il devait aller le plus possible dans le grand monde et causer avec les grandes dames. La cuisine, les coulisses, tout cela se devine, disait Balzac, mais les salons ne se devinent pas, il faut y être allé pour savoir de quelle façon on y cause, et comment on doit s'y tenir. Il insistait beaucoup sur ce point, rappelant qu'il avait beaucoup vu le faubourg Saint-Germain, et qu'Eugène Sue lui-même était allé étudier et observer dans ce milieu élégant. « Faites-cela, ajoutait-il, et vous vous en trouverez bien. Une marquise spirituelle vous donnera la clef des femmes de toutes les catégories. Rien ne sera facile comme de les faire agir et parler. » Je ne pus le faire sortir de là. En cas de doute de ma part, il me renvoyait à Méry qui professait les mêmes doctrines.

Balzac était déjà malade à cette époque, et, moins heureux qu'Achard, ne devait pas guérir. Il mourut peu de temps après, à cinquante ans, tué par le travail. On se demande, quand on lit sa *Comédie humaine*, comment il a pu, en si peu d'années, produire tant de chefs-d'œuvre.

J'en reviens à l'Assemblée.

Dans l'Assemblée, dont je suivais assidûment toutes les séances, on devenait plus susceptible de part et d'autre, on s'apostrophait à tout propos. Ainsi, un jour, M. Molé, parlant sur le mode de recrutement des ingénieurs et des officiers d'artillerie auquel MM. Charras et Latrade voulaient qu'on apportât des modifications, se permit de dire qu'en 1814 l'empereur de Russie avait prié Napoléon Ier de lui *faire présent* de trois ou quatre ingénieurs. Ce *faire présent* révolta la gauche, qui interrompit M. Molé et lui fit observer qu'on pouvait faire présent de choses, mais qu'on ne pouvait faire présent de citoyens. Tous les jours on voyait surgir de semblables incidents, que le président Dupin avait beaucoup de mal à calmer.

Dans cette même année 1850, l'Assemblée fit deux lois qui causèrent une certaine émotion dans le monde des journalistes et des romanciers.

Je veux parler de la loi dite *Laboulaye-Tinguy*. Par cette loi, on obligeait les journalistes à signer leurs articles toutes les fois qu'ils traiteraient de matières politiques, sociales, philosophiques ou religieuses. Était-ce un bien ? était-ce un mal ? je ne saurais le dire. En tout cas, c'était illusoire, car un polémiste qui ne voulait pas se nommer avait toujours la ressource de faire signer ses articles par un prête-nom. Cette loi, qui n'a pas été abrogée, est tombée en désuétude. On peut sans crainte se dispenser de l'observer. M. de Tinguy, un de ses auteurs, était un marquis breton très aimable et animé des meilleures intentions.

Quant à moi, la loi *Tinguy*, comme on l'a appelée, me comblait de joie. Je dus signer mes articles dans le *Courrier français* et dans le *Moniteur du soir*. Non seulement je voyais mon nom, mais je le voyais aussi dans les journaux qui me reproduisaient.

Dans les premiers temps, on abusa de la signature. On la mettait là où la loi n'exigeait pas qu'elle fût mise, comme au bas des *faits divers*. On la mettait même au-dessous de deux lignes annonçant qu'il y avait un spectacle piquant aux Variétés.

Bientôt après vint la loi Riancey. M. de Riancey était un journaliste légitimiste de talent, qui prétendait que les romans publiés en feuilletons avaient beaucoup contribué à démoraliser les esprits. Les lecteurs, selon lui, puisaient dans ces lectures ce qu'il appelait un *poison subtil* qui s'était infiltré partout. Toujours selon lui, les *Mystères de Paris*, le *Juif-Errant* et les *Sept péchés capitaux*, d'Eugène Sue, avaient été des lectures dangereuses, et le *Journal des Débats* et le *Constitutionnel*, deux journaux dévoués à l'ordre, avaient eu tort de les publier. Il se livra à ce propos, sur l'influence que les livres peuvent avoir, à une de ces sorties aussi violentes qu'inutiles qui firent beaucoup rire. Malgré cela la loi passa, et il fut décidé que tout journal contenant un roman-feuilleton serait frappé d'un timbre exceptionnel d'un centime par numéro.

Eugène Sue, qui siégeait à la Chambre, laissa persécuter le roman-feuilleton, qui avait refait sa fortune, sans intervenir et sans dire un seul mot. Cette attitude scandalisa les romanciers. J'étais du nombre des scandalisés, et je crus devoir publier une brochure intitulée : *le Timbre Riancey*, dans laquelle, m'adressant à l'auteur du *Juif-Errant*, je lui reprochais dans les termes les plus ironiques qu'il me fut possible de trouver, d'avoir quitté la société des Muses pour faire partie des commissions, et déserté les sommets du Parnasse pour le mamelon de la tribune. Eugène Sue, déjà fatigué, blasé et sans enthousiasme, me dit que j'avais bien fait de l'attaquer, mais qu'étant donné l'esprit de l'Assemblée, il n'y avait eu rien à faire. « Tout le monde, ajouta-t-il, croit au *poison subtil* découvert par M. de Riancey. »

Les journaux qui avaient un grand tirage comprirent tout de suite qu'ils réalisaient une sérieuse économie en supprimant le roman-feuilleton ou en n'en donnant pas tous les jours. C'est alors qu'on vit les romans remplacés par des voyages pittoresques, fantaisistes, humoristiques.

Au *Courrier français* j'apportai un *Voyage de Paris à Pontoise* dans lequel, après avoir décrit Saint-Denis, Enghien, la vallée de Montmorency, je racontais une légende remontant à saint Louis. Il y avait un couronnement de rosière qui n'en finissait pas.

J'en étais au sixième feuilleton lorsqu'un agent du fisc vint signifier au directeur du *Courrier français* que mon *Voyage à Pontoise* n'était en réalité qu'un roman. Le directeur s'inclina et m'informa qu'on allait cesser dès le lendemain ma publication. J'en fus désolé. Je murmurai contre le fisc auquel je refusai toute compétence littéraire. À la place du *Voyage à Pontoise* on publia *Un voyage de Paris à Athènes*, de Ponson du Terrail. Je reprochai à mon rival de vouloir refaire *le Voyage du jeune Anacharsis*. Huit jours après j'étais calmé, et au mieux avec Ponson du Terrail. Nous ne nous quittions plus.

Ponson du Terrail avait déjà commencé à cette époque dans le journal *la Patrie*, qui appartenait à M. Delamarre, les *Drames de Paris* qui devaient durer dix ans et qui s'appelèrent ensuite le *Club des Valets-de-Cœur*, la *Revanche de Baccarat*, les *Exploits de Rocambole*, la *Mort de Rocambole* et la *Résurrection de Rocambole*. Ces aventures macaroniques, que Mérimée lisait à la campagne, passèrent de la *Patrie* au *Petit Journal*, puis à la *Petite Presse*.

Il s'est passé, à propos de ce feuilleton, quelque chose d'assez curieux. Je le raconte, bien qu'anticipant sur les événements. C'est dans le *Petit Journal*, fondé plus tard par M. Millaud, que parut la *Mort de Rocambole*. M. Millaud, auquel ce roman avait valu beaucoup de lecteurs, regrettait amèrement que Ponson du Terrail eût tué Rocambole. Selon lui, c'était un filon qui n'était pas épuisé. Le jour où le dernier feuilleton annonçait la mort de ce personnage, il vint au journal et brisa sur la forme, de façon à la rendre illisible, la phrase qui terminait le roman. L'auteur pouvait donc reprendre son récit, puisqu'il ne lui avait pas donné de dénouement. Mais cette ruse ne lui profita pas. Ponson du Terrail écrivit la *Résurrection de*

Rocambole, qui lui avait été achetée par M. Paul Dalloz, directeur du *Moniteur universel*, qui le publia dans la *Petite Presse*. *Rocambole* et le procès Tropmann firent le succès de ce journal.

Cette année 1850 fut pour l'Assemblée une année sans fin, pour les députés du Midi surtout, qui ne savaient plus ce qui se passait chez eux. Beaucoup parmi eux, n'ayant pas de relations à Paris, s'y trouvaient tout désœuvrés et sans intérieur. Ils en étaient réduits à vivre à l'hôtel et au restaurant, ce qui faisait tout à la fois mal à leur bourse et à leur estomac. Ils s'étaient fractionnés par petit groupes.

L'un de ces groupes avait été surnommé *le parti Pestel*, parce que les dix ou douze députés qui en dépendaient prenaient leurs repas au restaurant Pestel, situé rue Saint-Honoré. La maison a été démolie. On plaisantait beaucoup dans le *Charivari* le *parti Pestel* qui, s'il ne disait jamais rien à la Chambre, votait et servait d'appoint dans les cas douteux.

Enfin, le 9 août 1850, l'Assemblée prit des vacances, après avoir nommé une commission de permanence chargée de veiller au salut de la République et d'empêcher les partis de l'escamoter. Les vacances durèrent jusqu'au 11 novembre suivant.

A sa rentrée on lui donna connaissance du message que lui adressait le président de la République. Mais ce message vrai avait été défloré par un message faux, publié dans la *Presse* par M. de Girardin avec la signature de Louis-Napoléon. Il y exposait une politique diamétralement opposée à celle adoptée par les ministres.

Bien des gens furent dupes de cette mystification. Le ministère se fâcha et ce faux message fut poursuivi. M. Nefftzer, le journaliste de talent qui était le bras droit de M. de Girardin, encourut une condamnation très sévère.

L'Assemblée reprit ses séances, qui devinrent plus orageuses que jamais. La majorité redoutait les desseins secrets de l'Élysée, et à l'Élysée on méditait vaguement de se défaire de cette Assemblée. Les discussions violentes revinrent à propos de modifications apportées dans les commandements militaires. Le général Changarnier n'avait plus la confiance du président. On le supposait avec raison tout dévoué à la la majorité. Ce fut au milieu de ces débats que M. Thiers prononça un discours très passionné. Je le vois encore le terminant par cette phrase : « Si vous ne résistez pas, *l'Empire est fait !* » Après lui le général Changarnier vint lire un discours que M. Thiers avait rédigé et dans lequel il s'écriait : *Mandataires de la France, délibérez en paix !*

Le coup d'État se préparait déjà dans l'ombre et devait éclater le 2 décembre 1851.

J'abuse des souvenirs que m'a laissés cette Assemblée législative. C'est vers la fin de 1850 que le général Fabvier, qui était chevaleresque, demanda au gouvernement de tenir sa parole et de mettre en liberté Abd-el-Kader qu'on retenait prisonnier au château d'Amboise. Le général Fabvier était très âgé et très infirme. Il arrivait à la séance conduit par son domestique, et c'était soutenu par un de ses collègues qu'il se rendait de sa place à la tribune. Les farceurs, car il y en a partout, prétendaient que le général Fabvier ne vivait plus et qu'on l'avait galvanisé. Selon eux il y avait caché sous ses habits un ressort semblable à ceux avec lesquels, à la halle, on fait remuer leurs paturons à des homards morts dès la veille. Gagnez donc des rhumatismes au dur métier de la guerre. Vous boitez, vous êtes disgracieux, et, au lieu d'être plaint, on se moque de vous !

Le général Fabvier n'en était pas moins un esprit très vif, animé des sentiments les plus généreux. Il rappelait avec orgueil qu'il avait connu en Grèce lord Byron et la senora Guicioli qui devait plus tard épouser le marquis de Boissy, pair de France. « Lord Byron, me disait-il, faisait vendre ses domaines en Angleterre, et son intendant lui envoyait en Grèce l'argent qu'il en avait tiré. Avec cet argent le grand poète rachetait les Grecs faits prisonniers par les Turcs. C'est avec lord Byron, ajoutait-il, que j'ai visité les ruines du Panthéon. » Plus tard, en 1828, le général fit l'expédition de Morée pour affranchir la Grèce.

Il était très religieux et voulut qu'après sa mort on célébrât à perpétuité une messe pour le salut de son âme dans une des paroisses de Paris. Il mit le prix de cette messe perpétuelle en adjudication par soumission cachetée, à laquelle prirent part tous les curés de Paris. Ce fut le curé de Saint-Germain-l'Auxerrois qui fit la soumission la plus basse et qui fut déclaré adjudicataire.

**

Dans cette usine à journaux de la rue Bergère, je travaillais beaucoup, et aidé, ainsi que je l'ai dit, par M. de Lavalette, M. Capefigue et M. d'Arlinçourt, je fis des progrès et je sus enfin mon métier. M. de Lavalette n'hésitait plus quand il s'absentait, à me confier les journaux. Je m'étais créé de fort belles relations, grâce à mon caractère doux et conciliant, et je vivais, je puis le dire, dans les coulisses de la politique, des lettres et des théâtres. J'étais d'une activité dévorante et quand, à côté de moi, quelqu'un se disait *fatigué*, je ne me rendais pas compte de ce que cela voulait dire. Un bain et deux heures de sommeil étaient pour moi le baptême, la régénération. Je trouvais le moyen d'être partout, à l'Assemblée, au journal, dans les conférences, aux premières représentations et aux cérémonies.

Mais j'avais un chagrin qui me dévorait. Bien que j'eusse fait de très bonnes études, et passé pas mal d'examens, j'avais conscience de ne rien savoir et de n'avoir sur toutes choses que des notions par trop superficielles. J'avais lu, mais je n'avais plus le temps de lire.

Je fis part de mes soucis à M. de Lamartine qui me dit : « Allez-vous-en en province ; vous aurez là le temps d'étudier, parce qu'en province on s'ennuie à ce point que la pluie elle-même est une distraction. »

Je pris mon courage à deux mains, et je me décidai à quitter ce Paris que j'aimais comme on peut l'aimer à vingt-huit ans. Je passai en revue tous mes amis et je les suppliai de ne pas m'oublier. Je dois dire qu'ils m'ont tenu parole. On me proposa d'aller à Rouen et d'entrer au *Mémorial,* journal qui avait des attaches très intimes avec le prince de Joinville, M. Thiers et le général Changarnier.

Je partis le 1er février 1851.

DEUXIÈME PARTIE

— ROUEN —

De 1851 à 1857

Le *Mémorial de Rouen* appartenait à M. Henri Rivoire ; c'était un homme bienveillant, spirituel et très instruit. Il me reçut d'une façon toute paternelle et tout de suite me dit : « Si vous le voulez, je vous ferai travailler, et vous apprendrez ce que vous ne savez pas. » Dès cette première entrevue, j'aimai M. Rivoire.

Il était condamné à rester dans son fauteuil, retenu par une affection de la moelle épinière. Il était né à Lyon. Son père s'était retiré au couvent des Trappistes d'Aiguebelles, dont il était un peu le supérieur. Il était veuf et avait trois enfants : un fils et deux filles charmantes qui, quatre ans après, devenaient de séduisantes demoiselles. L'aînée épousa Brainne, rédacteur à la *Presse*, un garçon de talent, mort tout jeune. C'est à madame Brainne qu'Edmond About a dédié le *Roi des Montagnes*. La seconde épousa mon ami Charles Lapierre qui, depuis plus de vingt ans, dirige avec beaucoup de tact et d'habileté le *Nouvelliste de Rouen*, qui fut, ainsi que je le dirai, substitué au *Mémorial*. Son fils fut enlevé à vingt-quatre ans par une maladie de poitrine.

M. Rivoire était doué d'une mémoire prodigieuse. Il avait beaucoup voyagé. Il était allé en Italie avec Auguste Barbier, son camarade de collège. Bien que relégué en province, il eût été de force à être directeur du *Journal des Débats*. Michel Chevalier, avec lequel il discuta pendant de longues années, disait que c'était M. Rivoire qui, comme protectionniste, avait su porter les plus rudes coups au libre-échange. C'était aussi l'opinion d'Émile et d'Isaac Pereire. M. Pouyer-Quertier est, en économie politique, un élève de M. Rivoire.

Quand il ne travaillait pas à son journal, il lisait, ou plutôt il *relisait*, car il avait tout lu.

Il éprouvait des douleurs intolérables qui, parfois, le forçaient à crier. Ces jours-là, il me disait : « Je souffre comme un païen. » Mais quand il ne souffrait pas, il était aimable et souriant, fort galant avec les dames et leur adressant des madrigaux exquis. Il avait eu la tête près du bonnet. Il se battit pour un article avec M. Degouves-Denunque, qui était tout à la fois rédacteur au *National* et au *Journal de Rouen*, rival du *Mémorial*. Le duel eut lieu au pistolet.

M. Rivoire enleva avec sa balle la dernière phalange du doigt du milieu de son adversaire. Sous le règne de Louis-Philippe, M. Rivoire avait écrit plusieurs brochures politiques qui firent assez de bruit. L'une d'elles se rapportait à la question de l'hérédité de la pairie.

Il avait toujours eu des collaborateurs distingués. La place que je venais prendre à côté de lui avait été occupée avant moi par Louis Veuillot, puis par le spirituel Edmond Texier, rédacteur au *Siècle*.

Louis Veuillot, qui ne s'était pas encore converti, avait eu à Rouen une existence très orageuse, mêlée de duels et d'aventures. En cherchant dans la collection du journal, on retrouverait des romans signés de lui fort passionnés, puis des critiques de théâtre écrites dans une note très mondaine.

Politiquement parlant, le *Mémorial* jouait à Rouen le même rôle que le *Courrier de la Gironde* à Bordeaux, que dirigeait M. Crugy. C'était un journal orléaniste libéral. Pendant tout le courant de l'année 1851, il ne cessa de donner des détails d'une rigoureuse exactitude sur le coup d'État qui se préparait. M. Rivoire avait pour rédacteur, habitant Paris, M. Vergniaud qui pendant longtemps dirigea le bulletin politique de *l'agence Havas*. Le fils de M. Vergniaud est devenu secrétaire général du préfet de la Seine.

Il avait, en outre, d'autres correspondants anonymes qui l'informaient de tout ce qu'on disait à l'Élysée et dans la Commission de permanence, lorsque l'Assemblée n'était pas réunie.

Au coup d'État, le *Mémorial* fut supprimé pendant deux jours, et ne fut autorisé à reparaître qu'à la condition de changer de nom et de s'appeler le *Nouvelliste de Rouen*. Tous les *Mémoriaux* passaient à tort ou à raison pour être des journaux orléanistes, de même que les *Gazettes* sont des organes légitimistes. M. Vergniaud, son correspondant à Paris, fut arrêté pendant huit jours.

L'Empire naissant se montra très dur pour M. Rivoire. On lui défendit d'écrire dans son journal, et je fus choisi comme rédacteur en chef. Mais je ne pris jamais la fonction au sérieux, et je me fis un devoir, tout en sauvant les apparences, de rester sous les ordres de M. Rivoire qui était pour moi un maître.

Le *Journal de Rouen* était le rival du *Nouvelliste*. Cet organe qui, sous le gouvernement de Juillet, était de la nuance du *National*, avait une réelle importance et était rédigé par des gens de talent. Il faut citer M. Degouves-Denunque, M. Visinet et M. Beuzeville. Il appartenait à M. Brière et appartient maintenant à son fils, M. Léon Brière, qui le dirige parfaitement.

Beuzeville a été un véritable type. Il a fait pennant plus de quarante ans le *Journal de Rouen*. Il était poète à ses heures et tournait fort bien les vers. Il a publié un recueil de poésies intitulé : *les Fleurs du chemin*. Il les adressa à son adversaire politique, M. Rivoire, qui le remercia en lui disant que ses *Fleurs du chemin* l'avaient fait passer par un chemin de fleurs. Beuzeville, dans l'intimité duquel j'ai vécu pendant près de six ans, était le plus charmant garçon du monde.

Il était aussi d'une sûreté de rapports et d'une honorabilité à laquelle le préfet qui lui adressait des avertissements se plaisait à rendre hommage. Beuzeville et moi causions, la nuit, sans jamais nous dire ce qu'il y avait dans le numéro du journal que nous venions de préparer chacun de notre côté. Il était très populaire et son esprit était fort apprécié.

A Rouen les journaux se faisaient la nuit : on les commençait à minuit et on les terminait à six heures du matin. Rouen et les environs savaient, dès cette heure-là, tout ce que contenaient les journaux de Paris. Mais à ce métier, je perdis le sommeil, que je n'ai plus retrouvé depuis. De 1848 à 1857, je ne me suis jamais couché avant cinq ou six heures du matin.

De 1851 à 1858, la question brûlante, dans la presse de Rouen, était celle du libre-échange que M. Rouher aidé par M. Michel Chevalier préparait. On lisait à la première page des articles fort remarquables dans lesquels M. Visinet, du *Journal de Rouen*, et M. Rivoire du *Nouvelliste* se disputaient. M. Visinet était libre-échangiste et M. Rivoire protectionniste. Comme ils avaient tous les deux beaucoup de verve, d'esprit et de talent, ils se portaient des bottes terribles qui donnaient à penser qu'ils allaient se provoquer en duel. Il n'en était rien. Tous deux s'étaient battus, mais ce temps était passé. A ce moment-là M. Rivoire était cloué, comme je l'ai dit, sur son fauteuil par une affection de la moelle épinière, et M. Visinet atteint aussi de la même affection et de plus aveugle.

Un jour, prenant par le bras M. Rivoire qui pouvait à peine marcher, je le conduisis au chevet de M. Visinet, qui, lui, ne se levait plus. Oubliant leurs dissentiments économiques, ils se tendirent la main, se firent des amitiés et se recommandèrent des remèdes qui ne les guérissaient pas.

Rouen, malgré la centralisation, a conservé un air de capitale. Je trouvai là des hommes fort distingués. Le préfet, le baron Ernest Leroy, était un gentleman accompli. Il avait des formes exquises, et n'était jamais plus aimable que quand il avait des remontrances à faire à la presse, car après le coup d'État, je m'en souviens, les journalistes étaient souvent appelés à la préfecture. Son frère, M. Pierre Leroy, était préfet du Calvados.

Je n'oublierai jamais le singulier entretien que j'eus avec lui, en 1853, lors du voyage que l'empereur et l'impératrice firent à Amiens. *La Correspondance Havas* avait télégraphié au préfet et aux journaux le texte officiel des discours que les autorités d'Amiens avaient adressés à Leurs Majestés. Parmi ces discours se trouvait celui de l'évêque. Or, voici ce que la *Correspondance Havas* faisait dire par ce digne prélat à l'impératrice :

Madame, c'est un beau jour sans doute que celui qui rapproche les peuples des souverains qui leur sont chers ; mais ce jour aurait eu des ombres, si nous n'y voyions une princesse que tous les *uniformes* ont appris à connaître.

Le journal parut avec ce texte tronqué.

Aussitôt le préfet me fit demander et m'intima l'ordre, non pas seulement de faire un *erratum*, mais de publier de nouveau tout le discours en substituant au mot *uniformes* le mot *infortunes*. Cette rectification dut être faite dans tous les départements. Partout cette déplorable erreur fit faire des gorges chaudes.

C'était M. Franc-Carré, ancien pair de France et ancien procureur général à Paris, qui était premier président de la cour. Après le coup d'État, lorsqu'il alla prêter serment, l'empereur, se souvenant qu'il avait autrefois requis la peine de mort contre lui, le félicita d'avoir fait son devoir, afin de mettre fin à l'embarras qu'il devait éprouver.

M. Franc-Carré était un dilettante. Il aimait les curiosités et la musique. A mon arrivée à Rouen, je le scandalisai, parce que dans un article de théâtre j'avais osé dire que la *Lucie* de Donizetti était une œuvre ennuyeuse, et j'en citais pour preuve qu'elle fait infailliblement aboyer les chiens quand ils l'entendent. J'avais dit cela pour faire plaisir à Henri Heine qui n'aimait pas Donizetti et qui, dans ses *Lettres sur Lutèce*, comparait sa fécondité à celle des lapins. Mais un ami commun me réconcilia avec le premier président. Je lui promis à l'avenir de dire beaucoup de bien de *Lucie*.

M. Henri Barbet, ancien maire de Rouen et ancien pair de France, faisait grande figure à Rouen. C'était un grand travailleur et un homme fort distingué, qui traitait les journalistes avec beaucoup de déférence, et qui les invitait toujours à ses soirées. Il faut en dire autant de M. le comte de Germiny, receveur général, qui donnait des fêtes splendides. Il quitta Rouen pour être un instant ministre des finances, puis gouverneur de la Banque de France.

Comme journaliste, j'étais reçu à peu près partout, même chez monseigneur Blancart de Bailleul, archevêque de Rouen et primat de Normandie. C'était un vieillard vénérable, très charitable, mais n'ayant qu'un désir : vivre avec ses grands vicaires, et ayant en horreur qu'on s'occupât de lui. Il était très austère. Dans son palais archiépiscopal, il y avait des rideaux de taffetas vert sur toutes les glaces, et quand il allait à un dîner d'apparat, les dames devaient porter des robes montantes.

Une figure très originale était celle de M. Duthuit. Ce vieux garçon très riche possédait déjà à cette époque les plus magnifiques collections du monde. Le musée du Louvre et le *Bristish Museum* pourraient envier certainement ce qu'il possède en tableaux, en porcelaines, en faïences, en bronzes et en objets d'art de toutes sortes. Non seulement ses hôtels ne peuvent plus contenir toutes ces richesses artistiques, mais encore il en a en dépôt chez tous les marchands de curiosités de Paris. Il y a chez eux des merveilles emballées dans des caisses qu'il n'a jamais ouvertes. Cet homme, qui pour lui ne dépense rien et vit avec une extrême simplicité, assiste à Paris aux grandes ventes et achète des tableaux dont le prix dépasse cent mille francs, comme nous achetons une paire de gants. C'est de plus un lettré de premier ordre. Il y a dans son salon un certain Poussin, plus beau que ceux qui sont dans le salon carré du Louvre. Il a la réputation d'être un des plus grands connaisseurs de l'Europe.

Autrefois à Paris, à l'Hôtel des ventes, il avait pour rival le marquis d'Herfort. Que de fois ces deux amateurs se sont-ils disputé des Greuse, des Hobbéma et des eaux-fortes uniques ! Depuis qu'il existe, M. Duthuit cherche et voyage pour enrichir ses collections.

En venant à Rouen, je me croyais envoyé en exil ; mais au bout d'un mois, je me consolai et je m'aperçus que je me trouvais au milieu des plus braves gens du monde. Me couchant à cinq ou six heures du matin, je ne me levais qu'à une heure ; j'allais au journal, et, en réalité, je ne vivais que pendant la soirée. Venu pour étudier, je me tins parole, et jamais le plaisir que j'éprouvais à aller dans le monde et dans les coulisses du théâtre ne m'empêchèrent d'étudier.

M. Rivoire m'apprit bien des choses. J'appris aussi beaucoup en voyant assidûment d'autres hommes instruits : l'un était M. Clogenson, le commentateur de Voltaire ; l'autre, l'abbé Forbras, grand vicaire de l'archevêque ; puis le très savant M. Pouchet.

M. Clogenson était un beau vieillard. Ses cheveux gris et abondants formaient perruque. Cet homme avait passé sa vie à lire Voltaire. Il fit de ses œuvres une édition très estimée qui porte son nom. Il y a le Voltaire Clogenson. Il avait pris Voltaire à sa naissance, et n'avait pas quitté sa trace jusqu'à sa mort. Il l'avait suivi dans tous ses voyages et dans toutes ses excursions. Il le connaissait à ce point d'avoir rectifié certaines dates fausses qu'on avait placées dans sa volumineuse correspondance. Non seulement il admirait ses œuvres, mais encore il aimait sa personne, me rappelant qu'il était bon et généreux, qu'il avait vengé Callas et doté les nièces de Corneille. «Voltaire, me disait-il, abhorrait le fanatisme et la superstition, » et il ajoutait : « Il pleurait le jour anniversaire de la Saint-Barthélemy. »

On reprochait à Voltaire d'avoir eu des intérêts dans un bâtiment chargé de faire la traite des nègres. « C'est vrai, me disait-il, mais je crois avoir détruit une lettre sans importance dans laquelle on pourrait trouver la trace de cette participation. » L'appartement de M. Clogenson était rempli de portraits de Voltaire. On le voyait tout jeune allant à la Bastille, puis vieux comme sur la statue d'Houdon. Alors, après m'avoir bien parlé de l'homme, il prenait au hasard un volume de ses œuvres et m'en lisait des fragments. Il s'animait, ne lisait plus et déclamait. Il aura été sans nul doute le plus fervent admirateur de ce brillant apôtre de la civilisation.

Il connaissait d'ailleurs à fond tout ce beau XVIIIe siècle, et il n'en finissait plus quand il parlait de d'Alembert, de Diderot, du baron d'Holbach, de Grimm, de Rousseau et de l'abbé Galiani. Quant à celui-là, il ne pouvait pas le souffrir. Il crossait, c'est le mot, ce petit abbé italien, venu à Paris, disait-il, avec la sotte prétention d'avoir plus d'esprit que tout le monde, puisqu'il croyait en avoir plus que Voltaire.

L'abbé Forbas était un colosse aussi courageux que savant. En 1848, lors des troubles qui eurent lieu à

Rouen et que la garde nationale sut réprimer avec une énergie qui la fit maintenir alors qu'on la supprima presque partout, l'abbé Forbas, un crucifix à la main, s'en alla dans le quartier Martinville au-devant des insurgés et leur adressa des paroles de paix et de conciliation. Il se fit écouter. Ce digne ecclésiastique, charitable et bon, était très populaire. Quand les ouvriers des fabriques le voyaient passer, ils disaient tout bas : « Celui-là, c'est un bon b... »

C'était un prêtre aimable et tolérant, aussi fort en philosophie qu'en théologie. On était sous le charme dès qu'il parlait et discutait. Il était gallican et adorait Pascal. Je soupçonne même qu'au fond il était un peu janséniste. Grâce à un éclectisme très fin, il conciliait en lui toutes ces doctrines. Un jour, il me dit : « Si on en croyait les jésuites, Pascal, ce saint homme, ne serait pas en paradis. » Je voulus le faire s'expliquer davantage. Il résista et se résuma en me rappelant que la querelle devait être éternelle entre la Théologie et la Philosophie, l'une s'appuyant sur la foi, l'autre sur la raison et l'examen. Aussi les saintes Écritures avaient-elles dit que Dieu livrait le monde aux disputes des docteurs.

Ce brave abbé eut le talent de me faire étudier avec fruit. Il m'enseigna même le blason, pour lequel je me passionnai. A ses yeux, j'étais une brebis égarée qu'il fallait laisser courir, mais qui devait un jour rentrer au bercail. Je crois, c'est peut-être très fat, n'en être jamais sorti.

J'arrive à M. Pouchet. Il était conservateur du Musée scientifique et docteur dans toutes les facultés.

C'était un petit homme sourd, rabougri par l'étude, mais aimable et spirituel. Un mot résumait sa vie : l'étude. Il s'occupa, l'un des premiers, de la pisciculture et de la génération spontanée. Il vint avec son collègue, M. Jolly de Toulouse, expérimenter cette théorie devant l'Académie des sciences. Il est l'auteur de livres très curieux et très estimés. *L'Univers ou les infiniment grands et les infiniment petits* est un des livres les plus attachants qu'on puisse lire. Quand j'allais le voir, il avait la bonté, pour me rendre plus compréhensibles les phénomènes dont il me parlait, de se livrer à des expériences. Il était bon, modeste, et n'ouvrait la bouche que pour vous dire des choses aimables. Il n'y a que les esprits supérieurs qui ont ces délicatesses. Il a laissé deux fils qui se montrent dignes de leur père : l'un, Georges Pouchet, collaborateur de M. Robin, est professeur au Jardin des plantes et rédige le feuilleton scientifique du *Siècle* ; l'autre est un ingénieur distingué.

Jusqu'à présent, je n'ai parlé que du côté grave de ma vie à Rouen. J'arrive à la partie frivole et gaie. Les Rouennais, qui sont les gens les plus laborieux et les plus sérieux du monde, n'en aiment pas moins les plaisirs et les distractions. Rouen est indéfinissable. On dit, dans les *Guides des voyageurs*, Rome la Sainte, Florence la Superbe, Venise la Belle. Pour une foule de gens, Rouen est la capitale du coton et de la rouennerie. C'est faux. C'est avant tout la ville des merveilles. Ses églises et ses monuments sont incomparables. Nulle part on ne saurait voir de plus belles choses que Saint-Maclou, la tour de l'église Saint-Ouen, la cathédrale de Notre-Dame, le Palais de justice, la tour de la Grosse-Horloge et l'hôtel Bourgtheroude. Dans les rues les plus étroites et les plus tortueuses, on retrouve à chaque pas des débris du gothique flamboyant le plus pur et le plus parfait ; ces débris abritent des dépôts de fer et de balles de coton. C'est en vain qu'on chercherait dans toute la ville de Marseille un échantillon de gothique de cette valeur. Mais, malgré tous ces vestiges, Rouen, pour bien des gens, est avant tout la ville du coton. Laissons-les dire.

Les Rouennais ont un culte pour les grands hommes nés dans leur ville. Le grand Corneille a sa statue en bronze sur le Pont-de-Pierre, et on montre dans la petite rue de la Pie la maison où Pierre Corneille composa ses tragédies, près de son frère Thomas Corneille qui travaillait à côté de lui.

Boieldieu est pour eux l'immortel auteur de la *Dame Blanche*; il a sa statue sur un beau cours qui porte son nom.

Il y a une rue qui porte le nom d'Armand Carrel.

Les Rouennais, alors que j'habitais leur ville de 1851 à 1856, prenaient au sérieux leur académie et leurs théâtres. Il y avait à ce moment-là des hommes fort distingués dans l'académie. Il faut citer l'abbé Cochet, un archéologue très savant, qui avait découvert à Lillebonne un cirque romain. En pratiquant des fouilles, il avait trouvé une quantité considérable de bijoux remontant à l'époque gallo-romaine. Il faut citer encore le docteur des Alleurs, qui avait été l'ami intime de Boieldieu et qui me racontait l'enthousiasme avec lequel ce grand compositeur avait été reçu par ses concitoyens quand il vint à Rouen conduire l'orchestre du théâtre des Arts pour la représentation de la *Dame Blanche*. Il y avait aussi un certain M. Laquerrière, auteur d'un livre curieux sur les enseignes. C'était un classique qui ne badinait pas, qui ne trouvait point de talent à Victor Hugo, mais qui par contre se pamait en lisant l'ode insipide de Boileau sur la *Prise de Namur*. C'était, littérairement parlant, l'esprit le plus obtus, la perruque la plus complète qu'on pût imaginer.

Il ne faut pas oublier M. Pottier, le bibliothécaire de la ville, qui fut un érudit d'un très grand mérite, auteur de l'*Origine de la porcelaine en Europe* et de beaucoup d'autres notices très estimées.

L'académie s'assemblait toujours le soir, et les séances duraient jusqu'à minuit. Elle tenait beaucoup à ce que les journaux rendissent compte de ses travaux dès le lendemain matin. Souvent il y avait des omissions dans un article fait à la hâte. Alors surgissaient les plaintes, les réclamations ; j'eus pour ma part souvent maille à partir avec certains académiciens.

M. Rivoire m'avait donné carte blanche pour leur répondre et au besoin pour plaisanter un peu à leurs dépens. Ceux aux caprices desquels je ne voulais pas me prêter se vengeaient de moi en m'appelant fantaisiste et prétendaient qu'il n'y avait rien de sérieux dans ce que j'écrivais. Pour eux, je n'étais pas assez ennuyeux. Rien n'est, en réalité, plus soporifique et plus insipide que les séances des académies de province. On s'y passionne toujours pour des riens et on se bat les flancs pour endémontrer l'évidence.

J'ai dit que les Rouennais aimaient leurs théâtres, mais ils ne voulaient point faire de grands sacrifices. Sous tous les régimes, le conseil municipal se faisait tirer l'oreille pour allouer aux directeurs une subvention suffisante. Je me rappelle les lances que j'ai dû rompre pour faire voter les subsides nécessaires à ces malheureux directeurs auxquels on demandait de jouer la tragédie, la comédie, le drame, le grand opéra, l'opéra-comique et des ballets par-dessus le marché.

Les sages composant ce conseil prétendaient que c'était là une dépense superflue, et, à ce propos, ils invoquaient ces préceptes de morale que vous entendez d'ici. Mais quand on faisait observer aux susdits sages que le théâtre constituait tout un monde et que, sans lui, la ville avait le soir un très morne aspect, que les restaurateurs, les propriétaires, les marchands d'étoffes, les coiffeurs, les cochers, les couturières étaient en détresse, alors ils se sentaient désarmés et votaient une subvention toujours, hélas! insuffisante, si on en juge par les faillites successives des directeurs.

En effet, au bout de trois mois, c'est-à-dire en plein hiver, le directeur tombait en faillite. Les artistes se mettaient en société avec une pièce montée pour tout répertoire. Je me rappelle un certain hiver où les habitués du théâtre en furent réduits à entendre la *Fée aux roses* pendant trois mois. Les spectateurs s'ennuyaient et les artistes en étaient réduits à mourir de faim. L'année suivante, pareil sinistre se renouvelait.

Pendant longtemps au théâtre des Arts, le principal théâtre de Rouen, on se tenait debout au parterre, et comme il n'y avait pas de places marquées, les spectateurs y étaient serrés comme des harengs. On s'y bousculait beaucoup. Pendant les entr'actes les négociants les plus riches se retrouvaient dans ce parterre et y continuaient la Bourse des marchandises. Il arrivait que le coton en laine, qui avait été en baisse au marché du Havre et de Liverpool, se relevait entre le second et le troisième acte de la *Dame Blanche.*

Le parterre de Rouen avait la prétention, peut-être justifiée, d'être très connaisseur et très sévère. Il y eut des représentations tumultueuses pendant lesquelles on siffla des œuvres et des interprètes qu'on avait acclamés à Paris. A leur apparition, les *Huguenots* n'eurent pas le don de lui plaire. Il importe de dire qu'il se rétracta, et rendit ensuite justice à Meyerbeer.

C'était surtout pendant la période des débuts, alors que le directeur offrait ses nouveaux artistes au public, qu'on se montrait très sévère. Tous les yeux étaient braqués sur les Aristarques, c'est-à-dire sur les critiques; on cherchait à deviner sur leur physionomie le bien ou le mal qu'ils devaient dire des débutants dans leurs articles du lendemain.

Il m'a été permis d'assister dans ces périodes des débuts à des scènes très amusantes. En ces instants-là les Rouennais oubliaient les affaires se chiffrant par centaines de mille francs qu'ils traitaient, pour être tout à l'art dramatique. L'admission d'un ténor, d'une chanteuse à roulades, ou d'une jeune première de comédie, devenait une question de la plus haute importance. Il n'était pas rare de voir des amis intimes échanger des mots blessants quand ils n'étaient pas d'accord sur le mérite d'un débutant.

Une fois, un chanteur qui débutait dans le *Postillon de Longjumeau* parut en scène avec une perruque poudrée et des moustaches. Aussitôt on entendit toute la salle lui crier : *Allez vous raser ! allez vous raser !* Il fut obligé de sortir et d'immoler à la couleur locale ses moustaches auxquelles il tenait beaucoup.

Une autre fois, il y avait des débuts dans la *Chanoinesse* de M. Scribe. La scène se passe, comme on sait, vers 1820. Une débutante, glacée de frayeur, paraît portant un fichu blanc fixé par une broche sur laquelle il y avait une photographie.

La salle devient houleuse et, de toute part, on crie à la malheureuse : *Allez ôter votre broche !* La photographie n'était pas connue en 1820 ! Elle dut s'exécuter et reparut avec un camée représentant la tête d'un empereur romain. Elle fut alors couverte d'applaudissements.

Un début était toujours une affaire importante, mais un début dans la *Dame Blanche* l'était encore davantage. Une fois un ténor, qui chantait le rôle de Georges, entre au troisième acte dans la grande salle du château d'Avenel. Pour peindre son étonnement il dit, ainsi que c'est écrit dans le texte, qu'il lui semble qu'il est conduit par la baguette d'une fée. Mais au lieu, par sa pantomime, d'évoquer la baguette d'une fée, il imite les deux baguettes d'un tambour. Là-dessus, on éclate de rire, les plaisanteries s'entrecroisent et le ténor est effrayé et décontenancé à ce point d'être saisi d'un enrouement subit. L'épreuve fut remise à la semaine suivante.

Les Rouennais sont très fiers de Pierre Corneille, et ils ont raison, mais ils le sont autant de Boieldieu. La *Dame Blanche* d'abord, le *Nouveau Seigneur* et la *Fête au village voisin* les plongeaient dans l'ivresse. Pendant les cinq années que je passai au *Nouvelliste*, j'ai dû écrire cinquante articles sur la *Dame Blanche*. Si j'avais manqué, j'aurais reçu des réclamations, non seulement des habitants de la ville, mais des habitants des villages et des hameaux. J'avais pour collaborateur M. Maillot, un musicien de talent, qui, de son côté, dut écrire sur l'opéra de Boieldieu autant d'articles que moi. Le *Journal de Rouen* était astreint à la même obligation. Amédée Méreaux, un autre musicien de très grand talent, qui fut pendant longtemps le critique musical dans ce susdit *Journal de Rouen*, dut, pendant sa carrière, parler plus de cent fois de la *Dame Blanche*.

Quand il y avait eu des débuts ou des pièces nouvelles au théâtre des Arts, dès le lendemain les amateurs se rendaient au café Tillard, situé près du théâtre, ou au café de La Crosse, et là ils demandaient les journaux pour vérifier si les critiques avaient été justes et impartiaux.

Les abonnés de l'orchestre ne badinaient pas. Il y avait dans les opéras des endroits où ils attendaient le débutant pour l'applaudir ou le siffler, selon qu'il donnait ou ne donnait pas la note. *Amis secondez ma vengeance* de *Guillaume Tell,* ou *Sur le bord de l'abîme,* de je ne sais plus quel ouvrage du grand répertoire, étaient des points culminants que l'artiste devait franchir, au risque d'être taquiné. La colère de ces abonnés tombait souvent sur des ténors essoufflés qu'on rencontrait sur la promenade, chaussés de bottines à triple semelle et entortillés de cache-nez destinés à préserver la voix qui n'était pas dans leur gosier.

Le foyer des artistes du théâtre des Arts avait ses habitués qui se composaient de cinq à six vieux médecins auxquels Boieldieu avait autrefois accordé leurs entrées, puis d'une demi-douzaine de bavards qui racontaient des anecdotes sur Talma, mademoiselle Mars, Elleviou, empruntées toutes à l'*Almanach des Muses*. Il ne faut pas oublier un certain M. Soubirane qui, celui-là, avait tout fait. A l'en croire il avait embaumé Louis XVIII, découvert des complots sous le gouvernement de Juillet. En 1852, à l'époque dont je parle, il réfutait en vers de quinze à seize pieds, dont il allait donner lecture aux demoiselles de comptoir dans les cafés, le *Napoléon le Petit* de Victor Hugo. Il était chauve et orné d'une cravate blanche. Il mourut régisseur de madame Ristori, cette comédienne italienne qui osa venir à Paris jouer avec sa voix de Piémontaise la *Phèdre* de Racine devant nous qui l'avions entendue interprétée par la voix d'or de Rachel.

Dans ce temps-là, Victor Cochinat, qui depuis a su se faire une place dans la presse de Paris, écrivait au *Journal de Rouen*. Il avait été un peu secrétaire d'Alexandre Dumas et était très romantique. Une fois, en rendant compte d'un ballet, il se permit de dire que l'étoile de la troupe avait une danse *cantharidée*. Un membre de l'académie de Rouen jeta le journal et dit que, s'il y avait dix écrivains comme Cochinat, la langue française n'existerait plus dans quinze ans. Ce brave académicien est mort, et Cochinat n'a point tué la langue française.

Au théâtre des Arts, c'était solennel. On était censé n'y faire que du grand art. C'était plus amusant au théâtre Français, situé sur la place du Marché au poisson et qu'on avait pour cela surnommé le *Théâtre des éperlans*. Rouen, cela soit dit en passant, est la capitale des éperlans.

Là tout s'y passait en famille, et les abonnés de l'orchestre et des avant-scènes fraternisaient avec les artistes. Il y avait toujours dans la troupe de fort jolies filles vivant dans l'intimité des jeunes gens riches qui payaient généreusement leurs toilettes. Leurs pères, hommes graves siégeant à la chambre de commerce ou au conseil municipal, avaient en horreur ces sirènes qui détournaient leurs enfants du sentier de la vertu. On y jouait le drame, le vaudeville, l'opérette. Vers 1852, ce théâtre, qui soutenait le théâtre des Arts, en fut séparé et donné à M. Plunkett qui devait, quelques années plus tard, devenir directeur du théâtre du Palais-Royal à Paris. Pendant les quelques années de sa direction le Théâtre des éperlans prospéra, grâce à l'excellente troupe qu'il avait engagée, et grâce surtout à tous les artistes de

Paris qui venaient y jouer les uns après les autres. Il nous amenait les artistes du Vaudeville, des Variétés, du Gymnase et du Palais-Royal. Mélingue, Ravel, Sainville, Grassot, Geoffroy, Hoffmann, madame Fargueil Octave, mademoiselle Cico, Aline Duval, mademoiselle Luther, mademoiselle Saint-Marc. Il faut dire que le théâtre des Arts, de son côté, imitait son exemple. Rachel, madame Doche, Augustine Brohan y vinrent avec Ligier, Fechter, Provost et bien d'autres. M. Plunkett, cela se comprend, était très populaire et très aimé, surtout par la jeunesse.

Ce fut à Rouen que madame Doche joua pour la première fois la *Dame aux camélias* sur une autre scène que celle du Vaudeville. Elle obtint un immense succès. Rachel joua *Adrienne Lecouvreur* et *Phèdre*. On avait quintuplé le prix des places. Augustine Brohan et Provost jouèrent le *Bonhomme Jadis* que Henri Murger vint remettre en scène.

Cochinat, dont j'ai parlé, rédigeait la critique dramatique au *Journal de Rouen*, et y dépensait beaucoup d'esprit. Il était dans ce temps-là un bohème d'une belle humeur inaltérable. En sa qualité d'avocat, car il était aussi avocat et avait été un instant substitut du procureur de la République à la Martinique, son pays, il rédigeait aussi la chronique judiciaire. Il avait le don de rendre intéressants tous les procès dont il rendait compte. Il récitait sans cesse des vers de Victor Hugo, et vociférait contre M. Scribe. Au sein de l'académie de Rouen, deux ou trois membres l'avaient voué aux dieux infernaux. Cette sorte d'excommunication le laissait froid. Cochinat, pendant lestrois années qu'il passa à Rouen, a dû faire pour sa part vingt ou trente articles sur la *Dame Blanche*. Sa gaieté débordante ne savait pas s'arrêter et s'en prenait à tout, ainsi qu'on en pourra juger par l'anecdote suivante. Il y avait à Rouen un vieil officier de l'Empire, âgé de quatre-vingt-neuf ans, très aimé et très estimé dans la ville. Ce brave avait gagné des insolations à la face pendant la campagne d'Égypte, et son nez était resté plus rouge que sa décoration. Il avait eu les jambes gelées pendant la campagne de Russie. Il personnifiait bien, ainsi que l'a dit Béranger, « le vieux débris d'un héroïque Empire ». Ce noble mutilé venait tous les jours au café Tillard prendre son *café consolé*, expression usitée à Rouen, c'est-à-dire une tasse de café accompagnée de deux petits verres d'eau-de-vie. Un jour, en le savourant, ce vieil officier mourut, subitement frappé d'une attaque d'apoplexie. Or Cochinat, racontant son trépas, disait qu'il était mort laissant son *café consolé* et une *veuve inconsolable*. Le mot fit rire les uns et scandalisa les autres.

J'allais à Rouen, chez une célébrité de la danse ; je veux parler de la Montessu, ancienne étoile du grand Opéra où elle brillait sous la Restauration. C'était elle qui en 1824 avait créé le ballet de *Manon Lescaut*, dans lequel, ainsi que le disaient les critiques du temps, elle bavardait avec ses pieds. Elle habitait une très jolie maison à Saint-Sever, ce faubourg de Rouen situé sur la rive gauche de la Seine. Sa maison était celle du bon Dieu. On y était toujours à table. Elle était vieille, envahie par la graisse, et il eût été difficile de retrouver en elle la sylphide d'autrefois. Elle était de la famille des Paul qui ont fourni tant de sujets à la danse.

Ses amis lui étaient restés fidèles et venaient la voir. Je me rappelle qu'un certain soir il y avait, réunis dans son salon, le docteur Ricord, qui était son compatriote, madame Ugalde, Déjazet et moi; après le dîner on dansa. Le docteur Ricord, qui était enthousiaste du talent de madame Ugalde et qui allait toujours l'entendre dans *Galathée*, dansait avec elle. Je lui faisais vis-à-vis avec Déjazet. Pauline Paul, dugazon au théâtre des Arts et nièce de la Montessu, dansait avec un petit godelureau qui lui faisait infructueusement la cour, et la Montessu avec son épicier et son voisin qui, lorsqu'elle était seule venait faire son piquet. La soirée fut fort gaie ; à dix heures et demie, on annonça un visiteur. C'était M. de Saint-Georges, peint et teint tout fraîchement, et que la Montessu appela de son petit nom Henri. Quelques années après, la Montessu, qui ne vivait pas avec son mari, apprit sa mort. Il lui laissait vingt mille livres de rente qu'elle croqua et qui suffirent à ses dernières prodigalités. Elle mourut elle-même en arrivant au bout de son rouleau. Elle n'eut jamais rien à elle, et aura été une des femmes les plus grugées de son époque.

A l'époque dont je parle, Déjazet n'était plus jeune, mais elle était plus fine et plus spirituelle que jamais. Je l'ai beaucoup connue et je regretterai toujours les instants passés près d'elle. C'était le type le plus parfait de la femme du xviiie siècle. Elle avait l'insolence agréable des marquises de l'ancien régime. Ses lettres étaient étincelantes comme sa conversation. J'aurais voulu la voir à la Comédie-Française, interprétant Molière et Marivaux. Elle aurait joué les grandes coquettes avec autant de talent que les soubrettes. Elle avait une façon de dire qu'on ne retrouvera plus. Elle possédait une petite voix métallique qui donnait à sa diction un charme particulier. Elle vécut toute sa vie au milieu des illustrations de son temps.

Déjazet a gagné des millions et est morte pauvre. Il en fut ainsi parce qu'elle partagea toujours son argent entre ses petits-enfants et les pauvres. Sa charité était proverbiale; elle mettait son grand talent de comédienne à la disposition de ceux qui organisaient des bonnes œuvres, et, non contente de jouer pour rien, elle y ajoutait de l'argent. Si on se sauve par la charité, elle sera allée tout droit en paradis.

En dehors du monde et du théâtre, la ville de Rouen offrait peu de distractions aux célibataires qui, comme moi, étaient pour ainsi dire en garnison, sans intérieur et sans foyer. Nous en étions réduits à la promenade du cours Boieldieu, ce boulevard des Italiens de Rouen. C'est là qu'à l'heure de la musique les belles dames et les belles demoiselles venaient montrer leur élégance. On se saluait et tout se bornait là, *le flirtage*, cette invention américaine, ne faisant point partie de nos mœurs.

L'été, les mauvais sujets s'en allaient le soir au Mabille de Rouen, c'est-à-dire au bal Baubeuf, situé à l'extrémité de l'île Lacroix. C'était un endroit très pittoresque; mais le bastringue qui se tenait là gâtait le paysage et avait fait fuir les rossignols et les fauvettes de tous les bosquets. La jeunesse s'y livrait à des danses que M. de Vestris n'avait pas réglées. Les allées de ce beau jardin étaient remplies de Daphnis et de Chloés qui pouvaient s'égarer tout à leur aise, sans avoir à redouter des regards indiscrets. Aussi s'égaraient-ils avec un sans-gêne tout à fait réjouissant. On se serait cru à Cythère ou à Paphos.

Après le coup d'État du 2 décembre, M. Delamarre, directeur de la *Patrie*, fut autorisé par le gouvernement à créer dans les principales villes des organes bonapartistes. Le procédé était bien simple, mais il lui coûta des sommes énormes. On envoyait dans chaque ville où on allait planter sa tente la première page clichée de la *Patrie*, cela suffisait à la politique.

Il ne restait à y ajouter que la chronique locale et tout ce qui concernait les intérêts du département. M. Delamarre fonda à Rouen la *Normandie*, le *Nord* à Lille, la *Loire* à Nantes, le *Capitole* à Toulouse et, si on l'avait laissé faire, il aurait fondé les *Deux-Sèvres* à Niort.

Il envoya à Rouen des journalistes d'une certaine valeur. Il faut citer Louis Couilhac qui, après avoir été un spirituel vaudevilliste, aborda la politique avec succès; puis Billequin et Maurice Alhoy, l'ami de Balzac et auteur d'une foule de jolies choses. Mais malgré le talent de ses rédacteurs, la *Normandie* ne put entamer la clientèle du *Journal de Rouen*, ni celle du *Mémorial* devenu le *Nouvelliste*. Il y eut des polémiques très vives auxquelles le préfet, M. Ernest

Leroy, sut mettre fin avec beaucoup d'habileté. Rouen ayant peu de charme pour Couilhac et Billequin, ils retournèrent à Paris, et alors la *Normandie* fut rédigée par des doublures. Il faut en excepter MM. Baragnon et Esparbié qu'on vit reparaître dans la presse de Paris. Je n'oublierai jamais la phrase mémorable qu'un des rédacteurs de ce journal écrivit une fois dans un article de théâtre. Il avait à parler de madame Alboni, la chanteuse dont, selon lui, les critiques de Paris avaient exagéré le mérite. Or, pour faire comprendre que tel était son avis, il s'écriait : « Madame Alboni, que les éloges des critiques ont placée à califourchon sur le dos anguleux d'une réputation impossible. » *Ce dos anguleux* fit rire tout Rouen pendant trois mois.

A Paris les directeurs de journaux connaissent à peine leurs abonnés les plus fidèles. Il n'en est pas de même en province. Une rédaction de journal est un lieu d'informations où l'on vient causer. Les ambitieux et les bavards y abondent, et puis, comme M. Rivoire ne pouvait pas marcher, ses amis, et il en avait beaucoup dans tous les camps, venaient le visiter. Il y avait des types très curieux dans le nombre : d'abord les taquins, c'est-à-dire ceux qui n'étaient jamais contents et qui trouvaient le journal mal renseigné parce qu'il avait omis de parler d'un vol de lapins commis dans la banlieue ; puis les donneurs de conseils, qui n'approuvaient point sa ligne politique ; enfin ceux qui désiraient enrichir le journal de leur littérature. Celui-ci aurait voulu parler théâtre et décerner des éloges à la piquante soubrette ou à la sémillante dugazon de la troupe ; cet autre s'en prenait à l'agriculture ou à l'horticulture. Je me souviendrai d'un certain M. Tougard, le plus brave des hommes, qui, si je l'avais laissé faire, aurait tous les jours parlé des poiriers, des pruniers et des hortensias. Lors des expositions, il se multipliait et semblait s'attendrir en parlant des rhododendrons et de ces plantes grasses qui ressemblent à des cornichons à cheveux blancs. Mais nous étions là pour mettre un frein à la fureur des flots. M. Rivoire les écoutait sans rien dire, afin de pouvoir mieux rire dans sa barbe.

Il n'y avait pas que des non-valeurs parmi ces visiteurs. Au *Journal de Rouen* on élevait à la brochette M. Cordier qui, après avoir passé par la Chambre de commerce, devint député et est aujourd'hui au Sénat où il occupe un rang très honorable. Au *Nouvelliste* nous élevions de notre côté M. Pouyer-Quertier, qui devint comme on sait ministre de M. Thiers, et que je retrouverai plus tard à Paris.

C'est à Rouen que je connus Gustave Flaubert, au retour du grand voyage qu'il était allé faire en Tunisie pour voir les ruines de Carthage, en Égypte et à Jérusalem. Son frère, Achille Flaubert, orné d'une immense barbe noire, était chirurgien en chef de l'hôpital. C'était un homme de beaucoup de talent. Quant à Gustave, enfermé chez lui à Croissy, près de Rouen, il ne venait que rarement à la ville pour voir son ami Louis Bouilhet. Il entrait au journal et nous allions souper ensemble au restaurant Lepec, sur le cours Boieldieu. Il écrivait à ce moment-là son remarquable roman de *Madame Bovary* que publiait la *Revue de Paris*, dirigée par Maxime Du Camp, Louis Ulbach et Laurent Pichat. Maxime Du Camp est membre de l'Académie française, Laurent Pichat sénateur et Ulbach l'un des conservateurs de la bibliothèque de l'Arsenal, ce qui ne l'empêche pas d'écrire de fort jolis romans.

Gustave Flaubert, qui devait devenir un maître, était alors peu connu. Il n'avait pas encore achevé *Madame Bovary*, et n'avait publié ni *Salambô*, ni la *Tentation de saint Antoine*, ni la *Légende de saint Julien l'Hospitalier*, mais il avait déjà cette haine que je qualifierai d'enfantine pour les bourgeois. A l'entendre il aurait voulu les livrer aux bêtes féroces, et en réalité, il ne leur aurait fait aucun mal ; mais rien que ce mot *bourgeois* le mettait en fureur comme un taureau devant lequel on aurait agité un drapeau rouge. Pourquoi leur en voulait-il, lui qui par sa position de fortune était indépendant ? Il eût été bien embarrassé de le dire. Il les trouvait pour la plupart ignorants ; mais il y avait des exceptions.

Flaubert travaillait la nuit. Il se brûlait le sang et restait quelquefois huit jours sans sortir, même pour aller dans son jardin. Il mettait en ordre les notes prises dans ses voyages et les recherches faites sur les textes dans toutes les bibliothèques de l'Europe, documents avec lesquels il se préparait à écrire *Salambô* et la *Tentation de saint Antoine*.

Théophile Gautier et Ernest Feydeau venaient le voir à Rouen, ainsi que le comte d'Osnoy, son plus intime ami. Alors les imprécations contre les bour-

geois recommençaient, car disons en passant que
Gautier les détestait aussi, et ajoutons que lui,
l'homme le plus doux et le plus inoffensif du monde,
eût été incapable d'arracher un cheveu de leur tête.
C'était comique de voir à quel paroxysme de fureur
ils en arrivaient. Ils devenaient rouges comme des
coqs et se voyaient forcés de changer de chemise.

Il va sans dire qu'en littérature et en art, Gautier
et Flaubert avaient les mêmes enthousiasmes et les
mêmes répugnances. J'assistais impassible à ces discussions orageuses, perdu dans un épais nuage de
tabac produit par nos pipes, mais la soirée se terminait toujours gaiement. Il y avait des hommes qui
avaient le don de plonger Flaubert dans une hilarité
profonde, comme Henri Monnier, alors qu'il faisait
M. Prudhomme, et Grassot. Gautier lui-même se
mettait de la partie et alors les gamineries commençaient. Flaubert ouvrait les *Oraisons funèbres* de
Bossuet et les déclamait avec la voix de Grassot ou
bien il saisissait les *Lettres sur l'Italie*, de Dupaty,
la *Leçon de Botanique*, plat vaudeville du même
auteur, *Kettly ou le retour en Suisse*, ou bien encore
les *Deux Edmond*, de Baré, et lisait avec la voix de
M. Prudhomme. Il y avait une autre manière de le
faire se pâmer de rire, c'était d'appeler Voltaire le
patriarche de Ferney, un médecin un disciple d'Esculape, et l'Odéon le temple de Marivaux.

Flaubert était une nature bien étrange. Les beautés
littéraires n'eurent pas d'admirateur plus sincère,
plus violent, plus fin et plus enthousiaste que lui. Il
adorait Virgile, Dante, Rabelais, Voltaire, Hugo, Cha-

teaubriand; les œuvres de ces maîtres le plongeaient dans des extases infinies, et, par contre, la platitude, le ridicule et le faux le plongeaient dans des extases contraires. Après avoir adoré ces dieux de la pensée et de la forme, il *s'esclaffait* de rire aux dépens des dindons et des niais, ce qui explique pourquoi il a fait *Bouvard et Pécuchet*, c'est-à-dire décrit deux créatures simples et imbéciles. Je me rapellerai toujours la joie folle que je lui causai, quand je lui fis lire dans le dictionnaire de Bouillet, livre qu'on met dans les mains de la jeunesse studieuse, la notice sur Jupiter, notice dans laquelle il est dit que ce maître des dieux, fils de Saturne et de Rhée, épousa sa sœur Junon « *dont le caractère altier lui causa bien des ennuis* ». Il copia tout de suite cette phrase, qu'on retrouvera dans les notes qui font la suite de *Bouvard et Pécuchet*. Quelquefois, pour couronner la petite fête, Flaubert, toujours avec la voix de Grassot, lisait l'immonde de Sade. Je dois dire qu'il bavait sur ce cynique en délire. Plus tard, je le retrouverai à Paris, où il venait passer les hivers. Parmi ses visiteurs il ne faut pas oublier madame Sand, qui était comme lui noctambule. Ils pouvaient s'entendre et travailler et causer tandis que leurs semblables dormaient. Tous les deux venaient à Rouen visiter les baraques des saltimbanques à la foire Saint-Romain. Quelquefois, parmi ceux devant lesquels un montreur de fauves récitait son boniment, on distinguait un monsieur aux longues moustaches avec un lorgnon sur l'œil, et une dame vénérable portant sur ses cheveux blancs un petit toquet semblable à celui que porte

Chactas dans les éditions d'*Atala* illustrées. C'était Flaubert et madame Sand.

Edmond About vint aussi à Rouen, et c'est là que je le rencontrai. Il était alors d'une belle humeur et d'un esprit étourdissant. Jamais on ne put voir une jeunesse plus plantureuse et plus expansive que la sienne. C'est à Rouen qu'il écrivit un peu *Germaine* et le *Roi des montagnes*. Il était installé au village du Petit-Quevilly, c'est pour cela qu'il signait vers 1855 ses causeries si vives au *Figaro* du nom de Valentin de Quevilly. Deux ans après je le retrouvais au *Moniteur universel*, où il publiait en feuilleton ses *Mariages de Paris*.

J'allais très souvent à Paris, où je ne voulais pas qu'on m'oubliât, et je faisais des tournées chez mes amis, les engageant à venir me voir et leur promettant des distractions. Mais, pour accomplir ces voyages, il me fallait prendre sur mon repos. Je partais à trois heures du matin, laissant mes instructions pour ce qui restait à faire. J'arrivais à Paris à six heures, je prenais un bain, et je courais toute la journée. Le soir, je montais dans le train de huit heures et j'arrivais au journal à minuit. Je me mettais à l'œuvre et, à six heures, j'allais alors me reposer.

C'est ainsi que j'attirai Henri Murger, qui était d'ailleurs de sa nature assez flâneur. Il vint passer près d'un mois avec moi. Nous admirions les monuments et nous faisions des excursions. Je le conduisis voir les ruines de Jumièges. Il admira beaucoup les abbesses sculptées sur leurs pierres tombales, qui jonchent le sol, et insulta un peu celle de Pierre Cauchon, l'évêque vendu aux Anglais qui avait condamné Jeanne d'Arc au bûcher. A Jumièges le vin est très mauvais. On nous en fit boire un qui ne nous réconforta pas précisément. Aussi, quand on nous proposa d'écrire sur cet album que, depuis des siècles, on offre aux visiteurs, et sur lequel toutes les célébrités de l'Europe ont inscrit quelque chose, voici les mots que je traçai :

Je préfère les ruines de Jumièges à celles de Volnay, mais je préfère le vin de Volnay à celui de Jumièges. »

C'était le mal de ventre de Murger qui m'avait inspiré cette boutade.

Alfred de Musset me fit aussi l'honneur de me rendre visite à Rouen. Il avait été au Havre, délégué par l'Académie française pour prendre la parole à l'inauguration de la statue de Casimir Delavigne. Le jour de la cérémonie il n'avait pas commencé son discours, et affirmait à M. Pingard qu'il ne savait qu'écrire sur Casimir Delavigne, dont le talent ne lui disait rien. Enfin il dut se résigner. Pingard lui donna une feuille de papier de l'Institut, ornée de la tête de Minerve, et il composa quelques lignes. A son retour du Havre il s'arrêta à Rouen, et il s'en vint avec moi visiter en détail cette merveille d'architecture qui s'appelle Saint-Maclou et qui est peut-être supérieure à la Sainte-Chapelle de Paris. Il prit des notes et me dit qu'on devrait mettre sous verre un tel chef-d'œuvre. Je le conduisis sur le cours Boïeldieu, la promenade à la mode, et je lui fis voir les belles dames et les belles demoiselles de la ville. Il ne parut pas charmé. Ce que voyant, j'allai au-devant de sa pensée, en lui proposant de repartir le soir même pour Paris. Il accepta avec empressement, me promettant de revenir ; mais il ne revint pas.

Je ne dois pas oublier, parmi ceux que je vis dans la bonne ville de Rouen, Michelet, le célèbre historien. Son gendre habitait une petite campagne des environs. Michelet vint à la rédaction du *Nouvelliste*. C'était un grand vieillard à cheveux blonds, d'une maigreur extrême. J'eus la bonne fortune de visiter avec lui la tour où Jeanne d'Arc fut enfermée après sa condamnation, ainsi que le cachot dans lequel on la mit, tandis que ses bourreaux, le jour du supplice, apprêtaient le bûcher. Il me donna sur ce drame affligeant de notre histoire des détails du plus grand intérêt qu'il avait découverts dans des mémoires du temps. Michelet, comme tous les esprits éminents, était d'une indulgence et d'une modestie extrêmes. Il discutait avec calme, et ne se montrait pas sévère pour les ignorants. Il savait tout, et avait tout observé, les choses, les bêtes, aussi bien que les hommes. Il l'a bien prouvé dans ces livres si instructifs et si originaux qui s'appellent *la Mer*, *l'Insecte* et *l'Oiseau*.

Malgré toutes les ruses auxquelles j'avais recours pour attirer mes amis et me faire croire par leur présence que j'étais toujours à Paris, j'étais bien souvent seul. Alors, ainsi que je l'ai dit, je lisais et j'étudiais avec ardeur. Et puis j'avais à faire le journal, ce qui réclamait beaucoup de temps. L'hiver, près de ma cheminée, assis dans un bon fauteuil, je n'étais pas à plaindre ; mais l'été, par les belles nuits étoilées, je ne résistais pas toujours, quand je pouvais sans inconvément m'éloigner une heure, à m'en aller prendre l'air, flâner de par les rues tortueuses de Rouen, sur les quais, du côté de la montagne de Bon-Secours. Je devenais alors un contemplatif, et j'admirais l'effet pittoresque que produisaient les rayons de la lune sur les clochers de Rouen. Un certain soir, je fus frappé des sons étranges qui s'entre-croisaient alors que les horloges des innombrables églises sonnaient minuit. Je revins à la rédaction et j'écrivis cette fantaisie intitulée : *Minuit à Rouen*.

« Nous ne pensons rencontrer aucun contradicteur
» en annonçant ce fait, que minuit sonne dans toutes
» les villes. Il sonne, c'est vrai, mais nulle part,
» peut-être, dans toute la chrétienté, il ne produit
» un effet semblable à celui qui se produit à Rouen,
» à ce passage solennel du soir au matin.

» Minuit est la plus longue phrase du dialogue
» des horloges. C'est, si l'on veut, leur tirade. Dans
» les petites villes où il n'existe qu'une seule église,
» minuit est un monologue. Mais dans les grandes
» villes comme Rouen, où il y a beaucoup d'églises
» et de monuments publics pourvus d'horloge, minuit
» est un dialogue que les dissidences des aiguilles
». prolongent indéfiniment.

» A présent, l'heure est partout. Dans tous les
» clochers, à tous les étages des maisons, dans les
» goussets de ceux qui les habitent. Aussi n'est-il
» plus possible d'ignorer l'heure. Mais il n'en a pas
» toujours été ainsi, et, en ouvrant l'histoire, nous
» apprenons qu'il fut un temps où l'homme en était

» réduit à interroger les coqs pour savoir si l'Aurore
» aux doigts de rose allait bientôt ouvrir les portes
» de l'Orient. Voilà pourquoi mon ami Murger, dans
» la *Vie de bohème,* appelle le coq *une horloge à
« plumes.*

» Il existe dans une bibliothèque de Genève, patrie
» de l'horlogerie, un livre très respectable établissant
» que ce fut un sybarite, que les coqs empêchaient
» de dormir, qui promit une forte récompense à
» celui qui pourrait inventer un instrument destiné
» à réveiller ceux auxquels il importait de se lever
» de grand matin. Un mécanicien descendant d'Ar-
» chimède, dévoré de la soif de l'or, se mit à l'œu-
» vre, et, après de nombreuses recherches, inventa
» le *coucou.*

» Les coqs et les coucous régnèrent assez long-
» temps. Ils furent détrônés par les cloches. Les
» hommes, ayant bâti des églises, les surmontèrent
» d'un clocher. Le clocher fut surmonté d'une horloge
» à sonnerie, et l'horloge elle-même, surmontée d'un
» coq. On voit encore en France un grand nombre
» d'églises sur lesquelles plane majestueusement un
» coq en fer-blanc. C'est ainsi qu'on explique la pro-
» motion de ce vaillant oiseau à cette éminente
» position. Il y a bien d'autres allégories qui se
» rattachent à ce symbole; mais le sujet que nous
» traitons est trop vaste par lui-même pour que nous
» puissions nous aventurer dans la moindre di-
» gression.

» Il faut distinguer les cloches sonnées par les
« sonneurs de celles qui sont agitées par le grand

» ressort de l'horloge. Minuit, par exemple, est l'œu-
» vre du grand ressort, et l'*Angelus*, celle du sonneur.

» Au moyen âge, chaque clocher d'église était
» pourvu d'un garde armé d'une arbalète, qui, sous
» le prétexte de protéger la sécurité des dormeurs,
» les réveillait pour leur crier : « Il est minuit, habi-
» tants, dormez ! » Cette contradiction nous a frappé
» toutes les fois que nous avons assisté à la repré-
» sentation de la *Tour de Nesle*, et nous a rappelé
» l'histoire de ce voyageur devant partir à cinq
» heures du matin, auquel un garçon venait dire à
» trois heures : « Monsieur, vous n'avez plus que
» deux heures à dormir. »

» Dans les temps primitifs, les hommes, ne tra-
» vaillant pas la nuit, n'avaient nul besoin de con-
» naître l'heure. Une foule de raisons concouraient à
» ce qu'ils passassent dans les bras de Morphée toute
» la durée du temps pendant lequel le soleil s'en
» allait éclairer d'autres mondes. D'abord ils ne
» connaissaient point la chandelle ; ensuite ils ne
» voyageaient que de jour, attendu que les routes
» étaient rares et les voitures inconnues.

» Mais lorsque, plus tard, la civilisation en fut
» arrivée à ce point de progrès, ou de décadence, de
» détruire le miracle par lequel Dieu, selon la Bible,
» avait séparé la lumière des ténèbres, et de vouloir,
» elle aussi, opérer son petit *fiat lux*, il fallut bien
» mesurer la durée de la nuit avec autant de préci-
» sion que celle du jour. De là les horloges sonnant
» elles-mêmes, non seulement les heures, mais encore
» les fractions.

» Adieu, bruits majestueux du silence, enchante-
» ments de l'obscurité, sommeil de la Nature!
» L'homme emporté par le vertige troubla pour tou-
» jours le repos de la nuit. Il fit sonner les horloges,
» il alluma des réverbères, il s'attarda dans les rues,
» il imagina des patrouilles, il donna des bals, enfin
» il inventa ce cortège de circonstances bruyantes
» grâce auquel, à présent, une ville n'est plus une
» ruche laborieuse le jour et tranquille la nuit, mais
» une fourmilière confuse qui, plus tôt qu'on ne le
» croit, obligera les amants passionnés du repos de
» prendre la fuite et de s'en aller le demander à
» quelque chaumière écartée.

» Ces explications données, prenons les choses
» comme elles sont à présent, et revenons au plus
» vite à notre sujet.

» A Rouen, le nombre des horloges est considé-
» rable. Des calculs de la plus rigoureuse exactitude
» prouvent que l'heure sonne de façon à être enten-
» due de toute la ville à vingt-cinq places différentes,
» en comprenant les églises et les monuments publics.
» Il y a bien encore çà et là quelques cadrans en-
» roués parlant à voix basse à leurs plus proches voi-
» sins, et qui ne figurent pas dans le concert général.

» Pendant le jour, les bruits divers de la rue, les
» conversations des parleurs couvrent le son des
» cloches et des sonneries. Mais, pendant la nuit,
» ces bruits, diminués par le fait de ceux qui ont
» encore conservé l'habitude de se coucher, se cal-
» ment et s'adoucissent. Les hommes cèdent la parole
» aux horloges.

» Or, à minuit, le bavardage des cloches et des
» timbres prend des proportions effrayantes, ainsi
» qu'on va le comprendre au moyen des chiffres que
» nous allons poser.

» Nous avons dit que l'heure sonnait à Rouen dans
» vingt-cinq endroits. Une horloge, pour indiquer
» minuit, frappe sur son timbre 20 fois de suite,
» c'est-à-dire 8 petits coups pour les 4 quarts, puis
» 12 coups pour les 12 heures. En multipliant ce
» nombre 20 par 25, nombre des horloges, on
» obtient un total de 500 coups.

» Nous serions désolé que messieurs les horlogers
» vissent une personnalité dans ce que nous allons
» raconter. Mais enfin nous devons constater que les
» susdites vingt-cinq horloges ne sont pas toujours
» d'accord. Il y en a qui avancent et d'autres qui
» retardent. Les unes marquent ce qu'en astronomie
» on appelle le *temps vrai;* les autres, ce que (tou-
» jours en astronomie) l'on nomme le *temps moyen*.

» Il résulte de ces différences que minuit, pour
» sonner partout à Rouen, exige un temps que nous
» pouvons évaluer, sans exagération, à une demi-
» heure. Saint-Maclou a quelquefois débité son dis-
» cours avant que Saint-Romain ait commencé le
» sien. Tandis que Notre-Dame en est à sa pérorai-
» son, Saint-Ouen n'est pas sorti de l'exorde. Enfin,
» il arrive que la Bourse coupe sans politesse la
» parole à la Mairie, et que la Préfecture donne la
» réplique à Saint-Vincent.

Nous ne saurions exposer toutes les combinai-
» sons que peut présenter ce concert d'horloges;

» mais nos lecteurs comprendront qu'elles sont capa-
» bles, selon qu'il y a plus ou moins d'harmonie
» dans leur marche, de chanter des chœurs, des
» duos, des trios, des quatuors, des quintettes, par-
» fois même des soli et des récitatifs.

» Dans une troupe d'opéra, il y a les ténors, les
» barytons, les basses, les contralti, les soprani, c'est-
» à-dire autant de voix différant les unes des autres
» et correspondant aux divers tons des instruments.
» Eh bien ! toutes les variétés de la voix humaine,
» toutes les octaves du piano, tous les tons d'un vio-
» lon, se retrouvent dans le timbre des cloches. Il y a
» loin du mugissement du bourdon au caquetage
» d'une clochette.

» Le bourdon s'écoute parler, comme un acteur
» qui joue la tragédie. Il se complaît dans sa sono-
» rité, et ne lance sa seconde parole que quand les
» montagnes d'alentour lui ont restitué l'écho de la
» première. La clochette, au contraire, bredouille
» avec une volubilité qui tient tout à la fois du bavar-
» dage de la portière et du galimatias d'un écolier
» récitant une fable. Enfin, pour comble de confusion,
» il y a les simples cloches, qui ne se laissent trou-
» bler ni par le stentor bourdon, ni par les timbres
» fêlés des clochettes qui l'environnent.

» Le passant attardé que le hasard expose, pour
» la première fois, à ce colloque d'horloges, le con-
» sidère comme un de ces bruits importuns du jour,
» et se bouche les oreilles. S'il a les nerfs sensibles,
» il se sent agacé, et rentre chez lui furieux du luxe
» d'horlogerie déployé dans la ville. Nous excusons

» sa fureur, attendu que, selon nous, un carillon est
» pire qu'un charivari.

» Hélas! profane, pourquoi te fâcher si vite? Tu
» nies donc la singularité de la fantaisie, le fantasque
» du hasard, la poésie du désordre? Tu as donc oublié
» que le génie ne chevauche qu'à travers l'inconnu,
» et que les plus grandes découvertes ont été faites à
» l'insu et contre tous les calculs de ceux qui s'abî-
» maient dans la méditation? L'inventeur de la pou-
» dre n'était pas plus artificier que ne fut opticien,
» avant ou après lui, l'inventeur des lunettes. Les
» alchimistes n'ont jamais trouvé de l'or au fond de
» leur creuset, précisément parce qu'ils en cher-
» chaient. Les Espagnols en ont trouvé au Pérou,
» parce qu'ils n'en cherchaient pas. Si la solution
» devenait le salaire de tous les chercheurs de pro-
» blèmes, les hommes sont si curieux qu'ils posséde-
» raient demain la pierre philosophale et la science
» infuse. « Si je savais ce qu'il y a dans les étoiles,
» je ne les regarderais plus, » disait Fontenelle, qui,
» soit dit en passant, a dû bien souvent entendre
» sonner minuit à Rouen.

» Cet encens donné au hasard comme puissance
» en matière de découvertes n'est de notre part
» qu'un tribut de reconnaissance payé à ce maître
» stupide, qui se montre parfois assez bon garçon
» envers ceux qui lui accordent la confiance qu'un
» aveugle place en son caniche.

» Or, un soir que minuit sonnait, je parcourais les
» rues de la ville, *nescio quid meditans nugarum*, atti-
» tude baptisée par Horace, que je soupçonne, préci-

» sément à cause de ces quatre mots, d'avoir été le
» plus grand flâneur de son temps. Je me trouvai
» bientôt près du champ de Mars, désert et silen-
» cieux comme le jardin des Capulets. Sous l'allée
» d'arbres qui en couronne le talus, je distinguai, à
» la lueur des réverbères, des ombres humaines dans
» lesquelles je reconnus bientôt une Juliette pendue
» au bras de quelque Roméo. Par malheur, ce doux
» entretien était près de finir. Juliette, sourde aux
» prières de Roméo, faisait la cruelle, et, avec la
» prudence et la flexibilité d'un serpent, se dégageait
» des bras qui voulaient la retenir. Elle fuyait à
» toutes jambes, légère et gracieuse comme un
» oiseau.

» Pourquoi? Je n'en sais rien; mais, en cet in-
» stant, je pensai à cet air de l'opéra de *Guillame*
» *Tell* : *Toi que l'oiseau ne suivrait pas*, etc., et je
» m'apprêtais à le fredonner, lorsque tout à coup une
» harmonie puissante, large et plaintive comme les
» vibrations d'une harpe éolienne, retentit à mes
» oreilles, et joua précisément le susdit air de *Guil-*
» *laume Tell.*

» Après avoir cherché quel pouvait être l'invisible
» orchestre qui m'inondait de ses échos mystérieux,
» je reconnus, à n'en pas douter, que ce bruit
» étrange était formé par le son des cloches des
» diverses églises de la ville, renvoyé par les flancs
» de la côte de Bon-Secours.

» Tout d'abord je ne voulus point croire à cette
» bizarrerie musicale, à cet écho harmonique tenant
» presque du miracle et laissant bien loin derrière

» lui tout ce que la fable s'est plu à raconter des
» gouffres enchantés où les navigateurs anciens
» étaient allés se briser.

» Cependant, je me rappelai qu'au Cirque-Olym-
» pique de Paris, j'avais entendu jouer très distincte-
» ment des airs avec des séries de sonnettes de
» toutes grandeurs, agitées en mesure. Cela s'appelait
» le carillon chinois. Mon air de *Guillaume Tell*
» figurait précisément dans le répertoire.

» Le lendemain, je retournai au champ de Mars à
» la même heure. Le vent soufflait, comme la veille,
» dans la direction du sud-ouest. A minuit, j'entendis
» les cloches sonner dans le lointain, et peu à peu
» leur tintement répéter l'air de : *Toi que l'oiseau ne*
» *suivrait pas.*

» Énumérer le cortège d'idées absurdes qui me
» traversèrent l'esprit serait une tâche impossible.
» Dans l'excès de mon étonnement, j'allais jusqu'à
» soupçonner la Muse du grand Rossini d'avoir
» volé les clochers de Rouen. L'énormité de cette
» inconvenance fut seule capable de me ramener à
» la raison, mais sans pour cela m'enlever la cer-
» titude morale que j'avais d'avoir entendu l'air en
» question.

» Le lendemain, je retournai encore au champ
» de Mars. Minuit sonna et je n'entendis plus rien
» qui ressemblât à mon harmonie de la veille.

» — La direction du vent a changé, m'écriai-je
» tout haut.

» — Non, me répondit un Roméo que je n'avais
» point aperçu, pas plus que sa Juliette. La direc-

» tion du vent n'a point changé, mais hier les
» horlogers ont remonté les horloges. Leur parfait
» accord a détruit l'harmonie ! »

Je ne pouvais, dans *Mes Souvenirs*, oublier celui que m'ont laissé les horloges de Rouen.

C'est aussi à Rouen, pendant mes longues veillées, que je composai mon premier roman, intitulé : *Palsambleu !* C'était en 1856. Muni d'une recommandation de Méry et d'Alexandre Dumas, je portai mon manuscrit à MM. Jacottet et Bourdilliat, qui dirigeaient alors la librairie Nouvelle. Ces messieurs m'éditèrent tout de suite. Le volume eut deux éditions montant ensemble à onze mille exemplaires. On vendit beaucoup ce livre à Paris, puis aussi dans l'Amérique du Sud. Je reçus des compliments qui me rendirent très fier. Théophile Gautier me félicita, et M. Buloz, le farouche directeur de la *Revue des Deux Mondes*, me fit écrire par le secrétaire de la rédaction de venir le voir. Je fis encadrer cette lettre. Je dois ajouter qu'ayant porté plus tard un roman à M. Buloz il me le refusa, parce que l'intrigue reposait sur un cas de bigamie. En 1856 la *Revue des Deux Mondes* était très bégueule. Quant à M. Rivoire, après avoir lu *Palsambleu !* il me proclama *le dernier fleuve du Tage*.

Le 1ᵉʳ décembre de cette année 1856 je fus éprouvé par un très grand chagrin : je perdis mon père, que j'aimais passionnément. Il avait été pour moi un ami et un confident. Ma mère, très âgée, me trouvant trop loin d'elle, je quittai Rouen pour revenir à Paris.

Je me séparai avec un très vif regret de M. Rivoire, qui m'avait toujours comblé de ses faveurs, et avec lequel, pendant six ans passés près de lui, je n'avais jamais eu le plus petit démêlé : il m'approuvait toujours. Mon ami Charles Lapierre, qui venait d'épouser la plus jeune de ses filles, prit ma place au journal.

Certes j'aime bien Paris, je l'ai chanté sur tous les tons, j'aime tout en lui, jusqu'à ses défauts ; mais cela ne m'a point empêché de conserver le plus agréable souvenir du séjour que je fis à Rouen, où je fus toujours traité par tout le monde avec la plus grande bienveillance et j'ajouterai la plus grande indulgence. Je sais un gré infini à ces braves gens de ne m'avoir jamais reproché le côté un peu fantaisiste et futile de mon caractère.

Je ne disais d'ailleurs pas un adieu définitif à cette belle et bonne ville, et depuis j'y suis retourné bien souvent. Les vieux de ce temps-là sont disparus, et les jeunes ont à présent des cheveux blancs !

TROISIÈME PARTIE

— PARIS —

De 1857 à 1871

Mon premier soin en revenant à Paris fut de visiter mes amis. J'eus la satisfaction de constater qu'ils ne m'avaient pas oublié. Je les trouvai tous disposés à m'être utiles. Après quelques jours de négociations conduites par M. Ernest Leroy, préfet de Rouen, et M. de la Guéronnière, que j'avais beaucoup vu chez M. de Girardin, il fut décidé que j'entrerais au journal *le Pays*, qui, ainsi que le *Constitutionnel*, appartenait à M. Mirès. Ce dernier, financier et spéculateur très habile, avait su profiter des hausses de la Bourse et faire une fortune considérable. Il avait consenti à ce que ses deux journaux devinssent des organes officieux soumis à un directeur que le gouvernement nommerait, à la condition qu'on lui laisserait carte blanche sur les bulletins de Bourse. C'était lui qui payait la rédaction. Les directeurs du *Pays* et du *Constitutionnel* furent, alternativement, MM. de la Guéronnière, Granier de Cassagnac, Amédée René, Cucheval-Clarigny et Paulin Limayrac. Lorsque j'entrai au *Pays* c'était le doux Amédée René, auteur d'un bon livre sur les nièces de Mazarin, qui le dirigeait.

L'Empire était alors à l'apogée de sa splendeur. On venait de signer ce fameux traité de Paris que les succès remportés en Crimée par la France et l'Angleterre contre la Russie avaient rendu possible. L'impératrice avait mis au monde un fils qui devait être un jour Napoléon IV. A ce propos je vais raconter une anecdote dont je garantis l'exactitude.

Lorsque la grossesse de l'impératrice Eugénie fut annoncée officiellement, on reçut au palais des Tuileries, de tous les coins de la France, des pièces de vers dans lesquelles des Pindares départementaux chantaient cet heureux événement. Mérimée fut chargé de revoir ces pièces de vers et de choisir celles qui pouvaient mériter une récompense. Elles étaient toutes détestables. Il s'en trouva une qui fut cependant mise de côté et qui égaya beaucoup ceux qui purent la lire.

L'auteur, s'adressant à l'impératrice, débutait ainsi :

Madame

Dans vos bras amoureux quand vous pressez un homme,
Qui vous fait concevoir... peut-être un roi de Rome.
Votre cœur vous dit-il... etc., etc.

Mérimée ne pouvait parler de cette pièce de vers sans rire aux larmes. Mais j'en reviens au journal auquel je devais collaborer.

Le *Pays* avait pour rédacteur en chef M. Alexandre Basset. Pourquoi l'avait-on mis là? Il était incapable d'écrire une ligne. Il avait été camarade de pension de M. Thiers, puis garde du corps, et enfin directeur de l'Opéra-Comique. C'était une médiocrité qui ne put jamais me souffrir. Heureusement je trouvai au *Pays* Auguste Vitu, Lherminier, Gozlan, Méry, Édouard Thierry, qui était chargé de la critique dramatique; Eugène Guinot, qui rédigeait une chronique de Paris, et Barbey d'Aurevilly, qui écrivait des articles bibliographiques. C'était à cette époque que, rendant compte de *Pénarvan*, roman de Jules Sandeau, il disait de Jules Sandeau qu'il ne serait jamais que la femme littéraire de *monsieur George Sand*. Tous ces gens d'esprit et de talent me conseillèrent de ne pas me préoccuper de M. Basset. Ils en parlaient à leur aise. Quant à moi, dès que je voulais faire un article, on m'objectait que j'empiétais sur la spécialité de mon voisin. J'en fus réduit à faire un résumé de la journée, fort à la mode en ce temps-là. C'était Paul d'Ivoy qui avait imaginé ce petit bavardage.

M. Basset avait d'ailleurs déclaré que je n'étais point capable de faire autre chose. A la fin je me fâchai et j'eus recours à une ruse pour prouver à ce rédacteur qu'il y avait un parti pris dans sa façon de me juger. J'étais resté très lié avec M. Rivoire. Je le priai de m'envoyer un article d'économie politique.

J'étais aussi fort bien avec M. Granier de Cassagnac qui me protégeait, et je lui demandai un grand entrefilet politique. Je recopiai de ma main ces deux articles, et j'allai les présenter à M. Basset. Il les garda deux jours, puis me déclara qu'il était impossible de publier des choses aussi faibles dans le *Pays*.

Alors me redressant, je lui prouvai que l'un de ces articles était de M. Rivoire, son maître en économie politique, et l'autre, de M. Granier de Cassagnac, son futur directeur. Il changea de ton, mais je décampai, et j'allai conter mes tracas à M. Mirès.

On sait quel était ce petit homme vif, nerveux et sans gêne. Il me tutoya, m'appela *mon fils*, et me dit : « Qui est-ce qui te paye? moi, n'est-ce pas? N'écris pas, et vas à la fin du mois toucher ton traitement à la caisse. » Je sortis de l'entrevue très rassuré, et alors j'en pris fort à mon aise. Vitu, à l'amitié duquel je tenais, me donna son approbation.

Il y avait quelque temps que j'occupais cette sinécure lorsque arriva la mort d'Alfred de Musset. J'allai à ses obsèques et j'en rendis compte. Dans mon article, je ne pouvais dissimuler le chagrin que j'avais éprouvé en constatant combien étaient peu nombreux ceux qui assistaient à cette triste cérémonie. Je me montrai très dur pour les absents, et en même temps je me livrai à une apologie très chaude du très grand poète qui venait de disparaître. M. Basset, qui ne savait probablement pas ce qu'était Alfred de Musset, déclara que mon article était absurde, exagéré et sans mesure. Cet article ne parut pas. Je dus le remplacer par un compte rendu insignifiant et niais comme un procès-verbal de commissaire-priseur.

Ces loisirs me permirent de battre Paris, de revoir les gens de lettres, et de reparaître dans les théâtres. Théophile Gautier, Paul de Saint-Victor, auquel j'avais été représenté et avec lequel je devais vivre en frère pendant près de vingt-quatre ans, et Arsène Houssaye promirent de me caser. Arsène Houssaye donna un dîner tout exprès pour moi. Au dessert il me présenta à M. Turgan, qui était alors, avec M. Paul Dalloz, directeur du *Moniteur universel*. Ma candidature était posée, et j'avais presque la certitude d'entrer dans un délai plus ou moins long au journal officiel.

Je devins en attendant un habitué fort assidu de la librairie Nouvelle, qui avait édité mon premier livre. Elle est restée un des coins les plus curieux de Paris, et mérite une description particulière dans laquelle je vais tout à la fois revenir sur le passé et anticiper sur l'avenir.

Elle fut fondée en 1849 par MM. Jacottet et Bourdilliat. La librairie se mit tout de suite à l'œuvre et, la première, inaugura les livres à un franc et à cinquante centimes le volume. Elle édita Balzac. Grâce à ce bas prix, on vendit en peu de temps plus de six cent mille volumes de la *Comédie humaine*. Ce succès dure même encore aujourd'hui. C'est aussi à cette librairie que fut édité le 101e *Régiment*, de Jules Noriac, petit livre spirituel et amusant dont le nombre des éditions a dépassé le numéro du régiment dont il racontait l'histoire.

C'était à la Librairie nouvelle que se vendait, à quatre heures du soir, le journal l'*Événement*, qui en 1849 et 1850 appartenait à M. Victor Hugo. La vogue de ce journal était si grande qu'on était obligé de poser des barrières dans lesquelles les acheteurs qui se présentaient devaient faire queue comme à la porte des théâtres.

L'*Événement*, journal de la jeunesse, était alors rédigé par MM. Auguste Vacquerie, Paul Meurice, Charles Hugo, François-Victor Hugo, Erdan et Adolphe Gaïffe, qui rivalisaient de verve et d'esprit.

MM. Hugo, Vacquerie et Meurice avaient donné une forme nouvelle à la polémique et brisé ce gaufrier dans lequel avaient été coulés les *premier-Paris* des Châtelain, des Cauchois-Lemaire, des Dumoulin et autres journalistes laborieux et méritants qui, depuis plus d'un demi-siècle, refaisaient sans cesse le même article.

Ils obtinrent un succès très vif. Je n'ai pas besoin de dire que l'*Événement* était de l'opposition, et combattait l'Empire qui se préparait. Dès que le gouvernement manifesta l'intention de mettre un frein à ce qu'on appelait déjà les débordements de la presse, M. Vacquerie, le romantique, saisissant sa bonne plume de Tolède, accusa l'autorité de réduire les écrivains au silence et de vouloir mettre la lumière sous le boisseau.

Un beau jour, en tête de l'*Événement*, on lisait ces mots :

« Le jour n'est pas plus pur que le fond de mon cœur.

» Une barbe bien savonnée est à moitié faite.

» Au premier abord on incline à penser qu'un tout est égal à ses parties.

» Si l'on en croit les historiens, le roi Henri IV a peut-être été assassiné par le jésuite Ravaillac. »

Le tout était signé Auguste Vacquerie, qui par crainte de la police correctionnelle prétendait ne pouvoir en dire davantage.

MM. Charles Hugo, François-Victor Hugo et Erdan sont morts jeunes. MM. Vacquerie et Meurice dépensent toujours le même esprit et le même talent dans le *Rappel*, et Adolphe Gaïffe, qui vers cette époque était beau comme Endymion et capable de rendre la lune rêveuse, est devenu propriétaire. Il n'écrit plus, et c'est à peine s'il se souvient de s'être diverti dans son feuilleton dramatique aux dépens de M. Scribe. Il adore ce qu'il avait brûlé et trouve du talent à l'auteur de la *Dame Blanche* et de *Bataille de dames*.

L'histoire de la librairie Nouvelle, qui depuis qu'elle existe fut toujours un lieu de rendez-vous pour les journalistes et les écrivains, se divise en deux périodes. Il y a eu la librairie Nouvelle de M. Bourdilliat et Jacottet, qui sont morts tous les deux, puis celle de MM. Michel et Calmann Lévy, qui l'achetèrent en 1859.

Je vais parler d'abord de la première.

Au-dessus d'elle était installé le Jockey-Club, dans le local occupé aujourd'hui par le cercle des Deux-Mondes. Les habitués assidus de cette librairie étaient Méry, qui y tirait des feux d'artifice; Gozlan, qui y fumait des cigares détestables; Eugène Guinot, qui y entrait en sortant du cercle des Arts, situé au coin de la rue de Choiseul, où il rédigeait ses « courriers de Paris » du *Siècle;* puis Jules Lecomte, qui était chargé de la chronique du journal *le Monde illustré,* fondé par MM. Jacottet et Bourdilliat. Ces écrivains sont tous morts; seul le *Monde illustré,* acheté plus tard par M. Paul Dalloz, leur a survécu et se porte très bien.

A partir de trois heures on voyait arriver dans la librairie ses habitués et ses piliers auxquels venaient se mêler les jeunes, qui étaient Paul de Saint-Victor, Xavier Aubryet et Alexandre Dumas fils, escorté de son ami Lavoix, le savant conservateur des médailles à la bibliothèque Richelieu, qui vit entre la numismatique de la Grèce et de la Macédoine et le grand répertoire de la Comédie française; puis Aurélien Scholl, avec son lorgnon dans l'œil. On y voyait aussi Henri Delaage, qui prêchait avec conviction le *spiritisme* aux gouailleurs et aux sceptiques de l'endroit. Gaïffe, avec sa chevelure en *coup perfide,* paraissait en compagnie d'Armand Baschet, mis à la dernière mode et avec cette attitude de diplomate que lui ont fait contracter ses patientes recherches dans les archives de toutes les chancelleries. Il faut citer encore Edmond de Goncourt, accompagné de son frère Jules, Gustave Flaubert et Théophile Gautier, qui, ainsi que je l'ai déjà dit, se croyaient obligés de dévorer les bourgeois, comme au *Siècle* on dévorait les gens en soutane.

La liste de tous ces beaux esprits est longue : aussi j'en oublierai forcément. On voyait encore là M. Peyrat, aujourd'hui sénateur, et alors rédacteur en chef de la *Presse;* Arsène Houssaye, Nefftzer, au rire homérique et rabelaisien, dont les éclats cassaient les carreaux; Crétineau Joly, taillé en scieur de long; Capefigue, Barbey d'Aurevilly, Henri Murger, Barrière, Bischoffsheim, Maxime Du Camp, Albéric Second, René Lordereau, Gavarni, Théodore de Banville, Edouard Martin. Je n'ai pas besoin de dire à quel degré de violence aimable et spirituelle en arrivait la discussion quand elle s'engageait entre tous ces personnages professant des idées politiques et littéraires si opposées.

Paul de Saint-Victor avait, seul, entre tous le pouvoir de rester calme. On le provoquait, mais on n'en obtenait rien. Pour se dérober, il parcourait le sommaire de la *Revue des Deux Mondes* et comptait combien de fois cette revue, qui n'a point, d'ailleurs, la prétention d'être folâtre, avait publié d'articles contenant des *considérations générales sur la nature du gouvernement parlementaire*.

Quant à Aubryet, il *s'emballait* à chaque instant, en politique avec M. Peyrat et en religion avec M. Crétineau-Joly, qu'il révoltait par ses hérésies. Cela fait, il se retournait vers Méry, et il lui arrivait souvent de se montrer plus brillant que lui. Aubryet était un causeur étincelant.

Capefigue l'historien, qui s'était, ainsi que je l'ai déjà dit, chargé de réhabiliter la Saint-Barthélemy, madame de Pompadour et madame Du Barry, ne se frottait pas à Aubryet, qu'il n'aurait pu convaincre. Il s'adressait à Crétineau-Joly, puis un peu à Philarète Chasles. Tous les trois tenaient un petit conclave dans lequel chacun se vantait d'être parfait catholique et même un peu ultramontain. Mais ces messieurs avaient un petit catholicisme à eux qui ne les empêchait pas, vers sept heures, de se rendre au café Anglais pour manger une carpe *à la Chambord* arrosée de vin de Champagne et des écrevisses cuites dans du kirsch pur. Leur orthodoxie particulière, comme leur catholicisme, avait eu soin de faire disparaître la gourmandise de la liste des péchés capitaux.

Si M. de Chateaubriand affecta toute sa vie la manie d'être triste, Méry, lui, affectait la manie d'être physionomiste et de deviner, à première vue, ce qu'était un passant qu'il voyait pour la première fois. Son grand plaisir consistait, quand il était à la librairie Nouvelle, et qu'il voyait entrer un acheteur, à désigner au complaisant Lecuir, et plus tard au non moins complaisant Achille, qui l'un après l'autre ont dirigé la vente, le livre que ce passant allait acheter.

Une fois il vit entrer un monsieur bien myope et bien barbu, serré dans sa redingote, qui passa en revue les étalages. « Celui-là, dit Méry, est un lettré original. Il va, j'en suis sûr, demander la bulle *Unigenitus.* »

Après avoir cherché, le monsieur s'approcha de Lecuir et lui demanda la *Mécanique céleste*, de Laplace.

— Vous trouverez cela sur les quais.

Le passant continua ses recherches, entr'ouvrit un grand nombre de volumes; puis, s'adressant de nouveau à Lecuir, il lui dit :

— Donnez-moi, je vous prie, la *Biche au bois*.

Il sortit. Méry se sentit furieux et taxa cet homme d'hypocrite et de sournois.

Hélas! malgré tout son esprit, Méry, sur ce point, n'était pas de force avec Achille, qui, lui, non seulement connaît sa clientèle, mais encore sait deviner ce que les femmes qui entrent dans la librairie peuvent désirer.

Quand une petite dame bien voilée descend de voiture, il est sûr qu'elle va venir à lui et demander tout bas le volume qu'elle cherche. Achille sait d'avance que la belle veut, ou les *Liaisons dangereuses*, ou *Mademoiselle de Maupin*. Ça ne manque jamais.

Quant aux bons provinciaux amenés à Paris par les trains de plaisir, ils veulent tous la même chose : le *Guide dans Paris*, un *Manuel Roret*, ou un livre de géographie. Il en est qui poussent la dépravation jusqu'à demander un livre de Jules Verne. Ceux-là sont des mauvais sujets qui causent des inquiétudes à leur famille.

Les catégories diverses d'acheteurs sont d'ailleurs infinies. Ce sont surtout les dames légères qui font la plus grande consommation de romans. Elles aiment les histoires dramatiques et sentimentales. Jamais, selon elles, les romanciers ne font assez pleurer leurs victimes, ne tuent assez de personnages.

Des éditions entières des dix volumes de *Rocambole*, de Ponson du Terrail, ont été achetées par le chasseur du café Anglais, envoyé par de jolies petites farceuses suçant des asperges ou mangeant des pêches dans les cabinets particuliers.

Parmi les dames galantes qui ont consommé le plus de livres, il faut citer la belle Anna Delion, et la sémillante Blanche d'Antigny. Anna Delion avait la passion des livres graves et sérieux. On a trouvé chez elle de nombreux et magnifiques exemplaires de l'*Imitation de Jésus-Christ*. Sur l'un d'eux, un soupirant, qui ne s'est pas fait connaître, avait écrit ironiquement ces mots : *On ne sait pas ce qui peut arriver.*

Quant à Blanche d'Antigny, elle donnait dans les livres d'histoire. Une fois, qu'elle était chargée de jouer une reine de France — je ne sais laquelle — dans une opérette d'Hervé aux Folies-Dramatiques, elle vint à la librairie Nouvelle, accompagnée d'un beau jeune homme, et se fit payer par lui l'*Histoire de France* d'Henri Martin, dorée sur tranche, puis celle de Michelet.

— Je veux, dit-elle, étudier cette reine dans les livres authentiques, afin de bien *entrer dans sa peau.*

Pour un éditeur, qu'un livre soit acheté par un savant qui pâlira dessus, ou par une jolie farceuse qui ne l'ouvrira jamais, c'est tout un. Si je dis cela, c'est parce qu'on ne se doute pas du nombre prodigieux d'ouvrages très chers qui sont, à Paris, consommés par ces êtres futiles et capricieux.

Ainsi qu'on l'a remarqué par tous les noms que je viens de citer, ce que j'ai raconté remonte à quelques années. Mais la vogue de la librairie Nouvelle est plus grande que jamais. Cette librairie est un lieu de rendez-vous pour les gens laborieux aussi bien que pour ceux qui, pouvant ne rien faire, se laissent vivre. Tout ce qui se passe, tout ce qui se dit à Paris, est connu là, raconté et commenté très souvent par des témoins oculaires.

Alexandre Dumas fils, Lavoix, Aurélien Scholl, Albert Wolff, Déroulède, Meilhac, Ludovic Halévy, Sardou, Gondinet, Labiche, Albéric Second y vont toujours. On y voit aussi des docteurs, des artistes et des financiers. Achille, le bouillant Achille, ne sait souvent à qui répondre. Là, c'est un client auquel il faut apporter un roman ; à côté, c'est un auteur qui l'interroge pour savoir si son dernier volume se vend bien. Ce va-et-vient continuel fait de cette maison un des coins les plus fiévreux et les plus animés de Paris. Ajoutons que la librairie Nouvelle est toujours ouverte. Il n'y a pas de Bourse ; les administrations publiques et les boutiques font relâche : cela ne fait rien. M. Calmann Lévy, qui possède cette librairie, offre sans cesse et toujours, il faut l'en remercier, ce refuge aux oulevardiers qui ne sauraient où porter leurs pas.

Dans ce milieu de la librairie Nouvelle, je me sentais agité. Je cherchais ma voie, ne sachant pas si je ferais du journalisme, des romans ou du théâtre. J'étais d'ailleurs fort dérouté et ne sachant de quelle façon employer mon temps. Ce qui me surprenait chaque soir à minuit, c'était d'en être réduit à aller me coucher si cela me faisait plaisir, n'étant plus tenu, comme je l'avais été pendant dix ans, à passer la nuit dans une rédaction de journal.

J'avais perdu la faculté de pouvoir m'endormir à cette heure-là. Aussi mon premier soin fut-il de chercher des noctambules, c'est-à-dire des gens faisant un peu de la nuit le jour. J'en rencontrai quatre très aimables, qui furent Nestor Roqueplan, Roger de Beauvoir, Murger et Lambert Thiboust, qui tous avaient horreur de leur lit.

Sans nous être donné rendez-vous, nous nous retrouvions le soir sur le boulevard, et nous allions sinon souper, du moins nous installer soit à la Maison d'Or, soit au café des Variétés, soit, un peu plus tard, chez Vachette, qui n'était pas encore Brébant. Pendant l'été nous allions quelquefois aux Halles, chez Louis Baratte.

Nous mangions fort peu, mais nous parlions beaucoup. Nestor Roqueplan, très élégant, était en habit noir et en cravate blanche. Il avait été à l'Opéra, dans le monde ou à son cercle. Murger et Roger de Beauvoir venaient on ne savait d'où, et Lambert Thiboust revenait des Variétés ou du Palais-Royal où l'on jouait ses pièces.

Roger de Beauvoir, en mangeant des œufs sur le plat, composait des chansons. Il était gai comme un pinson, mais négligé dans sa tenue, et n'était plus l'élégant Roger habitué du boulevard de 1840 à 1848.

Quand il avait bu deux flûtes de vin de Champagne, il ne se possédait plus et se mettait à raconter des histoires incohérentes. On aurait dit qu'il tirait les mots de ses phrases au hasard dans un chapeau. Il nous disait par exemple qu'Alphonse Royer, directeur de l'Opéra, était le dernier Turc et qu'il parlait d'assassiner Meyerbeer. Mais en réalité ce n'était là qu'une gaieté nerveuse à laquelle il avait recours pour tâcher d'oublier un véritable chagrin qui le faisait beaucoup souffrir. Il avait, comme on sait, épousé mademoiselle Doze, cette charmante actrice de la Comédie française qui créa le rôle d'Abigaïl dans le *Verre d'eau*. Il ne vivait plus avec elle, mais en était toujours fort amoureux. Ce viveur, ce libertin agité cherchait à s'étourdir et ne s'amusait pas.

Roqueplan, en proie à ces tics qui lui contractaient la figure, quittait ses cigares et allumait une pipe en racine. Il paradoxait à perte de vue, et se moquait de la garde nationale à cheval, ainsi que de ceux qui allaient à l'Opéra-Comique.

Quand par hasard on se séparait plus tôt que de coutume, Roqueplan était furieux. Il demeurait rue Taitbout et moi rue Le Peletier. Alors il procédait ainsi : il montait avec moi dans une voiture de place et le cocher avait ordre d'aller de la rue Taitbout à la rue Le Peletier, puis de la rue Le Peletier à la rue Taitbout, et cela pendant des heures.

Roqueplan avait, comme Théophile Gautier et Flaubert, une antipathie feinte pour les bourgeois. Il ne se contentait pas de déblatérer en paroles contre eux, son aversion allait plus loin. Ainsi il avait remarqué que le matin les bons bourgeois — et je m'empresse de dire qu'ils sont dans le vrai — se chaussent de pantoufles. Lui, pour ne pas leur ressembler, mettait dès le saut du lit de larges et grosses bottes à l'écuyère qu'il ne quittait que quand, sa toilette faite, il allait sortir. Il avait encore bien d'autres manies. Dans les restaurants, en temps d'émeute ou de troubles dans la rue, il ne mangeait jamais de champignons, parce que, disait-il, le service d'inspection des herbes à la halle était désorganisé.

Au restaurant de la Maison d'Or où il dînait souvent avec M. Véron, il se fâchait si on s'avisait de lui offrir l'extrémité d'un pain long. Il ne voulait manger que le milieu, parce que, disait-il, quand le matin les pains sont déposés dans un coin, les chiens viennent les arroser. Le milieu du pain est seul à l'abri de ces fâcheuses inondations.

Quant à ces bassinoires qu'on prétend qu'il collectionnait, je ne les ai jamais vues, et cependant j'ai passé bien des heures de ma vie à causer avec lui dans sa chambre et dans son cabinet de travail.

Roqueplan écrivait avec beaucoup d'esprit et avec une pureté absolue. Il ne tenait pas à ce qu'on lui rappelât qu'il était spirituel, il tenait surtout à passer pour un grammairien. Il adorait son frère, Camille Roqueplan, qui pour lui, et il avait raison, était un peintre d'un très grand mérite. Il faut ajouter que ce prétendu viveur n'était pas égoïste du tout, et fut toute sa vie très bon pour sa famille. Plus loin j'en reparlerai encore, à propos d'un voyage en Italie, que je fis avec lui.

Henri Murger fumait sans rien dire. Il avait en parlant bien moins de verve qu'en écrivant. Placé au bout de la table, il composait trois ou quatre petites nouvelles à la main qu'il portait le lendemain au *Figaro*.

Quant à Lambert Thiboust, c'était un éclat de rire. Il avait écrit les *Filles de marbre* pour le Vaudeville, en collaboration avec Barrière, et il préparait pour les Variétés *un Mari dans du coton*, une *Maîtresse bien agréable* ; puis, pour le Palais-Royal, le *Punch Grassot*, les *Mémoires de Mimi Bamboche*, les *Diables roses*. Il amena une transformation dans le vaudeville, en y introduisant ce qu'on a appelé la *cascade*. A force d'esprit il faisait accepter du public une foule d'insanités. Gil Perez, Grassot, mademoiselle Schneider lui durent leurs plus grands succès. Siraudin et Granger, ses collaborateurs, durent quelquefois le modérer et l'empêcher d'effaroucher la Censure. Lambert Thiboust aimait la vie, son rire était franc et sa gaieté sincère. Ces soupers durèrent pendant plusieurs années.

Avant 1860, il y avait encore à Paris des noctambules, mais le nombre de ces êtres intelligents est beaucoup diminué : à présent on se couche de bonne heure. Je n'appellerai pas noctambules ceux qui s'attardent dans les cercles pour jouer au baccarat ou au piquet et qui restent, été comme hiver, autour d'une table de jeu. Les vrais noctambules, ce sont ces amants de la nuit qui la trouvent plus belle que le jour, et qui, assis dans un bon fauteuil, mangent, fument et causent. L'hiver, ils sont renfermés ; mais l'été, ils s'installent sous des tentes et regardent, comme l'a dit Corneille, cette pâle clarté qui tombe des étoiles, en même temps qu'ils écoutent, comme l'a dit Virgile, les silences amis de la lune. Ils peuvent tout à leur aise causer, se sachant à l'abri des fâcheux et des importuns. Les bruits discordants du jour ont cessé, l'heure des affaires est passée, les spectacles sont fermés, rien ne les distrait ou ne les attire, ils peuvent tout à leur aise se recueillir. Ces veilles inutiles, dont les bons bourgeois n'ont jamais pu comprendre le charme ou la poésie, valent bien les sommes qu'on pourrait faire et sont en tout cas infiniment préférables aux insomnies.

S'il n'y a plus que très peu de noctambules, c'est parce qu'il n'y a plus de causeurs. La causerie, dans laquelle les Français d'autrefois faisaient entrer les trois quarts de leur esprit, languit et se meurt. Il est bien évident que les plus déterminés noctambules s'endormiraient s'il leur fallait écouter les politiciens, les gens de Bourse et les gens de sport qui tiennent à présent le haut du pavé.

Même dans les cercles les mieux composés de Paris, ce type du monsieur qui savait parler appuyé sur la cheminée a disparu. Rivarol à présent ne ferait plus ses frais. Que de gens vivent de ce qu'ils espèrent gagner au jeu ou aux courses! Tenir une banque ou parier pour un favori ne sont plus des plaisirs ou des distractions, mais de purs actes de commerce.

Bien qu'appartenant toujours au journal *le Pays*, je n'y mettais presque plus les pieds. J'envoyais de temps en temps une chronique dont je ne corrigeais même pas l'épreuve, et, suivant le conseil de M. Mirès, j'allais à la fin du mois toucher mes appointements.

Cependant, au mois de janvier 1858, je reparus au journal pour y rendre compte de la mort et des obsèques de mademoiselle Rachel. J'écrivis deux longs articles que le terrible Basset laissa passer.

Je rendis compte aussi de l'attentat commis, le 14 de ce même mois de janvier, à l'Opéra, contre l'empereur et l'impératrice, par Orsini et ses complices. J'habitais rue Le Peletier, en face le théâtre, et j'eus une des vitres de ma croisée brisée par un éclat de bombe. M. Basset, qui n'écrivait jamais, et pour cause, saisit sa plume de Tolède, et accoucha de six ou sept lignes péniblement trouvées qui parurent, ornées de sa signature, en tête du *Pays*. Ce fut, je crois, le morceau capital de sa rédaction en chef. Vitu, en lisant ces lignes, se mit à sourire.

Mais j'étais assidu au *Mousquetaire*, journal d'Alexandre Dumas, dont la rédaction était rue Laffitte, n° 1, au fond de la cour au cinquième étage. Là je recontrai Alexandre Dumas, qui se plaignait de ne point voir venir assez d'abonnements. Un jour qu'il me disait cela, je m'avisai d'examiner des lettres qu'on avait jetées dans son panier à papier. J'en ouvris plusieurs qui n'avaient pas été décachetées et dans lesquelles je trouvai des mandats sur la poste, adressés par des gens qui se réabonnaient. Alexandre Dumas fut tout à la fois enchanté et furieux. Il donna un galop à un brave garçon qui administrait son journal avec si peu de soin.

Les collaborateurs assidus du *Mousquetaire* étaient Méry, Philibert Audebrand, Roger de Beauvoir, Aurélien Scholl et Georges Bell.

Scholl était tout jeune et très joli garçon. Les belles filles le regardaient avec beaucoup de complaisance. Lui, très myope, ne baissait pas les yeux. L'histoire rapporte qu'il accrocha beaucoup de cœurs au croc de sa moustache. Habitant la même maison que lui, je fus à même de constater que ce bruit était fondé. Scholl a tenu tout ce qu'il promettait : il a écrit une foule de choses charmantes, et a eu autant de bonnes fortunes de pleurs qu'il peut en avoir eu dans ses amours. Scholl est le véritable inventeur de ce qu'on appelle l'*Écho de Paris*.

Je fis un seul article au *Mousquetaire*, Alexandre Dumas, cédant à un coup de tête, s'était brouillé avec toute la critique, qui ne crut pas devoir rendre compte de son drame *le Marbrier*, joué au théâtre de l'Odéon. Comme je n'avais pas encore l'honneur de faire partie de cette critique, je fis sur le *Marbrier* un grand article dans le *Mousquetaire*.

En 1857, Alexandre Dumas fils était déjà quelqu'un à côté de son père. Après avoir écrit trois ou quatre romans qui firent peu de bruit, comme *la Dame aux Camélias*, *le Régent Mustel*, une œuvre très originale, *l'Histoire de trois femmes et d'un perroquet*, il avait abordé le théâtre, où il devait obtenir des succès éclatants qui l'ont placé au premier rang de nos auteurs dramatiques contemporains. Il est à présent membre de l'Académie française, et possesseur d'une belle fortune gagnée avec sa plume.

Dumas fils ajoute à ses mérites littéraires un autre mérite non moins grand. Je veux parler du respect et de l'admiration sincère qu'il a pour son père. Il apprécie beaucoup ses œuvres et il serait à désirer qu'il les commentât et livrât ce commentaire à la publicité. Il sait avec un tact exquis fermer les yeux sur les défaillances de cette belle et puissante organisation que Michelet avait appelée une des forces de la nature. Son père mourut dans ses bras. Quelques instants avant de rendre le dernier soupir il dit à son fils : « On dit que j'ai été prodigue, il n'en est rien. Je suis arrivé à Paris avec deux louis dans ma poche ; cherche dans mon gilet, tu retrouveras ces deux louis. »

Alexandre Dumas avec son théâtre, et ses romans, a gagné des millions qu'on n'a pas retrouvés. Qui les a mangés ? Ce n'est pas lui assurément. Il se les est laissé prendre, par la raison que cet homme travailla toute sa vie, sans se reposer un seul instant. Ce magicien, cet amuseur, ce conteur éblouissant a sa statue. C'est justice.

J'étais donc, ainsi que je l'ai dit, pourvu de noctambules avec lesquels je vivais le soir ; pendant le jour, j'avais d'autres compagnons dont je vais parler.

Les journalistes et les gens de lettres qui venaient à la librairie Nouvelle formaient entre eux plusieurs groupes. Celui auquel j'appartenais se composait de Théophile Gautier, d'Edmond et de Jules de Goncourt, de Paul de Saint-Victor, d'Aubryet, de Charles Edmond, de Gustave Flaubert, de Gustave Doré, du peintre Charles Marchal, de Mario Uchard et d'Arsène Houssaye. Nous étions tous sans intérieur, et nous dînions souvent ensemble, pour ensuite aller au théâtre voir les pièces nouvelles, dont quelques-uns d'entre nous avaient à rendre compte dans leurs feuilletons. En ce temps-là on parlait fort peu politique, le gouvernement ne le permettait pas ; sans cela, gare les avertissements. C'était le temps où MM. Saint-Marc Girardin et Prévost-Paradol faisaient avertir le *Journal des Débats* parce qu'ils avaient osé dire que ce n'était pas l'empire qui soutenait l'empereur, mais l'empereur au contraire qui soutenait l'empire. Il y avait au ministère de l'intérieur des fortes têtes qui avaient vu dans cette phrase un danger. On s'occupait exclusivement des lettres et des arts. Théophile Gautier était déjà célèbre et Paul de Saint-Victor, Flaubert, Aubryet et les Goncourt s'apprêtaient à marcher sur ses traces.

Je ne saurais faire comprendre ce qu'il y avait d'étrange et d'original dans la collaboration d'Edmond et de Jules de Goncourt. Ces deux frères n'étaient *qu'un*. L'un continuait la phrase commencée par l'autre, et parlait non au pluriel, mais au singulier. Ils n'en étaient encore qu'à leurs livres si exquis sur le XVIII° siècle qu'ils connaissaient dans les plus petits détails. Ils avaient publié *les Maîtresses de Louis XV*, *l'Histoire de Marie-Antoinette*, *la Femme au dix-huitième siècle*, *la Société sous le Directoire*, puis des études sur Watteau et tous les grands artistes. Ils avaient, selon moi, un tort, en parlant du XVIII° siècle, qui consistait à s'abstenir de tenir compte de Voltaire et de Rousseau, qui pour eux n'étaient pas. Mais, malgré cette critique, je m'empresse de dire qu'ils jugeaient admirablement cette époque. C'est dans ce qu'on pourrait appeler *leur seconde manière* qu'ils en arrivèrent au roman naturaliste dans lequel ces élégants, ces dilettantes, qui n'avaient jamais vécu que dans les palais et au milieu des gens d'esprit et des femmes les plus distingués, quittèrent le salon pour la cuisine, et se prirent à décrire avec une étonnante complaisance les misères, les abjections et les turpitudes de ce monde. La mort brisa cette collaboration. Jules, le plus jeune des deux, mourut. Edmond, malgré son très grand chagrin, continua d'écrire, menant de front leurs deux manières et publiant des livres les uns à l'ambre les autres à l'ail. On le croirait jaloux des lauriers de Zola. Retiré dans son hôtel du boulevard Montmorency, il vit presque toujours seul au milieu des élégances du xviiie siècle qu'il a su découvrir et collectionner. Il est et restera triste, étant de ceux qui ne veulent point être consolés.

Flaubert, dont j'ai déjà parlé, avait obtenu, avec son roman de *Madame Bovary*, tous les succès. Le gouvernement avait même eu l'attention d'accuser son livre d'immoralité et de citer son auteur en police correctionnelle. Il fut défendu par M. Sénard, son compatriote, et acquitté aux applaudissements du public. Ce procès ridicule valut à ce roman un grand nombre d'éditions.

Malgré ce grand triomphe, Flaubert faisait une infidélité au roman et mettait la dernière main à deux œuvres d'érudition je veux parler de la *Tentation de Saint-Antoine* et de *Salammbô*. Je ne dirai rien de la *Tentation*. Il suffit d'en lire dix pages pour se rendre compte des études patientes et des recherches arides auxquelles Flaubert dut se livrer. Quant à *Salammbô* elle mit la grande critique en émoi. Non seulement les critiques s'en mêlèrent, mais aussi les archéologues, les bibliothécaires et les conservateurs de musées. Ce livre, dans lequel Flaubert reconstituait Carthage, éveilla de grandes jalousies; on mit en doute, ce qui était commode, l'exactitude des détails dans lesquels il fait entré. Mais il répondit victorieusement à toutes ces critiques, en invoquant des textes que ses contradicteurs ne connaissaient pas, ou n'avaient que superficiellement consultés. Je suivis avec le plus vif intérêt ces querelles faites à ce travailleur enthousiaste qui, par la pensée, s'était isolé de son époque et réfugié auprès de la famille des Barka.

Sainte-Beuve lui-même, malgré toute l'estime qu'il avait pour Flaubert, se montra sévère. Il n'alla pas jusqu'à faire chorus avec ceux qui le dénigraient, mais il lui reprocha de *cultiver le cruel*. L'auteur releva ce mot que Sainte-Beuve avait dit, parce qu'il lui en voulait d'avoir décrit avec trop de complaisance le massacre des *mercenaires* révoltés, que Carthage fit passer par un défilé rempli de lions qui les dévorèrent. Cette description dans *Salammbô* est en effet émouvante. On sent qu'elle a été écrite, non par une petite maîtresse qui ne sait pas supporter une émotion, mais par un *mâle* qui peut contempler sans défaillance les plus abominables boucheries. Je ne connais rien de plus saisissant que le spectacle de ces lions que, le lendemain du carnage, Flaubert nous montre repus, couchés et malades d'une indigestion de chair humaine. Le reproche de Sainte-Beuve l'avait, je le répète, piqué au vif. Il s'en défendit fort habilement, en citant le livre de l'historien Polybe, qui prouvait qu'il n'était pas allé trop loin. En relisant les journaux de l'époque, on retrouverait les trace de ces polémiques.

La Légende de saint Julien l'Hospitalier est, selon M. Renan, un pur chef-d'œuvre. Il y a dans ce récit un mouvement et un mystère qui étonnent et déconcertent l'esprit. Flaubert emporte son lecteur dans le vague décevant de la légende. Ces belles pages font penser tout à la fois à la Bible et à Shakspeare. Il y a un massacre de gibier dans une forêt, fait par un chasseur armé d'un arc, qui est d'un effet prodigieux. Ces quatre œuvres : *Madame Bovary*, la *Tentation*, *Salammbô* et la *Légende de saint Julien l'Hospitalier*, placent Flaubert parmi les grands écrivains. Quant à l'*Éducation sentimentale*, à *Bouvard et Pecuchet*, à *Un cœur simple*, je n'ai jamais pu en saisir les beautés.

Ainsi que cela arrive toujours, c'était précisément pour ces livres-là que Flaubert avait un faible. Il mourut dans la plénitude de son beau talent, et sans avoir pu dire son dernier mot.

Xavier Aubryet fut sans contredit une des figures les plus originales de notre époque. Ce fut patronné par Arsène Houssaye, qu'il débuta dans les lettres. Il s'y fit tout de suite une place considérable.

Il était la contradiction incarnée. D'une gaieté folle et nerveuse, il n'écrivait que des choses graves, et passait son temps à combattre pour des principes contraires à ce qu'il disait et à ce qu'il faisait. En politique il était autoritaire, et avait horreur des excès de la grande Révolution. Il se livrait à des sorties qui portaient à croire qu'il aurait voulu vivre sous le règne de Philippe le Bel. Il était épris de Joseph de Maistre. Il fallait l'entendre se disputer avec Gambetta et avec Laurier, qui, tout en le combattant, se sentaient souvent séduits par ses raisonnements subtils et captieux. Il plaida toute sa vie cette cause, qu'il n'y a jamais moins de liberté que sous un gouvernement républicain.

Parmi ses livres il en est qui resteront. Ses *Représailles du sens commun*, sa *Philosophie mondaine*, ses *Patriciennes de l'amour*, ses *Jugements nouveaux* sont des œuvres remarquables, écrites avec une verve qui ne s'arrête jamais et une pureté absolue. Il excellait à trouver des images originales et saisissantes, et il en était ainsi, parce qu'il avait horreur de la platitude et de la banalité.

Il était aussi poète et versifiait avec une facilité étonnante. Ses *Mois républicains* sont de la véritable poésie et non pas du tout de la versification. Il sut, dans ces douze sujets, faire vibrer toutes les cordes de la lyre.

Il écrivait d'une façon singulière, non pas dans son cabinet de travail, mais dans les cafés, sur un bout de table. Il a écrit des volumes à ce café du passage Choiseul qui donne rue Saint-Augustin. Le bruit et les propos souvent niais des joueurs de dominos ne le gênaient pas du tout. Il pouvait s'abstraire et se trouver seul au milieu du vacarme. Il fallait un microscope pour pouvoir lire son écriture, fine à ce point de lui permettre de faire entrer un volume sur quelques cahiers de papier à lettre. Les compositeurs d'imprimerie redoutaient sa copie.

Comme Flaubert et comme Saint-Victor, il aimait le type de M. Prudhomme qui lui a suggéré les drôleries les plus extravagantes. C'est lui qui, conduisant M. Prudhomme à la mer pour la première fois, faisait dire à ce bourgeois obtus : *Une telle quantité d'eau frise le ridicule.* Henri Monnier regrettait de ne pas avoir trouvé cette réflexion.

Il avait écrit, toujours dans la langue de M. Prudhomme, un précis d'histoire de France qui commençait ainsi : « Quand Pharamond ceignit la tiare, la France était une vaste solitude paludéenne plus propre aux ébats des canards sauvages qu'au fonctionnement régulier des institutions constitutionnelles. »

Les rengaines et les platitudes des harangues officielles le mettaient aussi en belle humeur. Il pastichait les discours prononcés dans les comices agricoles. Il faisait le discours du préfet, celui du président du comice, et enfin celui de l'inévitable membre de l'Institut, auquel il faisait dire : « Délégué, messieurs, par les cinq sections de l'Institut pour assister à cette imposante cérémonie, je ne me dissimule pas la gravité de la tâche qui m'incombe, mais je compte que votre indulgence saura me la rendre facile. » Il n'y a pas de mois qu'un ministre ou un gros bonnet de l'administration ne s'en aille en province débiter ces phrases toutes faites. Aubryet n'exagérait donc rien et parodiait, au contraire, ce qui se passe, avec une rigoureuse exactitude.

Il passait sa vie à jeter son esprit par les fenêtres. Aussi on l'aimait et on l'entourait, sur le boulevard, à la Bourse où il avait eu la fatale idée de jouer à primes, dans les salons, dans les théâtres et dans les cercles dont il faisait partie.

J'ai dit qu'il était la contradiction incarnée, non seulement en paroles, mais aussi en actions. Il vantait sans cesse la nécessité qu'il y avait d'être mis d'une façon élégante. Or il n'était bien mis que quand il ne pouvait pas faire autrement, comme par exemple lorsqu'il mettait l'habit noir et la cravate blanche obligatoires; mais quand il abordait la tenue de fantaisie, il devenait impossible. On le rencontrait affublé d'une jaquette *martin-pêcheur* qui n'allait pas du tout avec un gilet extravagant et une cravate d'une nuance à effrayer les oiseaux.

Il fit un voyage, en Italie, avec Paul de Saint-Victor, qui le conduisit dans les musées. Il revint avant son compagnon de voyage. « Je n'ai pu résister, nous disait-il. A Bologne je vis une *Sainte Famille*; à Florence, une *Sainte Famille*; à Rome, encore une *Sainte Famille*. C'était trop, et voilà pourquoi j'ai quitté Saint-Victor. »

Aubryet fut l'auteur de la plupart des mots à succès qu'on répétait sur le boulevard. Il ne réclama jamais quand il voyait ces mots attribués à d'autres. Dans les soupers il était étourdissant, et ce n'était pas aux vins généreux, qu'il savait savourer en gourmet, qu'il empruntait son entrain et sa gaieté. Il les puisait en lui-même et était aussi spirituel à jeun qu'au dessert. Que de fois il lui est arrivé de mettre ses compagnons en belle humeur, au sortir d'une séance de travail dans laquelle il avait traité souvent avec éloquence un sujet grave et abstrait.

Il était écrit que cette nature créée pour rire et être heureuse, puisque le ciel et le hasard lui avaient accordé une certaine fortune et beaucoup de talent, devait s'éteindre dans les plus cruelles souffrances.

Il mourut d'une affection de la moelle épinière, après un martyre de quatre ans. La mort poussa la cruauté jusqu'à le tuer molécule par molécule. Il devint paralysé des jambes, et ensuite aveugle. Il y eut chez lui anesthésie de la face, puis perversion complète du goût. Il éprouvait nuit et jour des douleurs intolérables dans les membres et dans les côtés, qu'on ne pouvait calmer qu'à l'aide de piqûres de morphine réitérées. Pendant quatre ans le bon et savant docteur Neumann, son ami, lui fit des myriades de piqûres.

Un seul organe était chez lui resté intact, le cerveau. Jusqu'au dernier moment il conserva l'intelligence, et, quelques jours avant sa mort, il dictait des vers à Paul Dalloz, son camarade de collège et son directeur au *Moniteur*, qui, ce jour-là, avait eu la complaisance de lui servir de secrétaire.

En 1857, les directeurs de la librairie Nouvelle fondèrent le *Monde Illustré*, qui plus tard passait dans les mains de M. Paul Dalloz, qui le possède toujours. Ce journal, dès son début, eut une rédaction d'élite. Il publiait un feuilleton de George Sand, des chroniques et des articles de fantaisie de Méry, de Gozlan, d'Eugène Guinot, de Charles Monselet, puis un *Courrier de Paris* de Jules Lecomte, qui signait André. On m'accepta comme rédacteur, et je publiai plusieurs articles; je fus même chargé d'une mission. En 1857, les inaugurations de toute sorte étaient à la mode, et les journalistes d'un réel talent (je ne dis pas cela pour moi) y assistaient volontiers.

Or les administrateurs des chemins de fer du Nord

avaient eu l'idée d'organiser ces excursions circulaires en Belgique, en Hollande et aux bords du Rhin qui eurent tant de succès. Chaque année depuis cette époque, des milliers de touristes marchent sur les traces des journalistes qui, les premiers, entreprirent ce voyage pittoresque et charmant. Je fis partie de cette caravane, et j'eus pour compagnons MM. Philarète Chasles, des *Débats*, Paulin Limayrac, du *Constitutionnel*, Edmond Texier, du *Siècle*, Auguste Villemot, de *l'Indépendance belge*, le marquis de Belloy, de *l'Opinion nationale*, Dupeuty, du *Figaro*. Je représentais *le Pays* et *le Monde Illustré*.

Ce voyage, ce train de plaisir tenait de la féerie, ainsi qu'on va le voir. Le jour du départ, en arrivant à la gare du Nord, les fiacres qui transportaient les excursionnistes et leurs bagages étaient payés. A partir de ce moment jusqu'au retour, vingt jours après, il nous fut à tous rigoureusement défendu de dépenser un sou. Nous étions installés dans des wagons-salons où se trouvaient des jeux de toute sorte.

On passa par Bruxelles, Anvers, Dordreck, Rotterdam, Leyde, Harlem, la Haye, Amsterdam, Utrech, Dusseldorf, Cologne, Bonne, Aix-la-Chapelle et Spa. Dans toutes ces villes nous occupions les plus beaux hôtels. Les honneurs nous étaient faits par M. Castel, secrétaire général de la Compagnie du Nord, dont l'affabilité et la courtoisie eurent le don de nous séduire tous. M. Castel est, en effet, un des hommes les plus aimables de Paris. M. Castel était accompagné de M. Charles Cousin, attaché comme lui au chemin de fer du Nord. M. Cousin est avant tout un dilettante, doublé d'un connaisseur et d'un collectionneur. Dans un livre intitulé *Mon grenier*, il a décrit les trésors qu'il possède. C'est probablement dans ce grenier-là que Béranger a dit qu'on était bien à vingt ans.

Après le dîner on nous conduisait dans les avant-scènes des théâtres, où des chanteurs écorchaient avec une émulation touchante *Don Juan* et *Lucie*. Pendant le jour nous avions des landaus à notre disposition et nous allions faire des excursions. M. Cousin, qui est un causeur attrayant, m'attirait à lui pour philosopher un peu et parler de la *franc-maçonnerie*, dont il est le fervent apôtre.

Nous n'osions rien remarquer, dans la crainte que le surintendant des finances, qui nous accompagnait, ne fît tout de suite l'acquisition de ce qui aurait pu nous plaire.

La fête prit à Spa des proportions extraordinaires. Ayant rencontré Meyerbeer sur la promenade, vite il fut convenu que nous lui offririons un dîner. On lui servit en notre nom le festin de Trimalcion, et pendant le repas un orchestre excellent exécuta les plus beaux passages de ses opéras.

Le lendemain Meyerbeer assis sur un âne, et tenant un parasol de coton rouge, me fit monter sur un autre âne, et me conduisit à la Géronstère, un nid de fraîcheur situé tout près de Spa. Il me fallut défiler sur mon âne devant toutes les belles dames qui étaient là en villégiature. C'est très bien de se montrer en pareil équipage quand on a écrit les *Huguenots* et le *Prophète*, mais quand, comme moi, on n'a point produit de tels chefs-d'œuvre, c'était réellement bien ingrat. Il ne fallut pas moins que toutes les coquetteries de Meyerbeer pour me donner ce courage.

Spa était la fin de ce voyage de plaisir. On gagna la mélancolique station de Pépinster, et d'un trait on nous ramena à Paris. A la gare du Nord nous montâmes dans des fiacres, et, arrivés à nos portes, les cochers nous affirmèrent qu'ils avaient été grassement payés.

Voilà de quelle façon et en quelle aimable compagnie je découvris la Hollande, au mois de juin 1857.

En ce monde toute médaille a son revers ; or voici le revers :

En Hollande on fait maigre chère. La cuisine est détestable, excepté à Rotterdam, à la Haye et à Amsterdam.

On se demande pourquoi ces gras pâturages, dont il est sans cesse parlé, et que nous montrent les paysagistes dans leurs tableaux, ne donnent que de détestables vaches. D'abord en Hollande on ignore ce que c'est que le beurre frais. Le beurre, dès qu'il est battu, est salé. En fait d'huile on ne connaît que l'huile de noix. Quant au pain, il est léger, diaphane et presque aérien. Vous jetez une miche en l'air, elle ne retombe pas; à côté d'elle, les colifichets qu'on donne aux serins sont des galettes de plomb.

Les côtelettes et les biftecks sont répugnants. Et puis on ne sait pas ce que c'est qu'une côtelette. On vous sert quatre ou six côtelettes de veau ou de mouton cuites à l'étouffée et superposées comme des dominos avec lesquels on aurait fait une tour. Il reste la volaille et les poissons. Quant aux fruits ils sont inconnus et ne mûrissent pas sous cette latitude, ce qui avait fait dire à M. de Talleyrand qu'en Hollande il n'y avait d'autre fruit mûr que la pomme cuite. Allez à Leyde, à Harlem, à Utrech, restez-y un mois, et vous en reviendrez affamé.

Les Hollandais partagent avec les Allemands la manie de se servir de draps de lit étroits comme des serviettes, et de serviettes de table longues comme des draps de lit. On ne sait pas pourquoi. Il faut aussi signaler la complication de leurs serrures. Ouvrir dans un hôtel la porte d'une chambre est une opération des plus compliquées, tant il y a de chevillettes et de bobinettes à faire mouvoir. Les voyageurs en détresse finissent toujours, quand ils rentrent chez eux, par appeler le garçon à leur secours.

Par exemple, ce qu'il faut louer sans réserve, c'est la propreté, tyrannique, gênante, qui règne dans toutes les maisons, que des servantes à la taille serrée lavent, essuient, cirent et brossent nuit et jour. Le matin, les corridors sont sablés et ratissés de façon à faire ressembler le carrelage ou le parquet au devant d'une chemise de batiste. Quand un voyageur va imprimer là-dessus l'empreinte de ses pas, pour les servantes anxieuses c'est une profanation. Il est vrai qu'elles s'empressent aussitôt de répandre de nouveau du sable et de tout réparer.

Quant à la poussière, ce fléau de tous les foyers est inconnu en Hollande. J'ai vu des servantes qui, après avoir tout lavé et tout épousseté, s'acharnaient, un plumeau et un torchon à la main, à la poursuite d'une petite fafeluche qu'elles voyaient voleter dans un rayon de soleil, jusqu'à ce qui lui ait plu d'aller se poser quelque part. Alors elles s'en emparaient et l'anéantissaient. Il y a des villes où les rues de la ville sont époussetées avec le même soin. On peut inspecter les bornes, on n'y trouvera jamais aucun de ces immondices qui tiennent tant de place dans les romans naturalistes.

Mais la ville la plus drôle de la Hollande est sans contredit Leyde, la ville savante, la ville des écoles. Elle est bâtie sur un archipel de petites îles qui sont autant de bosquets. A Leyde tout le monde parle latin, même les portiers, qui pour indiquer qu'ils ont des chambres à louer accrochent des écriteaux sur lesquels ont lit : *Cubicula locanda*. C'est en latin que vous débattez le prix. Quant aux pharmaciens, ils ne parlent que la langue de Cicéron. Une femme de la campagne qui vient acheter pour quatre sous de fleurs de mauves dit : *Da mihi flores malvæ*.

Ces petites îles, très pittoresques alors que, le matin, le soleil les inonde de ses rayons, sont traversées par de lourds pasteurs protestants vêtus de bas noirs, de culottes courtes, de grands manteaux noirs, et de grands chapeaux également noirs. Ils passent graves et silencieux, lisant dans de gros livres de théologie protestante ou de *calcul différentiel*. Les écoliers, faisant chorus avec des petites filles fort éveillées, rient aux dépens de ces énormes pasteurs qui pourvoient la Hollande d'hommes instruits.

Pendant cette même année 1857 je fis un autre voyage. J'assistais à l'inauguration du pont de Culoz, qui, avant que la Savoie nous appartînt, séparait l'Italie de la France. Le roi Victor-Emmanuel et le prince Napoléon y assistèrent, et se rencontrèrent à Chambéry. Je partis dans le wagon du prince Napoléon en compagnie de Ferri-Pisani, son aide de camp, du docteur Yvan, de Charles Edmond et de MM. Charles Laffitte, Bixio et des autres administrateurs du chemin de fer Victor-Emmanuel. Il y eut bal au théâtre de Chambéry. Je vois toujours le roi Victor-Emmanuel, qui était très populaire, appuyé sur l'épaule de son ministre le comte de Cavour et lorgnant les jolies femmes des commerçants de Chambéry. M. de Cavour riait des réflexions que ces belles Savoisiennes inspiraient à leur roi galant homme. J'eus à ce bal l'honneur de danser avec une belle demoiselle, fille de M. Charles Laffitte. Cette belle demoiselle est devenue madame la marquise de Gallifet. Elle ne s'en souvient plus : ce souvenir n'était pas digne de rester dans sa mémoire.

Au banquet de Chambéry on mangea cette éternelle cuisine que Potel et Chabot ont déballée tant de fois sous les latitudes les plus diverses. La truite *genevoise,* le jambon *au madère,* les poulardes *à la godard* et le cuissot de chevreuil en faisaient le plus bel ornement. Que de fois, dans les voyages officiels auxquels j'assistais pour en rendre compte, j'ai dû avaler ce menu.

Pendant ce festin, dressé dans le palais des ducs de Savoie, le maréchal Pélissier, qui errait dans ces parages, arriva. Le roi et le prince Napoléon l'invitèrent gracieusement à rester. Au dessert, le maréchal, qui avait envie de fumer et auquel on n'offrait pas de cigares, grommelait sous ses grosses moustaches : « On ne fume donc pas dans la maison de Savoie? » Le roi l'ayant entendu se mit à sourire et lui envoya des régalias.

Après les fêtes officielles je m'en allai passer quelques jours à Aix-les-Bains, qui était alors en deuil de ses jeux. Les habitants reconnurent que ce n'était ni au lac du Bourget, ni à la vue des Alpes, ni aux sites pittoresques des alentours qu'ils devaient leur vogue et leur prospérité, mais bien à la roulette et au trente et quarante. Aix était déchu. Je rencontrai là la princesse de Solms, depuis comtesse Rattazzi, et enfin comtesse de ***, qui avait sa cour. Parmi ceux qui l'entouraient se trouvaient le marquis de Pommereux, le poète Ponsard et Eugène Sue, venu tout exprès d'Annecy, où il s'était réfugié, pour la voir. Eugène Sue eut la bonté de me conduire voir ce lac du Bourget, chanté comme on sait par Lamartine. Je ne connais rien de triste comme ce lac le soir au coucher du soleil. Ses eaux cessent d'être bleues et deviennent noires, reflétant les montagnes qui l'entourent. Lorsqu'on entend dans le lointain les cloches qui sonnent l'*angélus*, on a envie de pleurer.

Il y avait dans ces mêmes parages un site encore plus triste que ce lac, c'était l'horrible habitation dans laquelle Eugène Sue était venu s'enterrer vivant. Il m'en fit les honneurs, mais il devina à ma mine que je me sentais là en prison. « Vous regrettez, me dit-il, le boulevard des Italiens! » Il fit atteler sa voiture et me reconduisit à Aix, où il y avait bal.

De retour à Paris mon premier soin fut d'aller voir M. de Lamartine et de lui raconter que j'avais traversé le lac qu'il avait chanté. Il habitait alors rue de la Ville-l'Évêque. Son cabinet de travail était situé au rez-de-chaussée donnant sur un petit jardin. C'était le matin. Il travaillait à son *Cours familier de littérature*. Je lui proposai d'écrire sous sa dictée, ainsi que je l'avais fait autrefois. Il accepta, parce que j'écrivais avec une rapidité prodigieuse. Il dictait sans jamais chercher un mot : on ne peut se faire une idée de la fécondité de son esprit.

Il était assis sur un grand canapé près de la cheminée, ayant à ses pieds un lévrier sans poils, le dernier descendant de ceux qu'il avait apportés de Grèce et qui descendaient, dit-on, de ceux d'Hippolyte, fils de Thésée. Il se bourrait le nez de tabac et, cela fait, allumait un petit cigare. Après en avoir tiré trois bouffées, il éprouvait le besoin de se moucher. Alors il jetait son cigare, se mouchait, se rebourrait le nez de tabac, puis allumait un autre cigare, et cela pendant une ou deux heures. Après la séance il y avait dans la cheminée vingt ou vingt-cinq cigares à peine entamés. C'est ainsi que je l'ai toujours vu travailler.

Dans l'*entretien familier* que j'écrivais sous sa dictée il s'occupait d'Alfred de Musset et lui rendait à peu près justice. Je sais pourquoi je dis cela.

M. de Lamartine ignora Musset pendant longtemps, malgré l'ode qu'il lui avait dédiée, et avait eu le tort de croire, en compagnie de quelques imbéciles, qu'il n'était qu'un officier de cavalerie légère tournant les vers avec facilité. Il faut dire à son honneur qu'il sortit de son erreur et lui rendit toute justice. Je me rappelle très bien avoir mis sous ses yeux les œuvres complètes du poète, qu'il dévora d'un trait. Je ne crains pas de m'étendre sur ce sujet, qui concerne deux hommes illustres.

M. de Lamartine consacra à Musset le dix-huitième et le dix-neuvième entretien de son *Cours familier de littérature*. Dans le dix-huitième entretien il parlait de Musset avec ce charme, cette grâce et cette élégance qui feront de lui un des plus grands prosateurs de notre langue. Il le louangeait certainement, mais au bout de toutes ses louanges il y avait des réserves et des restrictions. Ainsi il disait : « Vive la jeunesse, mais à la condition de ne pas durer toute la vie. » Je trouvais cette réflexion dure, appliquée à un poète mort tout jeune. Il lui reprochait aussi de n'avoir jamais chanté que l'amour sensuel et d'avoir feint d'ignorer l'amour idéal. L'admiration et l'amitié que je portais à Musset me donnèrent le courage d'interroger M. de Lamartine, et de lui demander s'il avait suffisamment médité le beau génie qu'il traitait de la sorte. Loin de se fâcher, M. de Lamartine me remercia, et résolut tout de suite de lui consacrer un second *entretien*. Alors il interrogea ses souvenirs, et il se rappela qu'il n'avait ni remercié Musset de l'ode qu'il lui avait adressée, ni publié la réponse en vers qu'il lui avait faite. Ces vers étaient restés pendant des années enfouis dans un tiroir à Mâcon. Il en fait lui-même l'aveu.

Il fut pris d'un véritable remords qu'il exprima dans le *dix-neuvième entretien*. Il disait : « Le
» dirai-je? Ce n'est que depuis sa mort prématurée,
» ce n'est qu'en ce moment où j'écris que j'ai ouvert
» les volumes fermés et que j'ai lu enfin ses poésies.
» Ah! combien en les lisant ai-je accusé le sort qui
» m'a privé d'apprécier et d'aimer pendant qu'il
» respirait un homme pour lequel je me sens tant
» d'attrait et, oserai-je le dire? tant de tendresse
» après sa mort? Oh! que ne l'ai-je connu plus
» tôt! O Musset! pardonne-moi du sein de ton Élysée actuel! je ne t'avais pas lu alors! » J'arrête ma citation ici. On peut se reporter à cet entretien et on verra combien Lamartine exalte et trouve grand le poète, son contemporain et son collègue à l'Académie, qu'il avait eu le tort d'ignorer.

Je tenais à rappeler cet incident, et je ne tiens pas moins à rappeler que je fus pour quelque chose dans cette réparation faite à la mémoire d'Alfred de Musset. Venant de Lamartine, cette amende honorable avait son prix. Ces lignes que je cite furent écrites après la mort d'Alfred de Musset, cela est certain. On objectera que la réponse à l'ode se trouve dans les œuvres de Musset publiées quelques années auparavant : je ne me charge pas d'expliquer cette contradiction.

Je continuai de voir M. de Lamartine. Sa santé était altérée. Il avait des soucis et des chagrins, et travaillait cependant sans relâche à ces *entretiens familiers de littérature* qu'on ne trouve plus maintenant nulle part et qui sont cependant de purs chefs-d'œuvre.

M. de Lamartine avait été beau dans sa jeunesse. Il était maigre, élancé et doué d'une physionomie très expressive; mais sur la fin de sa vie, il se négligeait, se tenait mal: ce n'était plus le « chantre d'*Elvire* ». On le voyait, été comme hiver, dans les rues de Paris, coiffé d'un chapeau blanc à longs poils brossés à l'envers. Il errait, vers cinq heures, autour du Palais-Royal. Il sortait de chez son éditeur et son ami, M. Michel Lévy, qui habitait la rue Vivienne. Où allait-il ensuite? Je n'en sais rien. Je me rappelle qu'un soir d'été je le trouvai installé tout seul dans une avant-scène du théâtre du Palais-Royal. On jouait les *Diables roses*. J'allai le saluer. Il était enchanté de la pièce, qu'il qualifiait de comédie, et trouvait que mademoiselle Schneider chantait délicieusement.

Après le spectacle je le reconduisis chez lui, car j'éprouvais du respect et de la vénération pour lui. L'auteur des *Méditations*, des *Girondins*, de *Jocelyn* était pour moi une sorte de demi-dieu.

*
* *

Arsène Houssaye m'avait fait frapper à la bonne porte. Je fus un matin prié de passer au *Moniteur universel*, où je fus reçu par M. Turgan et par

M. Paul Dalloz. Le *Moniteur* était depuis longtemps la plus belle publication de l'Europe. Son premier numéro portait la date du 5 mai 1789. Mais avant d'en parler, je tiens à rappeler en peu de mots ce qu'était la presse parisienne à cette époque.

Il y avait quatre grands journaux qui, à des points de vue différents, faisaient une opposition sourde à l'Empire naissant. Il fallait pour conduire cette opposition, un tact infini, car le gouvernement ne badinait pas et ne se laissait point attaquer.

Il y avait d'abord l'*Univers* dirigé par Louis Veuillot, un des plus grands écrivains de son époque et polémiste terrible. Il frappait à tort et à travers sur le *Siècle* aussi bien que sur la politique religieuse du gouvernement, qui ne lui inspirait aucune confiance. Il prévoyait la guerre d'Italie, l'unité italienne préparée par Cavour, et les dangers qui menaçaient la papauté. L'avenir devait lui donner raison.

Louis Veuillot tombait à toute volée sur le *Siècle* et sur M. Havin, son directeur, dont il plaisantait les talents. Il prétendait que son adversaire avait inventé l'éloquence *havinée*, comme pendant à l'éloquence cicéronienne; ces critiques violentes et spirituelles masquaient les coups qu'il portait dans l'ombre. On le redoutait beaucoup.

Quant au *Siècle*, il se contentait de dévorer les soutanes et de délayer tant bien que mal les plaisanteries de Voltaire. On l'avait surnommé le journal des marchands de vin.

La *Gazette de France* se renfermait de la façon la plus honorable dans ses principes. Elle passait des mains de M de Lourdoueix, son directeur, en celles de son coadjuteur Gustave Janicot, qui est un journaliste de premier ordre.

C'était le *Journal des Débats* qui préoccupait le plus le gouvernement. Il était rédigé par des hommes du plus grand talent. Il faut citer d'abord son rédacteur en chef, M. Sylvestre de Sacy, un érudit amoureux du xviie siècle, qui se croyait, à cause de son nom, janséniste, et qui n'avait aucune raison de l'être, n'étant point parent du Sacy de Port-Royal. C'était un rhéteur qui écrivait admirablement. Il composait, en dehors du journal, des petits traités religieux fort édifiants.

Mais il était éclectique et avait beaucoup d'estime, ce qui l'honore, pour M. Ernest Renan, qui était un de ses collaborateurs et qui préparait son savant ouvrage *sur la vie de Jésus* et *sur les origines du christianisme*. M. Renan, comme Louis Veuillot, comme Théophile Gautier, comme Paul de Saint-Victor, comptera parmi les plus grands écrivains du siècle. C'est, avant tout, cela peut paraître singulier, un dilettante bien plus qu'un sectaire. Il est doux, courtois et flexible. C'est sans doute pour cela qu'il n'effraya pas l'orthodoxie de M. de Sacy qui pensait pouvoir l'accueillir sans risquer d'être damné.

Il y a, du reste, toujours eu de ces contradictions au *Journal des Débats*, ce qui avait fait dire à Lanfrey, dans un instant de dépit, que les rédacteurs des *Débats* n'étaient en réalité que les philosophes de la religion et les jésuites de la philosophie. Il y a des gens, et M. Lanfrey paraît être de ce nombre, qui ont de l'esprit, même lorsqu'ils ragent et qu'ils sont injustes.

L'opposition politique du *Journal des Débats* était surtout faite par M. Vitet, qui était lié avec M. Mignet et aussi avec M. Thiers ; par M. Saint-Marc Girardin, par M. Cuvillier-Fleury et par ces brillantes recrues qui s'appelaient Prévost-Paradol et Weiss.

Jamais il ne fut dépensé plus de talent dans la presse que de 1857 à 1869, dans le *Journal des Débats*. Le bulletin du jour, les entrefilets politiques et certaines variétés étaient de véritables chefs-d'œuvre. Paradol et Weiss faisaient assaut d'esprit et de talent. Le *Courrier du Dimanche*, un journal hebdomadaire, donnait la réplique au *Journal des Débats*. Ce *Courrier* était rédigé par des parlementaires. Ajoutons que l'Académie française se mettait aussi de la partie, et qu'elle couvrait d'applaudissements ceux qui venaient l'entretenir de ces purs qui, sous les Césars de Rome, s'en allaient vivre dans les déserts. Cette guerre d'allusions malignes, qui bravait les sévérités de Thémis, mettait en fureur M. Granier de Cassagnac, un autre polémiste d'une rude force, qui s'écriait : « Nous comptons parmi nous une demi-douzaine de Coriolans qui s'en vont à l'Académie, comme l'autre s'en allait chez les Volsques, pour injurier et l'Empire et l'empereur. »

Cette guerre d'allusions ne cessa que dix ans après, lorsque l'Empire devint tout à fait libéral. Alors il y eut des capitulations, même aux *Débats*. Prévost-Paradol fut nommé ambassadeur et Weiss sous-secrétaire d'État. Le vieux Saint-Marc Girardin, Cuvillier-Fleury et M. Vitet ne voulurent rien entendre.

A la liste déjà longue de ces rédacteurs, il faut ajouter Jules Janin qu'on avait surnommé le prince de la critique. Il avait, en effet, régénéré la forme du feuilleton de théâtres du lundi, en faisant ce qu'on appelle des articles à côté. Lui aussi tonnait dans son feuilleton contre la tendance qu'avait le ministère d'État de vouloir absorber et diriger les théâtres subventionnés. Il ne se montrait pas clément pour ces danseuses, venues on ne sait d'où, qu'on imposait aux directeurs de l'Opéra.

Il faut ajouter M. John Lemoinne, un des esprits les plus fins et les plus délicats. Il est toujours rédacteur au *Journal des Débats*, mais, chemin faisant, il est devenu sénateur et membre de l'Académie française. Il est de ceux qui brillent partout où ils sont. Ses articles se distinguent par la clarté et l'originalité. Il y a de l'esprit de Marivaux dans ses *premiers Paris*.

Il y avait enfin aux *Débats* le savant M. Littré, M. Taine, Philarète Chasles, et bien d'autres écrivains de mérite.

Pour une foule de lecteurs qui n'ont pas inventé les pains à cacheter le *Journal des Débats* fut toujours un oracle. Il y a plus d'un demi-siècle qu'on tient pour certain tout ce qu'il affirme. Les conservateurs surtout ont eu foi en lui, et il n'y a que la foi qui sauve. On raconte qu'à ce propos, vers 1848, il y avait à Paris, rue Mauconseil, à l'enseigne du *Clair de lune*, un bonnetier nommé Bonnefoy, lecteur assidu du

Journal des Débats; un jour il lit dans les faits divers qu'un monsieur Bonnefoy, de la rue Mauconseil, a été renversé par une voiture et qu'il a reçu à la jambe une contusion qui le retiendra au lit pendant six jours. Il tâte sa jambe, ne ressent aucune douleur, mais comme son journal ne peut se tromper, il rentre chez lui et se met au lit pour six jours.

Un mot encore sur le *Courrier du dimanche.* Ce journal avait été fondé par Grégori Ganesco, un Valaque ou un Moldave très malin et plein de ressources. Cet homme, d'une activité fiévreuse, était partout; où qu'on allât, de bon matin ou très tard, dans les prisons, au Palais de justice, dans les ministères, à la Chambre, à la Bourse, dans les théâtres, on pouvait être certain de rencontrer Ganesco. Quand, par ordre de M. de Persigny, il dut s'éloigner de Paris, ce fut Villetard, collaborateur de mon ami Adolphe Bélot dans la comédie du *Testament de César Giraudot,* qui devint rédacteur en chef du *Courrier du dimanche.* Il y avait pour l'article politique trois grands ténors : Prévost-Paradol, Weiss et Hervé. Les chroniques touchant à la politique étaient faites par Louis Ulbach, Alfred Assolant, M. Delprat, un avocat poète qui pastichait Victor Hugo, on serait tenté de dire avec génie, et enfin les courriers d'en-tête par M. Ferdinand Duval, qui a de l'esprit jusqu'au bout des ongles, ce qui ne l'a pas empêché d'être préfet de la Gironde et de la Seine, et M. Lambert-Sainte-Croix, un dilettante qui est sénateur et, ce qui vaut mieux, est doué d'une gaieté et d'une belle humeur fort appréciées par ses nombreux amis. Quand tous avaient donné dans le même numéro, le *Courrier du dimanche* était une véritable branche de houx qui égratignait fort ceux qu'il prenait à parti.

Tous ceux qui boudaient l'Empire, comme M. Dufaure, le duc de Broglie, le comte d'Haussonville, le duc d'Audiffret, M. Casimir Perier, le duc Decazes, éprouvaient un plaisir extrême à lire le *Courrier du dimanche*.

J'en reviens au *Moniteur*.

L'Empire, malgré la force dont il disposait, malgré la sévérité des lois qui régissaient la presse, ne se dissimulait pas la force que pouvaient acquérir à un moment donné les adversaires qui le subissaient et ne l'acceptaient pas. C'est pourquoi il résolut de donner plus d'importance, plus de développement et plus de publicité au *Moniteur*, et si cela était possible d'en faire autre chose qu'un bulletin des lois. Il fallait pour cela le rendre intéressant, et à côté de la partie officielle ajouter une partie littéraire. D'abord il en abaissa le prix à quarante francs par an, puis en fit augmenter le format. Il fit un traité avec les trois directeurs, qui étaient M. Pankoucke, M. Turgan et M. Paul Dalloz. M. Pankoucke, gérant depuis très longtemps, était fatigué; mais les deux autres étaient jeunes et pleins d'ardeur. Aux termes de ce traité une partie des bénéfices réalisés devait être mise à la disposition du ministre d'État.

L'idée qu'avait le gouvernement était excellente ; par malheur le ministère d'État qui avait le *Moniteur* dans ses attributions n'osa point réaliser les réformes et les améliorations qu'on lui proposait. Il avait peur de tout. Il semblait redouter que le journal devînt intéressant. MM. Turgan et Paul Dalloz combattirent avec vigueur, et eurent toutes les peines du monde à triompher des scrupules puérils qu'on leur opposait. Cette fois, comme toujours, un ministre et les membres de son cabinet qui n'entendaient rien au journalisme empêchaient des journalistes de créer cet instrument puissant dont ils avaient senti la nécessité d'être armés. On discuta et on n'arriva à rien.

M. Turgan, présumant qu'il n'y avait rien à faire, ne céda pas, mais résista moins. Il était, il faut le dire, un type assez curieux. C'était un élève de Balzac. Il y a un mot à présent pour le définir. C'était un *tutti-foutiste qui ne croyait pas que cela fût arrivé.* Il prit philosophiquement son parti et laissa le ministère mal manœuvrer. Il avait toujours présent à la mémoire ce précepte de la Bruyère qui dit que pour réussir en ce monde il faut savoir se laisser enseigner les choses qu'on sait par ceux qui les ignorent. Mais M. Paul Dalloz ne lui ressemblait pas. On a dit de lui qu'il était un artiste égaré dans la politique. Il y a du vrai dans cette appréciation. Il est tenace, travailleur, et quand il a un but, bien fort serait celui qui l'empêcherait d'arriver. Et puis chacun de ses deux directeurs voyait le *Moniteur* sous un jour particulier. Pour M. Turgan le *Moniteur* était un palais dans lequel l'avait amené le hasard, pour M. Paul Dalloz c'était un fief qui depuis près d'un siècle était dans sa famille. Il est, comme on sait, très proche parent de madame Agasse qui l'a fondé et de M. Pankoucke qui le dirigea ensuite. Pour lui le

Moniteur était cette *Gazette nationale* fondée en 1789, sortie de dessous les presses qui avaient imprimé l'*Encyclopédie*. C'était la collection la plus précieuse pour servir à l'histoire contemporaine, c'était enfin pour lui, M. Dalloz, le digne pendant de cet autre monument élevé par son père M. Désiré Dalloz et son oncle, qui s'appelle le *Répertoire général de jurisprudence*, ouvrage qui contient la matière de quatre-vingts dictionnaires.

Il avait été le seul à soutenir qu'il devait y avoir dans le journal deux parties bien distinctes : la partie officielle appartenant sans réserve au gouvernement, puis une partie non officielle publiée sous la responsabilité des gérants. Sans cette division on pouvait prétendre, selon lui, que tout ce qui paraissait dans le journal avait une empreinte officielle : le feuilleton était officiel, l'appréciation faite du talent d'un comédien ou d'une danseuse était également officielle. Et puis, toujours selon M. Dalloz, qui ne changea jamais d'avis sur ce point, il importait à la dignité et à l'indépendance des écrivains qu'il en fût ainsi.

On ne voulut point l'écouter, et on ne vit dans cette distinction, pourtant si sage, si logique et si prudente, qu'une pure subtilité qui fit sourire les fortes têtes du ministère.

Mais il était écrit que les événements devaient, dans une circonstance grave, donner raison à M. Paul Dalloz. Ces événements se produisirent en 1858 après le complot d'Orsini. Le *Moniteur* publia toutes les adresses de félicitations adressées à l'empereur. Parmi ces adresses se trouvait celle des officiers de certains régiments qui, après avoir protesté de leur fidélité envers lui, rappelaient qu'ils étaient prêts à s'en aller combattre jusque dans leurs repaires ceux qui voulaient attenter à ses jours.

Le fait de l'insertion de cette adresse au *Moniteur* causa une très vive impression à Londres. Le ministre des affaires étrangères d'Angleterre, ayant vu là une sorte de menace, demanda des explications à M. de Persigny, alors ambassadeur près du Foreign Office. M. de Persigny en référa à Paris. On se tira de ce mauvais pas en objectant que la susdite adresse avait été insérée non dans la partie officielle du *Moniteur* dont le gouvernement était seul responsable, mais dans la partie non officielle, qui échappait à sa responsabilité. On rejeta l'imprudence sur les directeurs-gérants, qui avaient bon dos, et c'est ainsi que prit fin cet incident diplomatique qui tout d'abord s'annonçait fort mal.

M. Dalloz triomphait donc, et le ministère était bien forcé de reconnaître que cette distinction entre la partie officielle et la partie non officielle qu'il demandait avec tant d'insistance avait du bon. Par malheur, ainsi que l'a dit le poète :

> Le vrai peut quelquefois n'être pas de saison,
> Et c'est un très grand tort que d'avoir trop raison.

Malgré cette leçon, on ne continua pas moins d'exercer le contrôle le plus niais jusque sur les faits divers et les annonces. Je me rappelle qu'un jour dans les susdits faits divers on racontait qu'une femme avait été heurtée par une voiture et blessée au sein droit. On fit monter tout exprès un cavalier à cheval pour venir quai Voltaire nous donner l'ordre de substituer le mot *côté droit* au mot *sein droit*. Et il y a des gens qui ont prétendu que la France n'avait pas toujours été bien gouvernée. Ceci — il faut préciser — se passait plus tard, alors que M. de Lavalette avait, comme ministre de l'intérieur, le *Moniteur* dans ses attributions, car, disons-le en passant, l'organe officiel oscillait d'un ministère à un autre. Tous les ministres, même celui du commerce, auraient voulu présider aux destinées du *Moniteur* et de l'Opéra.

M. Fould, comme ministre d'État, gouverna le *Moniteur* jusqu'au mois de novembre 1860, époque à laquelle le comte Walewski le remplaça. La rédaction était aussi brillante que celle des *Débats*. Le feuilleton et les *Variétés*, qu'on inaugurait, avaient été confiés à Sainte-Beuve, à Mérimée, à Rolle, à Edmond About, à Méry, à Fiorentino, qui écrivait sous le nom de Rovray, puis bientôt après à Théophile Gautier, à Louis de Cormenin, Henri Lavoix, Emile Montégut.

On publia les *Mariages de Paris* et autres romans très vifs d'Edmond About, puis la *Question romaine*, qui fut interrompue par ordre supérieur. C'est vers cette époque que Théophile Gautier publia ses magnifiques articles sur le Parthénon, sur le temple de la Victoire aptère, et sur les autres ruines célèbres de la Grèce. Le *Moniteur*, devenu intéressant, conquit de nombreux abonnés. L'empereur lui-même s'informait des progrès du journal.

Un jour il demanda à M. Fould si, à Lyon, par

exemple, le *Moniteur* comptait autant d'abonnés que le *Siècle*. M. Fould lui répondit que non. Cela tenait, selon le ministre d'État, à ce que le *Siècle* offrait à ses lecteurs des renseignements plus vifs et plus intéressants. Vite l'empereur invita M. Fould à laisser plus de liberté aux directeurs du *Moniteur*. Le journal devint plus éveillé et l'abonnement monta. Mais deux ou trois mois plus tard une dame d'honneur, en bavardant avec l'impératrice, lui racontait qu'elle avait trouvé des choses singulières dans le journal. On signalait le fait à l'empereur, qui en parlait au ministre d'État. Alors M. Fould faisait comparaître MM. Turgan et Dalloz et se fâchait. Ces messieurs, de retour à la rédaction, recommandaient à tous les rédacteurs de mettre une sourdine à leur plume. Désormais, comme feuilleton, on ne devrait plus publier que des berquinades. Le *Moniteur*, loin de monter, baissait. Théophile Gautier, malgré son grand talent, se conformait à l'ordonnance. Un jour, en rendant compte d'un livre qu'Arsène Houssaye avait publié sur les *Charmettes*, j'avais dit de madame de Warens, aimée de Rousseau, que cette femme aurait dû à la fragilité de sa vertu l'honneur de passer à la postérité. Au ministère on raya cette phrase de mon article. J'en fus désolé. Alors Gautier, pour me consoler, me dit avec sa sérénité habituelle : « Quand tu écris pour le *Moniteur*, organe officiel, sois plat. Les punaises ont deux peaux, tâche de n'en avoir qu'une. » Tel fut le cercle vicieux dans lequel on ne cessa de tourner.

M. Fould était un singulier homme, un mélange de politesse et de froideur. Lorsque le soir, très tard,

12.

j'allais par hasard lui porter dans sa chambre les épreuves du *Moniteur*, il me saluait à peine. Je craignais toujours qu'il ne brulât le Louvre avec sa manie de jeter son cigare allumé dans son panier à papier. Quelquefois il rentrait fort tard et je devais l'attendre. Son huissier prenait alors un air malin, et me disait tout bas à l'oreille où Son Excellence s'attardait.

Au ministère d'État, à cette époque, on allait souvent à Cythère.

M. Fould était très bon quand on savait le prendre. Un jour, Henri Lavoix, qui le connaissait beaucoup, vint lui demander un secours de quinze cents francs pour un écrivain malheureux chargé d'élever deux enfants malades qu'il devait conduire au bord de la mer. M. Fould demanda à Lavoix si cet écrivain avait du talent. Lavoix se mit à sourire. « C'est vrai, dit M. Fould, je suis fixé, si votre protégé avait du talent, il ne me demanderait pas quinze cents francs. Tenez, en voici deux mille pour soigner sa progéniture. »

Il avait pour secrétaire général M. Pelletier, celui-là se croyait sorti de la cuisse de Jupiter. Il se peut qu'il ait été aimable dans les boudoirs, je ne m'en suis jamais aperçu. On semblait le scandaliser quand on comparaissait devant lui. Ses amis affirmaient qu'il avait beaucoup d'esprit et qu'il le faisait voir dans l'intimité. Je veux bien le croire. En tout cas, il le cachait avec un soin qui ne se démentit jamais.

J'eus souvent l'honneur de voir M. le secrétaire

général. Jamais il ne me donna la preuve de cet esprit, qu'il réservait pour une meilleure occasion. Il parlait à peine, et il était surtout d'un laconisme absolu quand il donnait des ordres.

*
* *

J'aimais bien mieux le baron de Soubeyran, qui était chef de cabinet du ministre ; avec celui-là, on pouvait discuter et s'entendre. Il avait l'abord un peu froid, mais il était trop spirituel pour ne pas sourire dans sa barbe de certaines prescriptions qu'il était chargé de faire aux directeurs du *Moniteur*. Il nous disait : « Vous avez tort, » mais, *intus et in cute*, il pensait que nous avions raison. Sans pour cela manquer de fermeté, il était aimable et cédait tout ce qu'on peut céder sans inconvénient. M. de Soubeyran était alors tout jeune : il a prouvé depuis tout ce qu'il valait ; il est député et grand financier, et n'en fut pas réduit, comme M. Pelletier, à aller s'enterrer vivant dans le tombeau de la Cour des comptes.

MM. Turgan et Paul Dalloz, convaincus que je n'étais pas un intrigant, m'avaient fait une situation très agréable au journal. J'écrivais des articles de bibliographie, et je m'en allais assister aux inaugurations.

J'entrepris un voyage très long ; je m'en allai dans les chefs-lieux de tous les départements visiter les correspondants du *Moniteur*, et les inviter à télégraphier à nos frais tout ce qui se passerait d'intéressant chez eux. J'appris ainsi la géographie de mon pays. Si c'était agréable de séjourner à Lyon, à Marseille, à Bordeaux, à Strasbourg et à Lille, c'était en revanche bien pénible de passer à Tulle, à Gap, à Digne et surtout à Vannes et à Alençon, les deux villes les plus ennuyeuses de France. Il faut y être allé pour se faire une idée de la tristesse qu'elles sont capables d'inspirer, même à l'esprit le plus vif et le moins difficile. J'ai toujours pensé qu'il serait juste d'accorder un supplément de traitement aux fonctionnaires exilés dans ces deux villes.

Le 24 novembre 1860, la comte Walewski devint ministre d'État à la place de M. Fould. Il entra aux affaires pour contresigner le premier décret libéral de l'Empire. Par ce décret, l'empereur, « voulant donner aux grands corps de l'État une participation plus directe à la politique générale du gouvernement et un témoignage éclatant de sa confiance », accordait au Sénat et au Corps législatif le droit de voter une adresse en réponse au discours de la couronne, et décidait que les débats des deux Chambres seraient publiés et reproduits *in extenso* au *Moniteur*. L'Empire acceptait désormais le régime parlementaire. Les succès obtenus par l'empereur en Italie, où il était allé prendre le commandement de ses armées, contribuèrent évidemment à cet acte de libéralisme. On allait entrer dans une ère nouvelle. Je n'ai rien à dire de cette glorieuse campagne d'Italie, qui est dans toutes les mémoires.

Les directeurs du *Moniteur* durent se mettre en rapport avec M. Troplong, président du Sénat, et M. de Morny, président du Corps législatif, et, d'accord avec eux, reconstituer le service de la sténographie; les sténographes ne s'improvisent pas. On en revint aux anciens, à ceux qui, sous la République de 1848 et sous le gouvernement de Juillet, étaient attachés au journal.

Je fus désigné pour assister à toutes les séances du Corps législatif et servir d'intermédiaire entre les orateurs qui avaient parlé et le *Moniteur*. M. de Morny m'accorda la faveur de circuler librement partout dans le palais législatif, et de prendre place pendant les séances au pied de la tribune. Je fus très heureux d'être chargé de ces fonctions, qui me permettaient de connaître les hommes de l'Empire aussi intimement que j'avais connu ceux de la République. Je retrouvai d'ailleurs beaucoup de ces derniers. En France il y a des gens qui sont de tous les régimes.

Le comte Walewski était un homme charmant. Il ressemblait à Napoléon Ier, qui était, dit-on, pour quelque chose dans sa naissance. Avant d'être un grand personnage politique, il avait été l'un des plus brillants cavaliers de Paris, rival de M. Paul Daru et du comte d'Orsay, l'arbitre suprême du bon ton et des belles manières.

Il avait écrit l'*École du monde*, une comédie en cinq actes jouée au Théâtre-Français. Il aimait beaucoup les écrivains et les artistes et se proposait de se conduire envers eux en Mécène. Il était très généreux et avait surtout ce mérite de prêter beaucoup d'attention aux débutants qui promettaient. C'était un classique qui, dès qu'il fut installé dans son ministère, fit venir Théophile Gautier, qui rédigeait le feuilleton des théâtres au *Moniteur*, et le pria de parler beaucoup de Molière, de Corneille et de Racine. Selon lui, et il avait bon goût, le *Misanthrope*, *Amphytrion*, *Esther* étaient des œuvres toujours nouvelles, dont on ne devait point cesser de signaler les beautés. Gautier se conforma à son désir d'autant plus facilement qu'il n'avait point à parler de Victor Hugo, dont le répertoire était interdit.

Il y avait beaucoup d'élégance dans sa personne. Il était affable et recevait tout le monde avec la plus parfaite courtoisie. Et puis il avait du savoir faire et de la mise en scène, ce qui doublait le prix de ses faveurs et de ses attentions. Il était resté très lié avec M. Thiers, qui lui rendait visite souvent. Quand il arrivait, M. Thiers avait le soin de bien faire remarquer à l'huissier qu'il venait voir, non Son Excellence le ministre d'État, mais le comte Walewski.

Chaque soir, vers six heures, je remettais au ministre un compte rendu de la séance du Corps législatif qu'il portait à l'empereur ; ce compte rendu était exact. Il avait été convenu que je dirais toujours la vérité et que je constaterais bien fidèlement lequel du ministère ou de l'opposition avait eu l'avantage et les honneurs de la journée. Que de fois m'est-il arrivé de signaler la grande éloquence de Jules Favre et l'esprit incisif et malin d'Ernest Picard !

Il y avait dix ans que la tribune politique était muette en France. De 1852 à 1861 on sut à peine ce qui se passait dans les Chambres. Aussi ce fut un spectacle curieux de voir le Corps législatif se réunir, pour la première fois, en face de cette tribune relevée et devant les galeries remplies de spectateurs et de curieux.

M. de Morny présidait. Les députés réunis dans leurs bureaux nommèrent une commissisn chargée de répondre au discours de l'empereur. Ce rapporteur fut M. Granier de Cassagnac, qui fit preuve [de beaucoup de talent. Il n'y avait ni centre gauche, ni centre droit, ni droite. Il y avait une droite, puis une extrême gauche composée de cinq députés républicains qui étaient Jules Favre, Ernest Picard, Hénon, Darimon et Émile Ollivier.

Les discussions s'engageaient, et d'avance on connaissait le résultat final. Tous les députés votaient *pour ;* seuls, les cinq que je viens de nommer votaient *contre*, mais ces cinq donnaient beaucoup de fil à retordre à M. Billault, ministre sans portefeuille, qui parlait au nom du gouvernement. Les cinq étaient toujours sur la brèche, forçant la Chambre à procéder à des scrutins inutiles. Pendant cette période Émile Ollivier, Jules Favre et Picard combattirent *unguibus et rostro* et prouvèrent qu'ils étaient de véritables orateurs. Dans les fastes parlementaires *les Cinq* resteront, et on ne pourra s'empêcher de rendre justice à leur ténacité et à leur courage. Les luttes furent d'ailleurs toujours très courtoises. M. Billault, dans les couloirs, conversait volontiers avec ces rudes champions, et pardonnait à Émile Ollivier les allusions malignes qu'en toute occasion il faisait à cette opposition que jadis ce même M. Billault avait faite au gouvernement du roi Louis-Philippe. Dans la droite il y avait deux orateurs : M. Granier de Cassagnac, et M. Keller qui était le champion de la papauté.

Ainsi qu'on le conçoit, les débats du Corps législatif étaient, malgré ces franchises nouvelles, un peu monotones. Cette opposition imperceptible était écrasée par la majorité formidable. Ce ne fut qu'après les élections du mois de mai 1863 que les adversaires du gouvernement purent prétendre à quelque succès. Cependant, dès les premiers jours, il y eut de brillantes escarmouches. M. Émile Ollivier prononça, à propos des nouvelles prérogatives accordées aux Chambres, un magnifique discours sur la liberté. Il faut aussi signaler un discours de M. Keller, un débutant, qui parla en faveur de la papauté que menaçait, selon lui, cette unification de l'Italie à laquelle nous avions prêté les mains par notre intervention armée.

Ces élections de mai 1863 valurent à l'opposition d'importantes recrues. On se compta à gauche, et au lieu de cinq, on fut de trente à trente-cinq, parmi lesquels il faut citer MM. Thiers, Marie, Berryer, Lanjuinais, Jules Simon, Pelletan, Guéroult, Ségris, Marmier, Dorian, Lambrecht, etc. La session fut très orageuse, et ce n'était pas une tâche facile que d'en diriger les débats. M. de Morny s'en tira avec un tact et une habileté auxquels ses adversaires politiques eux-mêmes rendirent justice. Comme président, il eut des reparties et des à-propos qui apaisèrent bien des tempêtes.

Lorsqu'il y avait eu des incidents graves pendant le cours d'une séance, je m'en allais trouver M. de

Morny dans son appartement, et lui porter les feuillets de la sténographie dont je lui donnais lecture. Pendant ce temps-là M. de Morny s'habillait et mettait son habit noir et sa cravate blanche pour s'en aller dans le monde. Je l'ai vu pendant trois ans dans les négligés les plus complets.

C'était un singulier homme. Il écrivait avec une facilité étonnante, mais il lui était impossible de parler. Il n'avait pas le don de l'improvisation. Un jour il céda la présidence à l'un des vice-présidents pour prendre la parole et répondre à M. Jules Favre qui avait attaqué d'une façon très violente l'empereur Alexandre II de Russie. M. de Morny voulut prouver qu'Alexandre, émancipateur des serfs, était pour la Russie un souverain libéral. Il rappela qu'il l'avait approché à Moscou où il était allé, comme ambassadeur de France, assister à son sacre. L'intention était excellente, mais M. de Morny ne fit aucun effet, tant il éprouvait de difficulté à parler.

On a dit bien des choses sur lui, et il ne pouvait en être autrement, parce qu'il a joué un rôle considérable. Il était, comme on sait, frère utérin de l'empereur. On essayait bien d'en faire un secret, mais ce n'était que le secret de Polichinelle. Il était fort élégant de sa personne, il avait grand air et avec cela des manières exquises qu'il devait à la femme supérieure qui l'avait élevé. Il savait faire les honneurs d'un palais. Il aimait les artistes et les gens de lettres; avec cela, brave et presque chevaleresque. C'est lui qui décida l'empereur à faire le coup d'État, lui offrant d'en prendre toute la responsabilité. On se rappelle le mot qu'il lui dit au palais de l'Élysée le 1er décembre, à minuit, alors qu'on allait procéder dans Paris à l'arrestation nocturne de tous les représentants : « Quoi qu'il arrive, dit-il au prince Louis-Napoléon, vous êtes sûr demain matin d'avoir une sentinelle à votre porte. »

M. de Morny n'oublia jamais ses amis. Il avait connu et aimé les princes d'Orléans. Il s'en souvint et, le 20 janvier 1852, donna sa démission de ministre de l'intérieur parce qu'il n'approuvait pas le décret qui spoliait les fils du roi Louis-Philippe.

Je ne ferai qu'un reproche à M. de Morny : c'est l'affectation qu'il mettait à ne parler que du bon ton, et la tendance qu'il avait dans l'intimité à donner sans cesse des leçons de tenue, de langage et de maintien. Cette manie, très étrange de sa part, le faisait ressembler à ceux qui ne sachant rien, et ayant appris quelque chose dans la journée, en font parade le soir. Il était sous ce rapport très inférieur au comte d'Orsay. La nature, a dit un sage, fait toujours payer ses grands dons par de petites faiblesses ; cela était surtout vrai pour lui. Enfin j'ai encore un reproche à lui faire : le roman des *Misérables* de Victor Hugo l'endormait, mais il veillait pour s'occuper de petites farces destinées au théâtre des Bouffes-Parisiens. Il savait, par exemple, s'entourer de gens d'esprit. Il l'a prouvé. Il avait pour secrétaire particulier M. Lépine qui plus tard, sous le nom de *Quatrelle*, a écrit de fort jolies choses. Il faut aussi citer Nestor Roqueplan, Arsène Houssaye, Ludovic Halévy, Ernest et Alphonse Daudet, qui débutaient dans les lettres ; puis Hector Crémieux et Charles Dosgny.

A la cour (quand il y en a une) comme à la ville, on se déteste et on se joue de mauvais tours. M. de Morny détestait M. Walewski. Pourquoi? Je n'ai jamais pu le savoir, mais j'en fus un peu victime, et voici dans quelles circonstances :

M. de Morny aimait beaucoup les Russes en général, et en particulier ceux attachés à l'ambassade. Parmi ceux-là, il y en avait un appelé Paskewich, un charmant garçon, qui, vers 1861 et 1862, s'intéressait beaucoup à une très jolie personne appelée Juliette Bau. Un jour, la belle Juliette se sentit prise du besoin de jouer la comédie. Elle étudia et fit des progrès tels, que le directeur du théâtre du Vaudeville n'hésita pas à lui confier un grand rôle dans une pièce intitulée *l'Attaché d'ambassade*, de mon ami Henri Meilhac. Elle obtint un succès mérité. M. de Morny, qui la protégeait, me pria de la louanger sans réserve dans le feuilleton dramatique du *Moniteur*, que je rédigeais à ce moment-là en qualité de doublure de Théophile Gautier qui voyageait en Russie. Je fis un éloge complet de la débutante. Le lendemain, quelle ne fut pas ma surprise, en constatant que mon feuilleton avait été modifié en plusieurs endroits et qu'on avait appliqué une sourdine à mes enthousiasmes. C'était au ministère d'État, dans le cabinet de M. Walewski, qu'on avait changé ce que j'avais écrit, alors qu'on avait apporté les épreuves du *Moniteur;* et, en modifiant ma prose, on n'avait eu d'autre intention que de taquiner M. de Morny, qu'on savait très sympathique à la jeune comédienne.

J'allai au-devant de l'explication. Je portai à M. de

Morny l'épreuve du feuilleton que j'avais écrit, ce qui lui permit de constater les ravages. Il fut alors édifié, et reconnut que je lui avais tenu parole. Mais j'avais compté sans le ministère d'État. Il parut très contrarié, et me dit en pinçant les lèvres : « Walewski me le payera. » Les comédiens du Vaudeville eurent connaissance de l'incident, et on jasa beaucoup au foyer des artistes.

Au ministère d'État on persévéra dans cette petite guerre contre M. de Morny. On nomma, sans crier gare, un directeur de l'Opéra-Comique. Cette nomination précipitée coûta cher à deux ou trois banquiers amis de M. de Morny, parmi lesquels se trouvait M. de Salamanca.

Cette session de 1863 fut très chaude : M. Billault eut à lutter, presque seul, contre les douze ou quinze orateurs de la gauche. Il sut parler avec éloquence et prouver qu'il était un homme d'État. On rendait justice à son tact et à sa modération, qui n'excluaient pas la fermeté. Il ne se montra jamais ni violent ni cassant. Il tenait à persuader et y arrivait toujours à force de finesse et de courtoisie.

L'empereur le nomma ministre d'État, à la place du comte Walewski. Par le même décret, M. Boudet était nommé ministre de l'intérieur avec le *Moniteur* dans ses attributions.

M. Billault mourut presque subitement le 16 octobre de la même année, et M. Rouher était nommé ministre d'État à sa place, et chargé de prendre la parole devant les Chambres.

Ces changements amenèrent une petite révolution

dans le *Moniteur*. M. Turgan donna sa démission et depuis s'est consacré tout entier à la belle et savante publication de ses *Grandes Usines*, et M. Dalloz resta seul directeur. Il fit avec M. Boudet un nouveau traité moins léonin que ceux qu'on avait signés avec M. Fould et M. Walewski, et obtint enfin l'autorisation de fonder le *Petit Moniteur du soir*, qui pouvait être dans les mains du gouvernement une arme très précieuse et un merveilleux moyen de propagande. M. Boudet était un légiste très savant, d'une honnêteté farouche. Il était un peu brutal, mais très juste. On l'appelait avec raison le bourru bienfaisant.

J'ai parlé des ministres qui n'étaient pas toujours aimables; je dois, pour être impartial, parler aussi de ceux avec lesquels les rapports étaient charmants. M. Drouyn de Lhuys, ministre des affaires étrangères, doit être rangé parmi ceux-là. C'était, comme on sait, un lettré qui écrivait avec autant de pureté que d'élégance. Quand il publiait une circulaire dans le *Moniteur* il fallait lui remettre trois épreuves successives.

Le 11 novembre 1863, il fit insérer dans l'organe officiel une proposition adressée par l'empereur à tous les souverains de l'Europe. Il fut convenu qu'à minuit j'irais trouver le ministre au quai d'Orsay, pour lui soumettre la dernière épreuve. M. Drouyn de Lhuys était couché. Il se leva, revit le travail et fit un petit changement par suite duquel le mot *quelque* qui commençait une phrase ne la commençait plus. Le *Q* du mot *quelque* ne devait plus être majuscule. Il appela toute mon attention sur ce changement. Je le quittai; mais à peine étais-je sorti, qu'il ouvrit la porte de sa chambre qui donnait sur le grand escalier d'honneur du palais du quai d'Orsay, et, coiffé de son bonnet de coton, tenant une bougie à la main, il m'appela et me dit : « Surtout, monsieur, n'oubliez pas le petit *q*. » L'huissier qui m'éclairait pouffait de rire et moi aussi. Il était minuit, je le répète, et il n'y avait heureusement nul ambassadeur dans l'escalier.

*
* *

Dans ce temps-là, on s'amusait beaucoup en France. Si l'Empire n'accordait pas beaucoup de liberté, en revanche il offrait beaucoup de sécurité. Il mécontentait les libéraux qui s'occupaient de politique, mais le mécontentement n'était pas général; et n'était nullement éprouvé par ceux, si nombreux en ce monde, qui rêvent avant tout de vivre gaiement et tranquillement et qui se soucient peu de la politique. Les Parisiens, qu'Henri Heine a si parfaitement appelés *les comédiens ordinaires du bon Dieu*, étaient tout à leur plaisir. Les affaires étaient actives, et on gagnait facilement de l'argent. Les étrangers affluaient et nous apportaient leurs écus, afin de pouvoir savourer avec nous nos plaisirs. En signalant cette situation, je n'approuve pas, je constate, et je n'entends en aucune façon contredire ceux qui s'indignaient de ce qu'on a appelé la corruption de l'Empire. D'ailleurs en politique, ainsi que l'a dit Alphonse Karr, plus ça change plus c'est la même chose, vérité qu'il faudrait être aveugle pour méconnaître.

Or donc, on s'amusait beaucoup. Les théâtres, qui tiennent une si grande place, on pourrait dire une trop grande place dans notre existence, étaient tous florissants. À l'Opéra, on interprétait les chefs-d'œuvre du grand répertoire, mais les œuvres nouvelles faisaient défaut. *Herculanum* était ennuyeux, la *Magicienne* médiocre et *Pierre de Médicis* détestable. Le ténor Guémard, qui tenait le premier emploi, n'allait pas à la cheville de Nourrit, de Duprez, ni même de Poultier. La danse était plus brillante. Deux étoiles, la Rosati et la Ferraris, se disputaient les faveurs du public. L'opinion que je porte sur l'Opéra était celle d'Alphonse Royer qui en était alors le directeur. Royer était un indolent laborieux. Il avait beaucoup de talent, et faisait avec infiniment de tact, aux journalistes ses collègues, les honneurs des coulisses de l'Académie impériale de musique. C'était un excellent directeur de théâtre, qui se prêtait aux caprices des ministres des beaux-arts parce qu'il ne pouvait faire autrement, mais qui avait le courage de les avertir qu'ils se trompaient. Que d'argent il compta à des artistes bien en cour qu'il dut engager et qui ne chantèrent et ne dansèrent jamais parce qu'elles étaient insuffisantes. Généralement ces intéressantes personnes avaient enseigné la musique ou la danse à l'impératrice alors qu'elle n'était encore que la comtesse Théba de Montijo.

Il y avait dans le corps de ballet de fort jolies personnes qui, pendant la représentation, s'en venaient lutiner M. Véron et M. Auber dans la petite loge qu'ils occupaient sur la scène. M. Véron, qui avait été directeur de l'Opéra, était là comme chez lui. Auber et lui venaient pour digérer. Quand M. Véron montait l'escalier des coulisses, il lui arrivait de rencontrer de petites danseuses. Alors il les prenait plus bas que la taille, et d'une voix un peu épaisse il leur disait : « Est-ce que nous n'aurons pas l'honneur de voir ce soir madame votre mère? »

Auber fut, comme on sait, pendant plus d'un demi-siècle, une des physionomies les plus originales de Paris. Il m'a été permis de le voir beaucoup et de passer de longues heures avec lui.

Il avait horreur de la campagne. A partir du jour où sa réputation de musicien fut faite, il ne quitta, pour ainsi dire, plus Paris; il vécut sur les boulevards, au bois de Boulogne, et le soir dans le monde ou dans les théâtres.

Tout ce que M. Auber pouvait faire, c'était d'aller dîner à la campagne, à la condition de rentrer le soir chez lui. Il avait horreur de découcher. Il aima passionnément, c'est lui qui me l'a dit, les dames, les chevaux et les tableaux.

C'était un causeur étincelant qui était gai tant qu'il parlait, mais qui devenait triste et morose quand il était seul. Lui-même m'a dit souvent qu'il avait en vain cherché les causes de ce changement subit. Tout Paris a pu constater les rêveries mélancoliques auxquelles il s'abandonnait. Alors il ne pensait plus et se livrait tout entier avec un certain charme à un quiétisme complet. Il habita très longtemps un appartement au premier étage, situé rue Saint-Georges. C'est même là qu'il mourut en 1871, pendant la durée de la Commune. Qui, passant par là, ne l'a point vu en robe de chambre, appuyé à son balcon? Il passait là des heures dans une immobilité complète qui le faisait ressembler à une statue. Les bruits de la rue ne le préoccupaient en rien. En examinant ces yeux graves et noirs, cette physionomie fatale comme celle d'Hamlet, on n'aurait jamais pu deviner que c'était l'homme qui avait composé cette musique vive, légère, joyeuse, qu'on entendait fredonner partout.

Peut-être bien parce qu'il était membre de l'Institut, directeur du Conservatoire, grand officier de la Légion d'honneur et compositeur populaire, il n'avait ni envie, ni vanité, ni amour-propre. Il disait du bien de tous ses confrères, et n'aimait pas qu'on insistât sur le mérite de ses œuvres.

Ce qui pourra paraître étrange, et ce qui est vrai pourtant, c'est que ce travailleur fécond, ses œuvres sont là pour le prouver, était avant tout paresseux. Même ses succès ne pouvaient avoir raison de sa paresse. Un jour, pour me le prouver, il m'emmena chez lui, et me fit voir le premier brouillon de sa partition de *Fra-Diavolo*. « Voyez, me dit-il en me montrant une certaine page, à cet endroit l'inspiration ne me faisait pas défaut, et cependant je me suis endormi, et ma main alourdie par le sommeil a écrasé ma plume et fait ce pâté d'encre qui est resté là. » M. Auber semblait mettre à montrer cette preuve de sa paresse autant de coquetterie que d'autres en font voir pour prouver leur dévorante activiét.

Tant que son âge le lui permit, il monta à cheval et s'en allait au bois de Boulogne par les boulevards et les Champs-Élysées. On pouvait être sûr de le voir passer tous les jours au coin de la rue Taitbout. Plus tard, forcé de renoncer à l'exercice du cheval, il s'en allait seul dans un coupé ou dans une victoria jaune faire sa promenade.

Il avait, ainsi qu'on le devine, les plus belles relations. Le monde entier le connaissait. On l'attirait partout. Mais même quand il dînait en ville, il s'arrangeait de façon à finir sa soirée au spectacle. On ne saurait dire combien de fois il a entendu la *Juive*, les *Huguenots* et *Guillaume Tell*. Il ne désertait l'Opéra que quand on jouait ses œuvres. Cela, par exemple, lui était impossible à l'Opéra-Comique, où pendant si longtemps on le joua... tous les soirs.

Il est vrai qu'il suivait peu la pièce, et qu'il lui arrivait parfois de s'endormir dans sa stalle, mais c'était rare qu'il fût à cette place. Presque toujours il occupait, ainsi que je l'ai dit, une petite avant-scène sur la scène avec le docteur Véron. Alors ils se livraient au sommeil et en arrivaient à un duo de ronflement que nul dans les coulisses n'aurait voulu interrompre. M. Auber avait des réveils superbes. A peine avait-il ouvert les yeux qu'il appelait une danseuse ou une chanteuse pour lui adresser de charmants madrigaux.

M. Auber, toujours affable, ne se plaignait jamais, si ce n'est au mois de juillet, alors qu'en sa qualité de directeur il lui fallait présider les concours et les examens du Conservatoire. Cette perspective mettait son système nerveux en fureur. Selon lui, il ne pouvait y avoir de plus grand supplice que celui consistant à écouter dans une salle chauffée à 35 degrés de chaleur la même sonate exécutée quarante fois de suite par de petites écolières. Il sortait de là fou et ahuri et se livrant à des sorties contre la lyre d'Orphée. Il se tamponnait les oreilles pour n'entendre aucun bruit, et se sauvait respirer au bois de Boulogne.

La figure d'Auber eût été gravée sur les pièces de monnaie, qu'elle n'aurait pas été plus connue. Aux premières représentations, il était entouré et fêté par tout le monde. Alors sa physionomie grave devenait souriante. Il était très sensible à ces hommages et se sentait heureux. Pour lui ses amis et ses admirateurs remplaçaient la famille, car on sait qu'il était resté garçon et qu'il avait survécu à tous ses parents.

Il avait le pressentiment qu'il vivrait très vieux. Quittant les obsèques de Meyerbeer il s'écria : « Maintenant, c'est au tour de Rossini »; puis après celles de Rossini, il s'écria: «C'est au tour de Berlioz.» Quand il écrivit le *Dernier Jour de bonheur* à l'Opéra-Comique, M. d'Ennery, l'auteur du livret, lui disait : « Vous êtes heureux, monsieur Auber, vous avez passé l'âge où l'on meurt. » Ce mot le ravissait.

En effet, il se tint parole et mourut presque nonagénaire, mais jouissant de toutes ses facultés intellectuelles.

On lui a élevé une statue à Caen où il est né par hasard, mais la vraie place de cette statue est à Paris.

Rossini et Meyerbeer avaient d'autres habitudes. Ils ne s'en allaient point dormir le soir à l'Opéra, mais, pendant le jour on les voyait errer le long du théâtre situé alors rue Le Peletier, et lire les affiches pour voir si on les jouait, ou si on allait prochainement les jouer. Quand je surprenais Rossini faisant sa petite ronde, il se mettait à rire, puis m'entraînait chez lui. Il habitait le bel appartement situé au premier, au coin du boulevard et de la rue de la Chaussée-d'Antin. Une fois rentré, il ôtait son toupet, ce qui me permettait de voir son crâne séparé de son dernier cheveu. Il s'enveloppait la tête dans un mouchoir de batiste et se mettait dans son fauteuil. Alors il me racontait toute sorte d'histoires de sa jeunesse et me décrivait la beauté de la femme dont il était amoureux lorsqu'il a composé le *Barbier*. Je lui demandai quelle était de toutes les cantatrices celle qui avait le mieux chanté Rosine. Il prenait un air goguenard et me disait que c'était la Patti. Le vieux malin n'en pensait pas un mot. Je le quittais après une visite d'un quart d'heure pour lui permettre de faire sa sieste.

Il voyait souvent Meyerbeer et Auber. Il les recevait dans sa campagne de Passy. Étant tous les trois spirituels et sceptiques, ils pouvaient s'entendre. Ces réunions étaient charmantes, mais presque toujours troublées par les incartades de madame Rossini, qui n'était pas la fleur de la distinction. Qu'on en juge plutôt :

Un soir, après le dîner, M. Gounod, que Rossini aimait et estimait beaucoup, se mit au piano et s'avisa de jouer un fragment de Chopin. Madame Rossini vint l'arrêter en lui disant: « Ici, monsieur Gounod, apprenez qu'on ne joue pas de la musique de M. Rossini. » Pour faire oublier cette légère impertinence, Rossini, qui était près de Meyerbeer, le prit dans ses bras et lui dit : « Ah! maestro, je vieillis bien!— Non, reprit Meyerbeer, seulement vous vous écoutez trop. »

Rossini mourut dans d'atroces souffrances. On eût dit qu'un feu intérieur le dévorait. Il rendit le dernier soupir dans les bras de Gustave Doré.

C'était Fiorentino qui, dans le *Moniteur* et le *Constitutionnel*, rendait compte des théâtres de musique. Ses feuilletons étaient remplis de doubles-fonds. Voici ce que j'entends par là : il devait tenir dans une admiration égale la Rosati et la Ferraris et décerner à l'une autant d'éloges qu'à l'autre. Cela résultait de conventions particulières passées entre ce critique et ces deux étoiles. Aussi, quand il parlait d'elles, il y avait à leur adresse respective le même nombre d'adjectifs laudatifs. Il s'était interdit le droit d'avoir une préférence. Il en était de même dans beaucoup d'autres théâtres.

La Comédie française était aussi fort brillante aux alentours de l'année 1860. Arsène Houssaye, comme directeur, l'avait, quelques années auparavant, bien conduite. Ce romantique à tous crins se montra juste et déférent pour les classiques, même pour M. Scribe et ses lourdes comédies. Car, disons-le en passant, ce qu'il y a d'inférieur dans l'œuvre considérable de Scribe, ce sont les pièces qu'il donna aux Français. Il est et restera le roi du libretto; personne, pas même Quinault, ne sut écrire aussi bien que lui les paroles d'un opéra. *Robert le Diable*, les *Huguenots*, la *Juive*, le *Prophète*, la *Dame Blanche* et bien d'autres encore sont les modèles du genre; mais le *Verre d'eau* et *Bataille de dames* n'enrichissent pas précisément le répertoire de la Comédie française. Scribe restera comme le plus étonnant et le plus prodigieux des charpentiers dramatiques. Son grand tort fut de ne pas savoir écrire. La forme, chez lui, n'était pas.

A propos de M. Scribe, j'ouvre une parenthèse. C'était un puissant travailleur qui, pendant un demi-siècle, n'obtint que des succès. Il y avait, dans sa façon de composer, quelque chose de terre à terre qui allait à tout le monde. Il était, dans la conversation, plus aimable que spirituel. J'eus le plaisir de le voir très souvent et de passer avec lui une saison à Vichy.

Il fut, de son vivant, très attaqué. Théophile Gautier, Nestor Roqueplan, Paul de Saint-Victor et Aubryet ne lui épargnèrent pas les critiques; Royer-Collard, le professeur de l'Ecole de médecine, ne pouvait admettre ses incorrections. Il fit un petit recueil intitulé : *Monsieur Scribe devant Lhomond*, dans lequel il avait relevé toutes ses fautes de français. Bien que l'admirant peu, je ne fis jamais chorus avec eux. Mais je suis forcé de reconnaître qu'il prêtait à la critique autant par ses légèretés que par ses incorrections. La plus forte de ses légèretés, c'est à ne pas le croire, se trouve dans son discours de réception à l'Académie française. Je vais citer textuellement. Dans ce discours, parlant du rôle de l'auteur comique et du devoir qu'il y a pour lui à refléter les mœurs de son temps, il a dit : « Je ne crois pas que dans Molière on puisse trouver l'histoire de notre pays. La comédie de Molière ou de ses contemporains nous instruit-elle des grands événements du siècle de Louis XIV? Nous dit-elle un mot des erreurs, des faiblesses ou des fautes de ce grand roi? Nous parle-t-elle de *la révocation de l'édit de Nantes?* » Voilà ce que M. Scribe a dit sous la coupole de l'Institut en présence de trente-neuf immortels, sans qu'un parmi eux l'arrêtât et lui fît observer que, si Molière n'a point parlé de la révocation de l'édit de Nantes, c'est parce que cet édit est de 1683 et qu'il était mort en 1673, c'est-à-dire dix ans avant. On objecterait en vain que M. Scribe parle de Molière et de ses contemporains. Avant tout il parle de Molière, et il ne pouvait parler que de Molière qui les domine et les éclipse tous. Sauf Regnard, il n'y a à tenir compte d'aucun autre. Je n'en excepte ni Corneille par son *Menteur,* ni Racine par ses *Plaideurs.*

Ceci dit, j'en reviens à Arsène Houssaye.

Il débuta dans les lettres par une fantaisie intitulée *la Couronne de bleuets.* C'était exquis, puis il a abordé le XVIIIe siècle et l'a beaucoup fouillé. Son *Quarante et unième Fauteuil* est une œuvre très originale, son *Roi Voltaire* est aussi un livre intéressant.

Quant à ses romans sur les grandes dames, ils ont obtenu et obtiennent encore un succès prodigieux. Ils ont été lus dans les deux hémisphères, à Paris autant qu'à St-Pétersbourg, à New-York autant qu'au Brésil; ce succès, Arsène Houssaye le contemple du sommet de la pyramide formée par ses nombreuses éditions.

Arsène Houssaye a déjà écrit plus de soixante volumes.

Il eut pour successeur M. Empis qui, tout en couronnant la vertu à l'Académie, fermait complaisamment les yeux sur les équipées des comédiennes qui, pour avoir des diamants et des falbalas, ne savaient rien refuser à leurs adorateurs.

Après M. Empis, ce fut le savant, le lettré et le très honorable Édouard Thierry qui dirigea la Comédie française. Il fut le modèle des directeurs, en ce qu'il était de force à donner des conseils aux auteurs, tant son goût était pur et son expérience complète. Édouard Thierry est sans contredit un des écrivains les plus élégants et un des critiques les plus remarquables de notre époque. Disons à sa gloire que, dès l'apparition de l'école romantique, il fut avec Théophile Gautier et Granier de Cassagnac le plus fougueux défenseur d'Alexandre Dumas, de Victor Hugo et d'Alfred de Vigny. Quand il dirigea la Comédie française, c'était le bon temps. Émile Augier, quoique très jeune encore, en était arrivé à l'apogée de son talent si puissant et si robuste.

Les succès d'Émile Augier furent très retentissants. Les *Effrontés*, le *Fils de Giboyer*, *Maître Guérin*, la *Jeunesse*, le *Gendre de M. Poirier*, l'*Aventurière* tiennent toujours l'affiche.

On connaît sa fécondité. MM. Octave Feuillet, Jules Sandeau, Dumas fils, Ponsard et un peu après Sardou apportèrent des pièces excellentes non seulement à la Comédie française, mais encore au Vaudeville, au Gymnase et à l'Odéon.

Quant à Ponsard, j'avoue que je ne l'ai jamais admiré. Sa tragédie de *Lucrèce* n'était en réalité qu'une versification de rhétoricien. La *Bourse* et l'*Honneur et l'Argent* sont écrits en vers de mirliton. Les bourgeois qu'il met en scène parlent ridiculement la langue des dieux. Ponsard ne s'est révélé, n'a été emporté par Pégase, qu'on me pardonne cette image, que dans *Charlotte Corday*.

M. Octave Feuillet, que les mauvaises langues appelaient le *Musset des familles*, avait bien plus de talent. *Rédemption* est un drame puissant et vigoureux qui, selon moi, devra rester au répertoire. Feuillet, dans *Rédemption*, c'est du Musset. Il ne faut pas oublier le *Roman d'un jeune homme pauvre*, *Dalila*, *Montjoie*.

A l'Odéon, Louis Bouilhet avait débuté par le beau drame de *Madame de Montarcy*. Le soir de la première, Gustave Flaubert et M. Clogenson, dont j'ai déjà parlé, étaient arrivés tout exprès de Rouen avec des amis sûrs pour applaudir la pièce de leur compatriote. Ceci se passait vers la fin de 1856.

C'est à ce même théâtre de l'Odéon que fut donnée la *Gaétana* d'Edmond About. La soirée fut orageuse. On fut obligé de baisser la toile. Le public quitta la salle et une bande d'étudiants traversa Paris et se rendit passage Saulnier, où habitait About, pour lui donner un charivari. On fut unanime dans Paris pour blâmer cette violence. About publia sa pièce et, à la seconde phrase de la première scène, il ajouta cette note dans un renvoi : « Ici, le public impartial commence à siffler. » On ne saurait se venger plus spirituellement.

Malgré cette impopularité sans cause, About, à force de talent, s'imposa et sut amener le public à lui rendre justice.

Au théâtre du Gymnase, Alexandre Dumas fils obtenait de très grands succès avec *Diane de Lys*, le *Demi-Monde*, les *Idées de madame Aubray*, le *Père prodigue*, la *Question d'argent*.

Et puis venait Barrière, avec ses *Filles de marbre*, l'*Outrage*, les *Faux bonshommes* et enfin un peu plus tard Victorien Sardou avec *Monsieur Garat*, les *Prés Saint-Gervais*, les *Intimes*, les *Ganaches*, succès qui précédèrent ceux obtenus par ces belles œuvres qui s'appellent : *Patrie*, la *Haine*, *Rabagas*, *Fédora*.

Il y avait alors sur les divers théâtres de Paris une pléiade d'artistes remarquables pour interpréter toutes ces pièces. On pourrait citer Provost, Régnier, Samson, Geoffroy, Bressant, Got, Delaunay, Frédérick Lemaître, Berton, Mélingue, Rouvière, Taillade, Dumaine, Lafont, puis Arnal et Bouffé. Comme comédiennes il y avait mesdemoiselles Augustine Brohan, la soubrette la plus spirituelle du monde ; sa sœur Madeleine, belle comme le jour, mademoiselle Plessis, mademoiselle Favart, mademoiselle Fix, puis mesdames Anaïs Fargueil, Eugénie Doche, Rose Chéri, mademoiselle Dinah Félix, mademoiselle Judith, mademoiselle Lia Félix, qui rappelait sa sœur, la grande Rachel, mademoiselle Thuillier.

Voilà pour le grand art. Quant aux farces, elles avaient des interprètes également remarquables. Les théâtres des Variétés, du Vaudeville, du Palais-Royal, faisaient assaut de verve et d'excentricités. Il y avait sur ces diverses scènes des comiques qui désopilèrent plus de rates que les eaux de Vichy n'ont guéri de foies.

Les comiques étaient excellents et ils jouaient la comédie avec les plus jolies filles de la terre.

C'est vers ce temps-là qu'on vit paraître mademoiselle Hortense Schneider, mademoiselle Léonide Leblanc, mademoiselle Céline Montaland, mademoiselle Blanche Pierson et mademoiselle Athalie Mauvoie. Elles méritent toutes une description particulière.

Quand mademoiselle Léonide Leblanc se montra, parée de ses dix-sept ans, sur la scène des Variétés, elle fascina tous les regards, tant elle était éblouissante. Elle fit concevoir à l'esprit les enthousiasmes les plus extravagants, les suppositions les plus folles. Ses fanatiques prétendaient que sa mère avait dû la concevoir en avalant une perle. Il semblait, en effet, défendu aux autres femmes d'être aussi jolies qu'elle. On disait que, si le hasard l'avait fait naître à Athènes, où la beauté était appréciée tout ce qu'elle vaut, Périclès aurait donné sûrement à cette enfant une place d'honneur à sa cour; Platon, qui valait bien M. Cousin, eût quitté son école pour converser avec elle; Alcibiade, plus élégant que le comte d'Orsay, lui eût adressé des déclarations d'amour; Phidias lui-même aurait suspendu ses travaux du Parthénon pour fixer ses traits divins dans du marbre de Paros, et qu'enfin on lui aurait rendu des honneurs particuliers comme, par exemple, de faire défiler devant elle des femmes enceintes, afin qu'elles puisassent au contact de sa splendeur la vertu de doter l'État de grands esprits et de soldats vaillants.

On devine les ravages que cette extraordinaire beauté exerça tout de suite dans les cœurs.

Mademoiselle Hortense Schneider, douée d'une voix qu'Auber allait entendre lorsque, disait-il, il voulait se gargariser délicieusement les oreilles, avait une carnation de Rubens, avec cela un sourire vainqueur et des yeux fripons, à ce point de damner un archevêque, comme on disait au xviiie siècle.

Mademoiselle Blanche Pierson était blonde, c'était l'incarnation de la candeur. Jamais Greuse n'a trouvé de figure de vierge plus chaste, plus pudique et plus rêveuse.

Le feu des yeux magnifiquement noirs de mademoiselle Céline Montaland eût fait pâlir les étoiles ainsi que les fleurs les plus éclatantes. Ses cheveux avaient le reflet bleu des ailes noires des corbeaux ; et puis elle savait rire de façon à égayer tout le genre humain.

Quant à mademoiselle Athalie Mauvoix, c'était un démon. Elle était fraîche comme une rose, effrontée comme un page, et ornée d'une petite bouche ressemblant à une grenade en bouton. On allait au théâtre rien que pour voir ces superbes filles.

Mademoiselle Schneider avait débuté au théâtre des Bouffes, où elle créa avec un vrai talent de chanteuse les *Pantins de Violette*, d'Adolphe Adam. Elle végéta malgré ce succès, et s'en alla au théâtre des Variétés où elle se trouva perdue dans le bataillon des grues. Ce fut Déjazet qui la devina et la fit engager au théâtre du Palais-Royal par M. Plunkett, qui en était le directeur. Elle y obtint un très grand succès dans le *Punch Grassot*, les *Mémoires de Mimi Bamboche*, le *Brésilien* et les *Diables roses*. Alors le directeur des Variétés la reprit et ce fut elle qui créa avec un réel talent cinq ou six opérettes. C'est en reine qu'elle rentra dans ce théâtre, où on avait eu le tort de ne voir en elle qu'une simple figurante.

J'ai parlé du théâtre des Bouffes. Il était installé passage Choiseul, dans l'ancien théâtre Comte. Il eut pour directeur Offenbach, que nous appellions le Maestro, lequel maestro créa l'*opérette* en musique, genre qui a tant fait crier, mais que je défendrai, d'abord parce qu'il nous a beaucoup amusés, puis, parce qu'il nous a débarrassés des opéras-comiques ennuyeux.

Bien des auteurs, qui tiennent aujourd'hui le haut du pavé, ont passé par les Bouffes. C'est là que, comme paroliers, on a compté Edmond About, Hector Crémieux, Philippe Gille, Ludovic Halévy, puis comme compositeurs, Duprato, Léo Delibes, Jonas, Hervé, etc., etc. About y donna le *Savetier et le Financier* ; Ludovic Halévy, *Orphée aux enfers* ; Gille, *Vent du soir* ; enfin d'autres, *Croquefer ou le Dernier des paladins*, les *Petits Prodiges*, les *Dames de la Halle*, la *Chanson de Fortunio*, les *Bavardes*, les *Deux aveugles*.

Il y avait là mademoiselle Tantin, qui créa Eurydice dans *Orphée* ; mademoiselle Garnier, une rousse adorable ; mademoiselle Maréchal, dont les cheveux noirs tombaient à terre, où ils formaient encore des anneaux. Les comiques s'appelaient Léonce, Désiré, Pradeau, dont la gaieté épileptique allait jusqu'à l'aliénation mentale.

Orphée aux enfers dont les paroles, ainsi que je l'ai dit, sont de Ludovic Halévy, qui ne signa pas parce qu'il était attaché à un ministère, et d'Hector Crémieux eut mille représentations. Léonce en Pluton et Désiré en Jupiter ont fait rire toute leur génération. Le succès d'*Orphée* égala celui de la *Dame Blanche*. Le théâtre des Bouffes était très suivi, les jolis farceurs de ces temps-là l'ayant pris sous leur protection. La jeunesse s'y amusait beaucoup. C'était là qu'on se donnait rendez-vous le soir. Pour ma part, j'ai vu cent fois *Orphée* et *Vent du soir*, de Gille.

Les insultes prodiguées dans *Orphée* aux dieux de l'Olympe scandalisèrent deux ou trois prud'hommes, en tête desquels il faut placer Léo Lespès; plus tard le Timothée Trimm du *Petit Journal* et du *Petit Moniteur*. Dans un article paru le lendemain de la première représentation, il s'était déclaré furieux et affirmait être rentré chez lui pour *prendre son vieil Homère*, et se consoler de la peine que lui avait causée cette opérette. Léo Lespès ne savait pas un mot de grec, aussi son article provoqua un immense éclat de rire.

L'exemple donné par le théâtre des Bouffes fut contagieux. D'autres théâtres l'imitèrent, et l'*opérette*, ce genre nouveau, était créé. On la vit même tout de suite fleurir au théâtre des Variétés, lorsque Henri Meilhac et Ludovic Halévy voulurent bien s'y prêter. Ce sont eux qui ont écrit la *Belle Hélène*, *Barbe-Bleue*, la *Grande-Duchesse*, et la *Périchole*. Impossible de souhaiter des pièces plus spirituelles et plus amusantes. D'un seul bond ils dépassaient en hardiesses et en insanités Lambert Thiboust, qui, lui, n'était allé que jusqu'à ce qu'on appelle en argot de coulisses la *cascade*. Emportés par leur verve, ils ne s'arrêtèrent plus, et trouvèrent des effets inconnus jusqu'à eux au théâtre. Ces opérettes étaient folles, je le reconnais, mais dans leur folie il y avait bien de la fantaisie et bien de l'esprit. Dans la *Belle Hélène*, c'était l'antiquité qu'ils avaient mise sur la sellette pour décocher les traits les plus malins à la Fatalité : Toute la France a chanté ce refrain :

> Dis-moi, Vénus, quel plaisir trouves-tu
> A faire ainsi cascader ma vertu ?

Que mademoiselle Schneider disait avec tant de malice. Dans *Barbe-Bleue*, ils s'en prenaient à la chevalerie et aux temps féodaux, et enfin dans la *Grande-Duchesse* aux petites cours ridicules. Hélas ! ce général Boum que les auteurs avaient mis en scène n'était pas un personnage imaginaire. Le malheur des temps nous a prouvé que ce type existait, et que sa stratégie n'était pas plus imaginaire que sa personne. C'est le général Boum qui, exposant son plan de campagne à la grande-duchesse, lui disait : « Voici ma tactique : je coupe l'ennemi et je l'enveloppe. A quoi la souveraine ajoutait : « Comme les marchands de galette. » En 1867 on riait de ces plaisanteries, et on ne se doutait pas qu'on était si près de 1870, l'année terrible.

Ces opérettes mirent le théâtre des Variétés à la mode. La salle était tous les jours envahie par le beau monde. Dupuis, Couder, Kopp, Grenier, des comiques excellents, interprétaient ces opérettes amusantes. Mademoiselle Schneider, qui était aussi bonne comédienne que bonne chanteuse, avait sa cour. Elle recevait dans sa loge les plus illustres visiteurs. J'y ai rencontré le duc d'Édimbourg, le prince d'Orange, Prévost-Paradol, ami intime et même mieux que cela de Ludovic Halévy.

Le foyer des artistes était aussi très amusant et très suivi. Il y avait là Alphonse Boyer, Barrière, Choller, Siraudin, Labiche, Édouard Martin, Aubryet, Brisebarre, Meilhac et Jules Noriac, qui était associé de Cogniard et co-directeur. Henri Monnier racontait les plus drôles d'histoires du monde. M. Dupin qui est né le 30 septembre 1787 nous rappelait ses souvenirs de jeunesse, alors qu'il dansait avec madame Branchu et mademoiselle Georges. Le comédien Alexandre Michel se mettait en piqueur avec pantalon collant gris-perle, habit de chasse rouge, toque de velours et couteau au côté, pour nous chanter le final des *Deux Edmond*. Bressant de la Comédie française, quand il ne jouait pas, assistait à la petite fête.

En 1867, l'année de l'Exposition universelle, on jouait la *Grande-Duchesse*. On se rappelle que l'empereur de Russie, venant à cette exposition fit, dès son arrivée à Cologne, louer, par dépêche, deux avant-scènes des Variétés. Dès le soir de son arrivée, après avoir salué l'empereur des Français, il vint avec les grands-ducs ses fils écouter la *Grande-Duchesse*. Le tsar de toutes les Russies fut pris d'un fou rire. Quelque temps après M. de Bismarck vint aussi aux Variétés et s'amusa beaucoup.

Après plusieurs créations qui la posèrent comme étoile, mademoiselle Schneider cette Malibran de l'opérette, se retira du théâtre, laissant tomber son sceptre que mademoiselle Judic, une autre étoile, ramassa.

Meilhac et Ludovic Halévy étaient dans ce temps-là d'une fécondité prodigieuse, et pourvoyaient le Gymnase et le Palais-Royal de pièces charmantes. Au Gymnase ils donnaient *Froufrou*, pièce dans laquelle mademoiselle Desclé, jusqu'alors inconnue, se révéla comme une grande comédienne, puis *Fanny Lear*, comédie dans laquelle madame Pasca se montra grande artiste, enfin au Palais-Royal le *Roi Candaule*, *Tricoche et Cacolet*, le *Réveillon*, la *Boule*, la *Vie parisienne*. Ce qui fit réussir les pièces de ces deux auteurs, c'était ce qu'on pourrait appeler leur *modernité*. Nul autre ne raillait aussi exactement qu'eux les manies, les tics et les ridicules du jour. Gil Pérès imita vingt fois, sans qu'ils se reconnussent, certains types de ce temps-là, très connus dans le monde élégant et dans les cercles.

Quant aux théâtres de drame, ils étaient très suivis. On y jouait les drames d'Anicet Bourgeois et d'Adolphe d'Ennery, les deux grands fournisseurs du boulevard du Crime.

D'Ennery a fait, comme on sait, plus de deux cents pièces qui toutes ont eu un très grand succès. Comme charpentier, il est de la force de Scribe et de Sedaine. D'Ennery, cela de parti pris, ne s'est jamais préoccupé de la forme littéraire. Il parle avant tout la langue hachée du théâtre. Nul ne sait mieux que lui amener une scène émouvante et en tirer tous les effets qu'elle comporte. Il excelle à trouver le mot qui doit faire frémir ou pleurer les âmes sensibles qui sont dans la salle. De là vient l'étonnement qu'on éprouve quand on cause avec lui. Il parle une tout autre langue; alors il est fin, spirituel, original. Si on le questionne sur ce point, il vous répond qu'il se garderait bien d'être tel dans ses drames et dans ses féeries, parce que ce qui fait de l'effet dans un salon en causant n'en ferait aucun à la scène. C'est un malin qui d'ailleurs ne sait pas cacher sa malice, que son œil fripon dévoile tout de suite. Et puis il est très bon pour ses collaborateurs. Aussi M. Mocquard a cru toute sa vie qu'il était pour quelque chose dans les drames qu'il a faits avec lui.

En ce temps-là, je me trouvais en relations très suivies avec les artistes de tous les théâtres et cela parce que j'étais rédacteur en chef du journal l'*Entr'acte*, qui était en quelque sorte le *Moniteur* des coulisses.

L'*Entracte* appartenait à MM. Michel et Calmann Lévy, à M. Dalloz, à M. Mirès, à M. Matharel de Fienne et à M. Jules Favre, tuteur d'un enfant mineur laissé par Fiorentino. On crut décourager les concurrences qui lui étaient faites, en lui donnant pour rédacteurs en chef des critiques ayant fait leurs preuves. Il fut successivement rédigé par

Albéric Second, Fiorentino, Théophile Gautier, votre
serviteur et Nestor Roqueplan. Un seul parmi ceux-
là s'en occupa : ce fut Albéric Second, aussi le fit-il
prospérer. C'était très méritoire de sa part, car
Albéric Second trouvait bien plus de profit à écrire
dans le *Figaro* où Villemessant l'attirait, ainsi que
dans tous les autres journaux dont les colonnes lui
étaient ouvertes, et qui lui demandaient des romans ;
mais il avait un faible pour l'*Entr'acte*.

La réalité, excepté du temps où Albéric y écrivait
le vrai rédacteur en chef de l'*Entracte* fut Achille
Denis, qui, depuis plus de trente ans, avait rendu
compte des pièces jouées dans tous les théâtres de
Paris. Achille Denis a un vrai talent. Il ne faut pas
oublier qu'il fut toujours condamné à l'éloge forcé.
Que demain on lui donne carte blanche, et on verra
les prodigieux éreintements qui sortiront du bec de
sa plume.

Quand je raconte des souvenirs se rattachant à des
faits politiques, je puis donner des dates, mais cela
n'est plus possible quand ces souvenirs se rapportent
à ce qui se passait dans le monde où l'on s'amusait.
Les choses que je raconte en ce moment s'accomplirent de 1859 à 1868. C'est pendant cette brillante
période de l'opérette aux Variétés que *le grand seize
du café Anglais*, qui a tenu tant de place dans la
chronique parisienne, était très animé.

On appelait ainsi le salon n° 16 du café *Anglais*,
dont les fenêtres donnaient sur le boulevard et sur la
rue de Marivaux. C'est là qu'avaient coutume de se
réunir après le spectacle les aimables viveurs de

Paris. A minuit, tous les soirs, il y avait un souper servi pour ces messieurs et pour les dames qui venaient les visiter. Après le souper on faisait un baccarat qui se prolongeait souvent jusqu'à neuf heures du matin.

Je ne commets aucune indiscrétion, je ne fais aucune brèche au mur de la vie privée en donnant les noms des assidus du *grand seize*. Il y avait là le joyeux duc de Gramont-Caderousse, le prince Paul Demidoff, le jeune duc de Rivoli, le prince d'Orange, le marquis de Modène, le prince d'Aremberg, le prince Lubomirsky, Bryan, Paskewitch, Nariskine, Daniel Wilson, le vicomte de Merlemont, Espeletta, de Rennepont, le baron d'Auriol, le baron Barbier, d'Hérisson et le prince Galitzine, le plus Français de tous les Russes. Ils venaient faire là ce qu'avaient fait leurs pères dans leur jeunesse, et ce qu'à leur tour leurs fils feront un jour.

Le duc de Gramont-Caderousse était le plus franc viveur qu'on pût voir. Ce n'était pas un fanfaron de gaieté, c'était un gai, insouciant, amoureux du plaisir, et sachant jeter l'argent par les fenêtres, ce qui n'est pas donné à tout le monde. Il était élégant et aurait très bien porté la culotte courte, l'épée en verrouil et l'habit pailleté. Il mourut très jeune, après avoir fortement écorné une grande fortune, savouré tous les plaisirs et commis toutes les sottises qui sont permises en ce monde. Il était spirituel, galant, joueur, chasseur, fumeur, buveur, tout ce qu'on voudra. Sous la régence, Gramont eût beaucoup fait parler de lui. Il succomba à une affection de poitrine dont il avait été chercher en vain la guérison en Égypte. Il fut veillé à ses derniers instants par son ami le général de Galliffet qui sait être tout à la fois un lion pour le courage sur les champs de bataille et une sœur de charité pour la douceur au lit d'un malade.

Paul Demidoff était beau et digne d'être aimé pour lui-même, mais il n'en fut rien et les dames lui coûtèrent très cher.

M. de Modène était et est encore une figure très originale. S'il y a des sots qui ont le tort d'écrire, il y a, par contre, des gens d'esprit qui ont le tort contraire. Modène est de ce nombre. J'ai lu très souvent dans les journaux des mots exquis qu'il avait faits dans les couloirs de théâtre aux premières représentations.

Il n'a jamais réclamé. C'est lui qui voyant au Gymnase mademoiselle Jeanne Granier si mal jouer, contre son habitude, le rôle de Fronsac, dans les *Armes de Richelieu* s'écriait : « Mais ce n'est pas Richelieu, c'est le fils Patin ! » Un jour, projetant de dîner au cercle, il se fit montrer la liste des convives inscrits pour le soir. Parmi eux se trouvait un monsieur dévoré du désir de passer pour noble, et qui s'appelait M. Ledoux de Malassis. Modène en lisant ce nom déclara qu'il ne dînerait pas, le festin étant destiné à être froid, Ledoux ne devant pas connaître Malassis.

Daniel Wilson était un beau cavalier, d'un blond Titien que les Anglais appellent roux Hamilton ; avec cela joueur de façon à sentir suspendu sur sa tête, non l'épée de Damoclès, mais un conseil judiciaire. Depuis il a changé, il a étudié, et est devenu un homme sérieux. Il ne joue plus qu'au billard et aux échecs avec son beau-père, le président de la République.

Bryan, petit-fils de Rubell, membre du Directoire, ne manquait pas d'entrain. C'était un philosophe et un dilettante, causeur charmant, aimant l'étude et collectionnant les gravures et les beaux livres.

Quant à Masséna, qu'on se figure un brillant officier de mousquetaires.

Je ne dois pas oublier un aimable garçon qui s'appelait des Varannes. Il était officier de marine et doué d'une gaieté folle et charmante. Près de lui les pinsons eux-mêmes eussent paru tristes. Il quitta Paris, appelé aux Antilles par un commandement. En partant il me recommanda de bien traiter dans mon feuilleton de théâtre une petite débutante, modeste comme une violette, qui donnait déjà les plus belles espérances. Cette débutante, c'était Sarah Bernhardt. Des Varannes ne devait pas revenir : il fut enlevé aux Antilles par la fièvre jaune.

Les dames venaient volontiers au *grand seize*, parce qu'elles savaient trouver là des jeunes gens très riches, très prodigues et prêts à commettre toutes les folies. Elles y venaient par catégories. Il y avait les comédiennes et les hétaïres qui ne se rencontraient jamais. Lorsque les comédiennes soupaient, on disait aux hétaïres : repassez demain.

Ces hétaïres formaient un bataillon charmant. On voyait briller au premier rang Anna Délion, une beauté égyptienne qui aurait ressemblé à la reine Cléopâtre si elle en avait pris le costume. Elle était douce et détestait l'orgie. Elle était souvent escortée par Esther Guimond qui dut à sa longue intimité avec Émile de Girardin et Nestor Roqueplan qu'on parlât d'elle. On lui accordait de l'esprit, il n'en était rien. C'était une poseuse qui, au milieu d'un souper bruyant, alors qu'on déraisonnait, parlait de Saint-Simon qu'elle n'avait jamais lu. Elle avait été jeune vers 1831, au beau temps de la garde nationale à cheval. Elle prétendait qu'un soir, M. Guizot pour rencontrer Émile de Girardin, était venu prendre le thé chez elle. Il paraît que c'était vrai. Il faut citer encore Cathinette, une Lorraine venue à Paris toute jeune, et qui avait des yeux charmants. C'était une bonne fille qui n'avait rien à elle. Je n'oublierai pas surtout Adèle..., une beauté bâtie par les Romains, qu'un roi, que dis-je un roi, un des dieux de l'Olympe eût souhaitée pour nourrice à son enfant. Près d'elle les femmes de Rubens eussent paru anémiques. Elle avait un certain esprit. En la faisant naître, la nature lui avait donné pour mission de manger le bien des autres. A côté d'elle brillait la belle Caroline Hassé, qui lui ressemblait un peu. Elle était Lorraine ou Alsacienne et sœur par le sang de ces superbes filles qui fournirent tant de dragons aux armées françaises.

Et Cora Pearl, elle était alors fraîche comme une rose mousseuse. Le prince Gortschakoff disait d'elle qu'elle était le dernier mot de la luxure, et que pour satisfaire un de ses caprices il eût essayé de piller le soleil. Cora Pearl a introduit en France le maquillage contemporain. Elle recevait de Londres, sa patrie, des fioles d'essences et des poudres merveilleuses. C'est elle qui la première porta des cheveux jaunes et imagina d'iriser ses cils, d'illuminer ses yeux, de moirer son front et de montrer des chairs argentées, givrées, neigeuses, laiteuses, boréales et nacarat. Elle se tanna la peau et malgré cela eut de nombreuses imitatrices.

Enfin il en est encore une dont je ne puis taire le nom devenu historique. Je veux parler de Marguerite Bellanger. Elle avait une beauté piquante. Il semblait qu'on avait vu cette figure-là sur les lames d'un éventail. Elle était admirablement faite et possédait une taille idéale.

Quand elle traversait en amazone les Champs-Élysées, les passants la regardaient, tant elle était gracieusement campée sur son cheval.

Un jour ce fut une tête couronnée qui la regarda, on sait le reste. Mais au beau temps du *grand seize* la belle Marguerite avait eu déjà des faiblesses pour Daniel Wilson. Il était écrit que ses adorateurs devaient habiter des palais.

Que sont devenus tous ces viveurs?

Quelques-uns sont morts, les autres sont à présent des gens raisonnables, de bons époux, de bons pères, membres du conseil général de leur département, dotant et couronnant des rosières.

C'est pour tous ces viveurs que Meilhac, qui sait tourner les petits vers comme Voltaire, a écrit dans la *Vie parisienne* ce rondeau dans lequel il raconte les petites orgies du *grand seize*. Ce rondeau se termine ainsi :

> On parle, on crie
> Tant qu'on peut crier ;
> Quand on ne peut plus il faut bien se taire:
> La gaité s'en va petit à petit.
> L'un dort tout debout, l'autre dort par terre,
> Et voilà comment la fête finit.
> Quand vient le matin, quand paraît l'aurore,
> On en trouve encore.
> Mais plus de gaité ;
> Les brillants viveurs sont mal à leur aise
> Et dans le *grand seize*
> On voudrait du thé.
> Ils s'en vont enfin, la mine blafarde,
> Ivres de champagne et de faux amour,
> Et le balayeur s'arrête, regarde,
> Et leur crie : « Ohé! les heureux du jour. »

Je ne saurais trop le répéter ; on était très gai dans ce temps-là à Paris, et la jeunesse ne perdait pas son temps. Il y en avait, parmi les jeunes désœuvrés, qui étalaient un luxe insolent. C'est vers cette époque que Raphaël Bischoffsheim donnait de si belles fêtes au restaurant des *Frères Provençaux*. Toute la presse, tous les auteurs dramatiques, toutes les comédiennes et toutes les jolies demoiselles à la mode assistaient à ces agapes. Il y avait en plein hiver un souper de cent cinquante couverts, servi au rez-de-chaussée. La salle resplendissait de lumières et de fleurs. Le vin de Champagne coulait à flots, et la table succombait sous le poids des dindes truffées, des poissons rares, des asperges et des pêches poussées en serre chaude. Après le festin, on remontait dans les salons du premier étage, où un orchestre excellent donnait le signal de la valse.

La fête se prolongeait jusqu'au jour. Bischoffsheim en faisait les honneurs avec une courtoisie parfaite.

Aujourd'hui Bischoffsheim est devenu un homme grave. Il est député, il protège toujours les étoiles de la scène, il a des millions, et il fait le plus noble usage de sa fortune. Il comble de ses dons l'Observatoire, auquel il a donné plusieurs des instruments avec lesquels on observe les astres, j'ajouterai qu'il a beaucoup d'esprit. Il était dans ce temps-là ami intime de Jules Janin. Depuis il a toujours vécu parmi les romanciers et les auteurs dramatiques.

Dans ce temps-là, non seulement on s'amusait à Paris, mais à l'étranger également. L'été, avant la chasse, on s'en allait parcourir les maisons de jeux de Hombourg, d'Ems, de Wiesbaden et de Bade. La vertu de ces eaux minérales n'y était pour rien, on allait là pour jouer sinon sagement, au moins honnêtement.

Ce temps n'est plus. On avait compté sans les puritains qui décrétèrent dans leur sagesse de supprimer le jeu comme immoral et dangereux. Ils n'en avaient pas le droit. Les législateurs n'ont pas le pouvoir d'abolir et d'interdire les passions humaines; ils peuvent réglementer, contenir les passions, mais les supprimer, non pas.

L'amour du jeu et la tentation de lutter avec cette puissance aveugle qui s'appelle le Hasard ont été de toute éternité.

Les Grecs jouaient au siège de Troie, et quand notre planète s'anéantira dans l'espace, elle interrompra beaucoup de parties engagées.

Qu'est-il arrivé? C'est que ces maisons autorisées et surveillées ont été remplacées par des tripots de toute espèce dans lesquels on triche et on vole de la belle manière. Et puis, pourquoi cet acharnement contre la *roulette* et le *trente et quarante*, alors qu'on laisse subsister les marchés à terme à la Bourse, les paris sur les chevaux, et qu'on autorise des loteries toutes plus saugrenues les unes que les autres. On a développé tous ces arguments, et les jeux n'en restent pas moins fermés. Il n'y a d'exception que pour Monaco qui, en maintenant les siens, prouve qu'il est le pays le plus spirituel de la terre.

Chaque année, les jeunes gens et les demoiselles légères qui vivaient à leurs dépens, entreprenaient ce pèlerinage. C'est à Hombourg que le jeu était le plus animé. Le maximum par coup était de douze mille francs, tandis qu'il n'était que de sept mille cinq cents francs à Wiesbaden, et de six mille à Ems et à Bade. Hombourg n'était pas élégant. Il y avait bien des spectacles et des bals, mais on n'y faisait pas attention. Le matin on voyait passer dans le parc l'électeur qui régnait alors sur la Hesse électorale. Il partait en chasse, accompagné d'un garde qui tenait en laisse des chiens bassets. Cet électeur était sans faste.

Ems était visité par presque tous les souverains et ducs régnants de la Confédération germanique qui existait encore, M. de Bismarck ne l'ayant mangée qu'après 1866. La promenade autour de la maison de jeux était fort brillante pendant l'après-midi. C'était M. Briguibouille, un Parisien, qui dirigeait

Ems, comme succursale de Wiesbaden où régnait le duc de Nassau. Ce duc ne quittait jamais son uniforme de feld-maréchal. C'était armé et éperonné qu'il se rendait à la promenade ou au spectacle. Wiesbaden, sa capitale, grâce à l'animation que lui donnaient les jeux, avait un petit air pimpant. Il y avait un va-et-vient de voitures très animé, on y donnait au Casino des concerts et des bals auxquels assistaient ceux qui attendaient que le moment fût venu d'aller à Baden.

Je me rappelle qu'à Wiesbaden, après un grand dîner chez le baron de Wélins, directeur des jeux, je gagnai une grosse somme à la roulette. Je jouais sur le zéro et sur les trois derniers numéros. Le n° 35 me fit l'amitié de sortir cinq fois de suite, puis le n° 36, deux fois. On me compta vingt mille francs. Je fis ma malle, bien décidé à partir le lendemain. J'eus le malheur d'aller déjeuner tout près de la salle de jeu. Quand je voulus m'en aller au chemin de fer, un orage éclata avec une pluie torrentielle. Je me mis à jouer, et à quatre heures j'avais reperdu dix mille francs. Cette fois je partis, et je revins à Paris. A mon retour je fis ma caisse : je rapportais dix mille francs de bénéfice, mais ce bénéfice je ne le voyais pas, je ne tenais compte que des dix mille francs que j'avais eu la sottise de rendre à la banque.

Mais la ville enchantée par excellence c'était Bade, qu'on avait surnommée la perle de la forêt Noire. Les jeux, les courses, les spectacles étaient dirigés par M. Bénazet, fils de M. Bénazet qui tint les jeux à

Paris tant qu'ils furent permis, c'est-à-dire jusqu'au 1er janvier 1838.

M. Bénazet était un grand seigneur qui jetait l'argent par la fenêtre. Il faisait si grandement les choses qu'on l'avait surnommé Louis XIV. Il avait organisé des courses auxquelles venaient prendre part tous les coureurs du bois de Boulogne. Chaque année M. le comte de Lagrange, M. Paul Daru, M. de Rothschild, M. Reisé, M. Lupin, M. Aumont, le baron Schikler, le prince de Sagan, M. de Greffuhle, arrivaient avec leurs équipages. Le jour du Grand-Prix l'hippodrome de Baden ressemblait, à s'y méprendre, à celui de Longchamps. Il n'y avait de nouveau dans le paysage que la livrée rouge du grand-duc de Bade.

Le soir au théâtre on retrouvait les artistes de l'Opéra, de l'Opéra-Comique et de la Comédie française, interprétant le grand répertoire. Aussi tous les gens du *bel air*, tous les élégants du *grand seize*, des clubs et des boulevards, qui se trouvaient là, pouvaient se croire à Paris.

Ce n'était que chasses, courses, festins, concerts, représentations de gala et bals. On jouait un jeu d'enfer. Les décavés encombraient les bureaux de la poste et du télégraphe pour faire venir des subsides. Il y avait dans la ville des bijoutiers et des orfèvres qui prêtaient sur objets précieux, à un taux exagéré bien entendu, mais dont on ne se plaignait pas. Les messieurs apportaient leurs chaînes et leurs montres, et les dames leurs bracelets et leurs colliers. Il y en eut, même parmi les mieux pourvus, qui restèrent là *accrochés* pendant des semaines. Mais, disons tout de suite que l'administration des jeux était pleine de sollicitude pour sa clientèle. Il suffisait de s'y présenter pour être tiré d'embarras. M. Benazet eut pour successeur son beau-frère M. Dupressoir, qui fut aussi grand et aussi obligeant que lui.

Bade, pendant la quinzaine des courses, était le pays de Cocagne. Les élégants, les désœuvrés de toutes les capitales, s'y donnaient rendez-vous. Le dessus du panier de Paris était là autour de la Conversation. On y voyait, se promenant avec son aide de camp Blucker, le prince régent de Prusse qui est devenu Guillaume, l'empereur d'Allemagne. Il ne jouait pas, mais circulait autour des tables pour voir les dames qui jetaient des pièces d'or et des billets sur le tapis. Les émotions qu'elles ressentaient cernaient leurs yeux et les rendaient encore plus jolies. Le prince les lorgnait tout à son aise.

Le soir, après le dîner et avant que d'entrer au jeu, on se promenait sur les pelouses et au milieu des bosquets de la Conversation. Les messieurs contaient fleurette aux demoiselles et il se commettait bien des larcins. On poussait le *flirtage* à ses dernières limites. Un soir, dans l'une de ces promenades, mademoiselle Schneider perdit un bracelet de vingt mille francs. Elle en était désolée. Aussitôt dix cavaliers, plus empressés et plus blasonnés les uns que les autres, offrirent de l'aider pour retrouver ce bijou magnifique. On alluma des lanternes et on se mit à parcourir tous les bosquets par lesquels la belle avait passé. Enfin, après une demi-heure de marches et de contre-marches, on le découvrit dans l'herbe. Ce fut un grand-duc qui l'aperçut le premier. La chronique de Bade a conservé le souvenir de cette course aux lanternes.

Beaucoup de Parisiens possédaient des campagnes à Bade. M. Émile de Girardin y habitait un chalet délicieux dans lequel il recevait les journalistes, ses collègues; car disons en passant que toute la presse était là.

Méry y passait tout l'été, jouant et perdant tout ce qu'il gagnait avec sa plume. Il s'installait au *trente et quarante*, et jouait toujours à *rouge*. Selon lui le hasard n'était que le paladin de l'équilibre, or la *noire*, étant débitrice de la *rouge*, devait à un moment s'acquitter. Il guettait ce moment-là qui se fit par malheur trop longtemps attendre. Méry attribuait une cause à ce retard. Il en était ainsi parce que les âmes de ceux que les armées de Louis XIV avaient massacrés pendant les guerres injustes du Palatinat, errant sur les ruines du vieux château, descendaient quand le jeu était ouvert et venaient porter malheur aux Français qui s'obstinaient à mettre sur la rouge. Méry avec un grand sérieux répétait ce paradoxe à tout propos. Seul il sait ce qu'il lui a coûté.

Le pauvre Méry à ce moment-là était presque aveugle. Nous étions trois à Bade à lui servir de caniche, Vivier le corniste, Gustave Doré et moi. A Paris, c'était Georges Bell qui le conduisait dans les rues.

Gustave Doré, cet artiste de génie qui sut si bien comprendre les autres génies, était très joueur et, comme Méry, il avait un *système*, une *marche* tuédiés, dont il attendait les résultats, mais il perdait toujours. Alors la rage s'emparait de lui, et il jetait son or sur le tapis sans réflexion. Cette passion du jeu, qu'il n'éprouvait qu'à Bade, lui coûta très cher. A Paris il travaillait toujours, et, c'est presque superflu de le dire, ses œuvres sont là pour prouver qu'il ne dut jamais se reposer.

Il fut un artiste extraordinaire. Je ne sais ce qu'il avait dans le cerveau. Il a tout embrassé : l'histoire, la nature, les conceptions des grands génies, et avec son crayon, son pinceau ou son ciseau il a rendu tangibles et palpables les rêves et les visions des poètes. Il mourut sans avoir dit son dernier mot. Doré était un gai, un fou, un enfant. Quand il ne travaillait pas, il jouait du violon ou se livrait à la prestidigitation. Pourquoi la nature qui laisse vivre tant de brutes a-t-elle tué si jeune un être qui aimait tant la vie, et auquel elle avait donné une si magnifique organisation? Ce sont là les crimes de la mort

A Bade c'était le célèbre Martin qui taillait au trente et quarante. C'était un vieux beau, orné d'un toupet majestueux, et ayant conservé les manières de l'ancien régime. Il était physionomiste et devinait quel était le tempérament des joueurs qui s'approchaient des tables. Selon lui, le gros joueur, celui qui risquait à chaque coup le maximum et qui s'asseyait était un homme à la mer. Pour gagner, disait-il, il faut tirer des coups de pistolet et rester debout. Martin racontait volontiers des anecdotes. Sous la Restauration on l'avait demandé chez le prince de Talleyrand, pour tailler un trente. Il avait assisté à des parties formidables auxquelles prenaient part le prince de Metternich, le prince de Talleyrand, le duc d'Hamilton et tous les grands personnages de l'Europe.

On sait qu'il n'y pas de gens plus superstitieux que les joueurs. Siraudin qui aimait beaucoup la roulette avait l'habitude de jouer de préférence sur les six derniers numéros. Il avait remarqué que parmi les croupiers il y en avait un ressemblant à l'acteur Rébard, qui n'amenait jamais que ces derniers numéros du 32 au 36. Il attendait que ce croupier fût de service, mais il avait aussi remarqué que pour qu'il gagnât, il fallait que ce croupier, qui portait des lunettes d'écaille noire, eût mis non une redingote, mais un habit bleu barbeau à boutons d'or. Alors il était sûr de gagner. Ce que voyant, il s'en alla trouver ce croupier et lui offrit des boîtes de cigares à la condition qu'il mettrait son habit bleu. Il gagna beaucoup. Par malheur un garçon de salle eut la maladresse de répandre un soir l'huile d'une lampe Carcel sur ce talisman. Le croupier dut se remettre en redingote. Siraudin ne s'aperçut pas de ce changement, il joua et perdit tout son bénéfice.

Enfin les puritains ont triomphé. Ils sont éteints ces brillants salons de Wiesbaden et de Bade. On ne joue plus; les paysans de la forêt Noire ne viennent plus perdre là le salaire de leurs journées; les filles de joie ne viennent plus montrer leurs épaules sur lesquelles coulaient des rivières de diamants. Ces pays en sont-ils plus riches et plus prospères? Hélas! non. L'herbe croît où autrefois s'agitait la foule;

les villes sont désertes malgré les pelouses, les collines qui les entourent et les maisons ont perdu plus de la moitié de leur valeur. En est-on plus vertueux pour cela? Pas le moins du monde. Nous invitons les puritains à méditer là-dessus.

Je ne puis en évoquant mes souvenirs mettre plus d'ordre dans la façon de les raconter ; et malgré moi il me faut passer sans transition possible d'un sujet à un autre.

*
* *

En 1862 je fis deux voyages en Italie, j'avais pour compagnon de voyage Nestor Roqueplan. Nous allions à Turin pour, de là, nous rendre à l'inauguration des chemins de fer allant de Bologne à Ancône, et d'Ancône à Pescara en longeant l'Adriatique. Ces chemins de fer avaient été construits par MM. Gustave et Fernand Delahante et M. Parent. M. Paul Daru et M. le comte de Laferronnais faisaient partie du conseil d'administration.

Roqueplan était un aimable compagnon, mais il avait un tort, celui de ne vouloir jamais s'arrêter. D'un trait et sans se reposer il fallut aller de Paris à Bologne.

Le roi Victor-Emmanuel assistait à cette inauguration. Je n'ai jamais vu de roi plus populaire. M. de Laferronnais nous présenta à Sa Majesté qui, très gracieusement, nous fit monter dans son salon. Pendant toute une journée j'entendis causer le roi, qui était très gai et je dirai très jovial. Il était accompagné de trois aides de camp, de M. Bastoggi, ministre des travaux publics, et du baron Ricasoli. M. Bénédetti, ambassadeur d'Italie, M. le comte d'Ideville, attaché d'ambassade, et M. le comte Pierre de Castellane, consul à Ancône, figuraient aussi parmi les invités.

Le train se mit en marche. Quand on approchait d'une ville, M. Bastoggi prévenait son souverain, qui alors quittait son cigare et mettait des gants de peau blancs. Il disait à M. Bastoggi : « Je dois ménager mes gants, je n'ai que ceux là. Ma gantière à Turin prétend que j'ai la plus grosse main de l'Italie, et n'a pu me livrer que cette seule paire. » Une fois la station passée le roi remettait ses gants dans sa poche.

Il y avait bien entendu grand festin de gala à Ancône ; mais le roi, c'était alors l'étiquette de la maison de Savoie, dînait seul. Au dessert seulement il apparaissait et cela n'avait pas l'air de l'amuser. Il semblait dire aux domestiques : « Mais servez donc plus vite. » J'étais pour ma part ravi qu'il nous fît quitter la table, tant la cuisine d'Ancône était détestable. On nous servit une soupe aux fèves et du veau rouge sous toutes les formes, le tout arrosé d'un vin rouge qui rappelle le sirop de groseille et de vin blanc tirant sur l'eau de javelle, puis avec cela de la mortadelle et du macaroni à l'eau en veux-tu en voilà. Après cinq jours de cette alimentation des Français ont le scorbut.

Le lendemain on partit pour Pescara, où on arriva

le soir à la brune. M. de Laferronais s'apprêtant, au nom du conseil d'administration, à lui adresser un discours, le roi le dispensa de le prononcer. Il saisit ce discours et promit à M. de Laferronais qu'il paraîtrait sûrement dans la *Gazette officielle*. Il prit même un sourire charmant pour lui demander qu'il en fût ainsi. Au retour à Ancône il y eut grand festin, puis représentation de gala au théâtre, où l'on jouait un opéra de Verdi. Le roi assistait à la représentation et quand il entra dans sa loge, on se mit à l'applaudir pendant plus de dix minutes. Après le spectacle, après avoir distribué quelques croix de l'ordre des Saints-Maurice-et-Lazare, il prit congé de M. de Laferronais et le remercia de la façon dont il l'avait reçu. Il le chargea aussi de remercier MM. Delahante, Daru et Parent du beau cadeau qu'ils avaient fait à l'Italie, en venant y construire des chemins de fer. Cela dit, il monta dans un train spécial et partit pour Turin pour de là s'en aller chasser l'ours. La population d'Ancône l'acclama, et pendant une demi-heure cria : « Vive le roi ! » Jamais, on peut l'affirmer, souverain ne fut plus populaire que ce roi galant homme, c'est là son vrai surnom, car lorsqu'il s'arrêtait dans une gare, il regardait à peine les fonctionnaires qui le félicitaient, mais en revanche il lorgnait d'une façon très significative les jolies Italiennes qui se trouvaient dans la foule. Elles en paraissaient très flattées.

Les fêtes officielles étant finies, M. de Laferronais nous proposa quelques excursions. Il nous fit voir le Rubicon, sur lequel passe le chemin de fer. Nous étions au mois de mai, ce torrent était sans eau. J'y jetai mon cigare en pensant à César.

A Ancône j'eus la fatale idée de monter sur le *Lloyd* autrichien qui me fit traverser l'Adriatique et me débarqua en Dalmatie, où je passai trois jours à m'ennuyer. Je revins à Ancône, et de là je filai sur Bologne. J'allai au musée, où je contemplai la *Sainte Cécile* de Raphaël.

Je fus obligé de me fâcher pour obtenir de Roqueplan de nous arrêter à Turin. Son intention était de repartir tout de suite pour Paris, mais je résistai, et je pus visiter tout à mon aise les rues à arcades de la capitale du Piémont et du vermouth.

J'allai trois fois en Italie, et longeant l'Adriatique je poussai même jusqu'au delà des Abbruzes, où je vis des brigands gravissant les Apennins, et j'eus la douleur de rentrer en France sans avoir vu ni Naples, ni Rome, ni Florence, ni Venise.

L'Italie n'eût été pour moi que la France si je n'y avais pas vu des orangers, des aloès et des brigands, et si je n'y avais pas chassé l'ours. On en prit trois. M. Bixio en rapporta un à Paris, qu'il conserva longtemps chez lui, rue Jacob.

Ainsi que je l'ai dit, ce fut M. Rouher qui devint ministre d'État en 1863 à la mort de M. Billault, et qui fut chargé de porter la parole devant les Chambres au nom du gouvernement. Il avait déjà une très grande expérience des affaires et on le considérait comme un véritable homme d'État. Il avait été garde des sceaux et sortait du ministère des travaux publics. C'est à ce dernier ministère qu'il débattit les cahiers des charges des compagnies de chemin de fer, puis que, rompant avec le système de la protection, il avait inauguré, contre l'avis des chambres de commerce et poussé par l'empereur, le régime du libre-échange et conclu des traités avec l'Angleterre. Il avait révélé dans la conduite de ces importantes négociations une très haute capacité; mais était-il orateur? Là était la question. Était-il de force à lutter à la tribune avec MM. Thiers, Jules Favre, Ollivier, Berryer, Marie, Keller et Jules Simon? On l'attendait.

Il avait à discuter les questions les plus brûlantes et à lutter contre toutes sortes d'oppositions. La gauche, Jules Favre en tête, reprochait au gouvernement la folle expédition du Mexique qui nous coûtait tant d'hommes et tant d'argent, sans qu'on pût savoir comment cela finirait. D'un autre côté M. Thiers, aidé de M. Pouyer-Quertier, attaquait les traités de commerce, qui, selon eux, consommaient la ruine de notre industrie et de notre commerce; enfin d'un troisième côté il y avait les catholiques qui reprochaient au gouvernement d'avoir, en Italie, compromis la papauté et livré le successeur de saint Pierre à la révolution.

Le choc fut terrible, et M. Rouher, se multipliant, put tenir tête, aidé un peu dans les questions économiques par M. Baroche, un des plus grands travailleurs du second Empire.

Jules Favre se montra impitoyable dans la question du Mexique. Il avait raison. De ce côté-là M. Rouher ne brilla pas; mais il prit sa revanche avec M. Thiers, dans les discussions de l'Adresse. On se rappelle le discours de M. Thiers sur *les libertés nécessaires* que le gouvernement refusait à la France.

Un jour M. Thiers ayant demandé plus de liberté pour la presse, M. Rouher crut devoir lui rappeler les lois de septembre qu'il avait faites sous le roi Louis-Philippe, alors qu'il était premier ministre. M. Thiers se cabra, et MM. Jules Favre et Marie se cabrèrent également lorsque M. Rouher leur rappela ce qu'ils avaient fait contre cette même presse en 1848.

On échangea des mots très durs de part et d'autre qui furent recueillis par les sténographes. M. de Morny essaya en vain de calmer les orateurs. N'y étant point parvenu, il pria M. Thiers et M. Rouher de venir après la séance dans son cabinet, afin d'adoucir un dialogue qui, selon lui, était trop vif et trop animé et pas du tout parlementaire. Il ne voulait pas que le *Moniteur* le livrât à la publicité.

J'apportai à M. de Morny les feuillets de la sténographie. Il pria les deux violents de se faire des concessions. J'entends toujours M. de Morny disant avec un tact parfait à M. Rouher : « Mon cher ami, vous traitez avec M. Thiers de puissance à puissance, vous êtes premier ministre, il l'a été sous un autre gouvernement, j'ajouterai qu'il est plus âgé que vous. »

La cause était entendue. D'un commun accord on

modifia ce passage de la séance, et on remplaça les expressions malsonnantes par des paroles courtoises. Cela fait, M. Rouher tendit la main à M. Thiers, et on se retira. M. de Morny excellait à arranger les conflits et les froissements de cette sorte.

Ces luttes oratoires étaient très fatigantes. Les orateurs descendaient de la tribune sans avoir un fil de sec. La danseuse qui vient de danser un long pas, le cheval qui vient de fournir une longue course, et l'orateur qui vient de parler deux ou trois heures en arrivent à l'extrême lassitude. La danseuse s'enveloppe dans des couvertures, le cheval est pansé et frictionné. Seul l'orateur n'a ni soubrette ni jockey pour le soigner. Heureusement M. Valette, secrétaire général de la présidence, était là. Combien de fois n'a-t-il pas emmené chez lui M. Thiers, M. Rouher, M. Jules Favre, M. Pouyer-Quertier, M. Baroche, pour leur faire changer de chemise et de gilet de flanelle. Il était la providence des orateurs et leur épargna bien des fluxions de poitrine.

Les séances, à cette époque, étaient toutes orageuses. M. Rouher, je le répète, put tenir tête à l'opposition. Six mois après, sa réputation d'orateur était faite. Ce ministre, grand travailleur, qu'on appelait le second empereur, avait gravées dans la tête toutes les affaires de la France. Sur quelque question qu'on l'attaquât, il montait à la tribune sans dossier.

Comme orateur il possédait en force, en bonhomie et en bonne humeur, ce qui lui manquait en légèreté et en grâce. Sa parole était lourde. On aurait pu le comparer à ces béliers avec lesquels les anciens cre-

vaient les murailles des villes dans lesquelles ils voulaient entrer. Il écrasait ses adversaires.

Il eut pendant plus de trois ans à défendre la malheureuse expédition du Mexique, la politique que suivait l'Empire en Italie, le libre-échange et enfin les agissements, comme on disait déjà, de M. le baron Haussmann comme préfet de la Seine. Les orateurs de l'opposition s'étaient partagé ces questions. Jules Favre se chargeait du Mexique, les catholiques de l'Italie, M. Thiers et M. Pouyer-Quertier, qui se révélait orateur, de la question du libre-échange. Quant à la préfecture de la Seine, elle était attaquée avec infiniment de talent et d'esprit à la tribune par M. Ernest Picard, et dans la presse par M. Jules Ferry, qui devait être plus tard premier ministre, puis aussi dans les *Débats* par M. Léon Say.

M. Picard trouvait, pour attaquer ce qu'il appelait les prodigalités de M. Haussmann, les traits les plus malins. Il l'accusait, par exemple, de vouloir aérer le bois de Vincennes. M. Ferry, de son côté, faisait paraître les *Comptes fantastiques d'Haussmann*.

Quant au préfet de la Seine, ces sarcasmes ne l'émouvaient pas du tout ; il marchait résolument sans être ni distrait de son but, ni découragé par les attaques, parce qu'il était, avec raison, convaincu qu'il accomplissait non seulement une grande œuvre, mais encore une œuvre indispensable. Paris crevait dans le corset de son octroi, qu'il fallait reporter aux fortifications. Douze arrondissements ne suffisaient plus, il en fallait vingt. Enfin, l'encombrement était tel dans les rues et certains quartiers se trouvaient si privés d'air et de lumière, qu'il fallait porter la pioche à peu près partout, élargir les voies et les grandes artères, en créer d'autres, puis établir des boulevards et des squares plantés de grands arbres pour assainir les cloaques. Je ne sais pas ce que tout cela a coûté, mais ce que je puis dire, d'après l'avis d'esprits compétents, c'est que le baron Haussmann a fait une œuvre humanitaire et qu'il a sauvé la vie à bien des enfants, qui, sans ces éclaircies et ces démolitions, fussent morts au berceau. C'est bien là quelque chose, et il me semble qu'à cause de cela on aurait pu lui épargner un peu les critiques. Et d'ailleurs le temps lui a donné raison : ces avenues, ces rues, ces boulevards dont on critiquait les dimensions, sont aujourd'hui trop étroits.

Je voulus dire mon mot dans cette question d'édilité parisienne, et je fis paraître une brochure intitulée : *Paris nouveau jugé par un flâneur* ; je parlais en mon nom, et je n'avais reçu mandat de personne. Par malheur, mon éditeur eut la fâcheuse idée de faire mettre sur la couverture de ma brochure les armes de la Ville, ce qui, aux yeux du public, lui donnait un caractère officiel ; je vis à ce propos M. Haussmann pour m'excuser de ce malentendu, et, dans les divers entretiens que j'eus avec lui à ce propos, je pus juger l'homme. C'était un homme d'infiniment d'esprit, travailleur infatigable, qui était dès cinq heures du matin dans son cabinet. Il savait par cœur toutes les affaires de la Ville, et quand il travaillait avec ses ingénieurs et ses chefs de service, il lisait sans les ouvrir tout ce qu'il y avait dans leurs dossiers. Il vivait très simplement. A côté de toutes les croix et de toutes les plaques qui décoraient ses habits, on voyait, attachée à son gilet, une petite chaîne en or qui valait bien dix-huit francs. Il n'en porta jamais d'autre. L'histoire rapporte qu'il s'intéressait beaucoup à l'Opéra et aux théâtres qu'il fit construire. Je n'en sais rien, mais en tout cas rien n'aurait pu lui faire négliger ses affaires. Il ne fit jamais parti de la société des *petits coquins*. On appelait ainsi, à cette époque, certains personnages très mûrs revêtus des plus hautes fonctions, qui, le soir, de temps en temps, se réunissaient en secret dans des cabinets très particuliers avec des demoiselles charmantes. Cela n'était point d'ailleurs spécial au second Empire, et s'est vu sous tous les gouvernements. La race des Céladons est éternelle.

Pour en finir avec ma brochure, je dirai qu'elle fut très violemment attaquée dans le *Temps* par Jules Ferry et dans la *Gazette de France* par M. Victor Fournel. Mais j'avais raison.

On a dit que le second Empire avait produit quatre hommes forts : M. Rouher, M. Haussmann et MM. Émile et Isaac Pereire.

Je disais que dans les discussions engagées à propos du libre-échange et des traités de commerce, M. Thiers avait trouvé un champion digne de combattre à côté de lui et de compléter ses arguments. C'était M. Pouyer-Quertier, qui, en sa qualité de grand industriel, connaissait ces questions de travail et de salaires bien mieux que tous les théoriciens du ministère. Il prononça quatre ou cinq grands discours que ni M. Rouher ni M. Baroche ne purent réfuter. A partir de cet instant, M. Pouyer-Quertier compta parmi les hommes les plus distingués de la Chambre. Ceci explique pourquoi, lorsque, en 1871, M. Thiers devint chef du pouvoir exécutif, il le choisit pour ministre des finances et le chargea d'abord de s'en aller à Francfort avec M. Jules Favre pour traiter avec M. de Bismarck, puis ensuite de négocier l'emprunt destiné à payer l'indemnité due aux Prussiens.

M. Pouyer-Quertier étonna M. de Bismarck par sa force prodigieuse, par son appétit et par cette faculté précieuse qu'il possède de travailler quinze heures sans se reposer. C'est un Normand taillé en hercule. M. de Bismarck avait, en 1871, mal à l'estomac, la guerre l'avait beaucoup fatigué. Son médecin lui ordonnait de prendre de l'eau de Vichy dans laquelle il ajoutait du jus de citron. Ce mélange était atroce. M. Pouyer-Quertier, tout en discutant avec le chancelier, voulut goûter à ce breuvage. Il en avala plusieurs verres à grands traits. Quant à Jules Favre, qui avait encore bien plus mal à l'estomac que M. de Bismarck, il ne voulut pas même en goûter. A partir de cet instant, le chancelier se prit à envier la santé de M. Pouyer-Quertier, et il disait : « On prétend que je suis de fer, mais M. Pouyer-Quertier est en acier. »

Ne pouvant réfuter M. Pouyer-Quertier, ses adversaires crurent en avoir raison en le représentant comme le défenseur égoïste de ceux qu'on appelle les hauts barons de la féodalité industrielle. Rien n'est plus faux ; le temps s'est chargé de le démontrer et de faire comprendre que M. Pouyer-Quertier, en défendant le travail national contre l'envahissement de la concurrence étrangère, défendait autant le salaire des ouvriers que les bénéfices réalisés par les patrons. Les travailleurs eux-mêmes commencent à le reconnaître.

Le *Moniteur* était à cette époque, comme je l'ai dit, dans les attributions de M. Boudet, ministre de l'intérieur, qui s'entendit très bien avec M. Paul Dalloz devenu seul gérant. Étant édifié sur sa loyauté et sur sa compétence, il se lia d'amitié avec lui, le laissa plus libre, et lui permit de fonder le *Petit Moniteur*. Il voyait en M. Paul Dalloz un allié sincère et non un agent qu'on aurait pu croire suspect, si on en avait jugé par la méfiance qu'à certains instants, sous les autres ministres, on semblait avoir eue de lui. Tout marcha bien. M. Boudet, bien que revoyant le journal quelquefois, avait chargé de ce soin le comte Treilhard, qui était directeur général de la presse au ministère de l'intérieur.

Le comte Treilhard était avant tout un homme d'esprit, qui voyait les choses de haut et n'épluchait pas les virgules du journal. Il prenait même pour le reviser une désinvolture assez originale. Une fois, dans ce bulletin inutile et nul du *Moniteur*, que rédigèrent l'un après l'autre M. Charles Reybaud et un très savant professeur, se trouvait le mot Danemark. Le rédacteur de ce bulletin ayant dit au comte Treilhard qu'il ignorait si Danemark s'écrivait avec un *c* avant le *k* de la fin, M. Treilhard, qui fumait son cigare, lui répondit : « Je n'en sais rien non plus, mais en tout cas, je ne trouve pas dans la langue française d'expression assez forte pour vous dire à quel point je m'en fous. »

Ce comte Treilhard était un lettré pilier de la Comédie française. Quand on jouait le *Misanthrope*, *Esther* ou *Amphytrion*, il y allait et restait jusqu'à la fin. Ces soirs-là, il nous avertissait et nous priait de lui apporter le journal très tard. Après quoi il s'en allait à son cercle jouer au baccarat ou au piquet, au *rubicon* à un franc le point. C'était un joueur effréné. Il était de la partie de Khalib-Bey, cet étrange ambassadeur que la Turquie nous envoya. Khalib-Bey était entouré de trois ou quatre secrétaires chargés de faire courir le bruit qu'il avait de l'esprit. Il n'en était rien. Il portait des lunettes bleues et ressemblait bien plus à un commissaire-priseur qu'à une Excellence. Il était laid, et sans ses millions, qu'il eut la justice de nous laisser à Paris, on n'aurait pas fait attention à lui. Les dames légères se conduisirent très bien avec lui et le renvoyèrent à Constantinople dépouillé comme Jean-Sans-Terre.

Khalib-Bey, quand il jouait au baccarat avec le comte Treilhard, le baron de Pl... et autres gros bonnets des grands cercles, avait l'habitude de vouloir toujours compter l'argent de la *cagnotte*, qui, comme on sait, appartient en commun à tous les joueurs. Ces attouchements inquiétaient M. Treilhard qui, avec sa voix nasillarde, lui disait : « Mon cher Khalib-Bey, ne touchez donc pas à la cagnotte, je ne me méfie pas de vous, mais il est *sans exemple* qu'on y ait ajouté quelque chose. »

Le comte Treilhard était un homme, et il eût été

à souhaiter que les journalistes et les écrivains eussent toujours été contrôlés par un esprit de sa valeur.

Étant données les franchises relatives dont jouissait le Corps législatif, il était impossible que les partis restassent en présence les uns des autres sans se faire des concessions. Il était évident que des hommes de droite devaient passer à gauche, ou des hommes de gauche à droite. M. de Morny, qui était très fin, s'y attendait et le souhaitait. Il avait lui, personnellement, jeté son dévolu sur M. Émile Ollivier auquel il trouvait beaucoup de talent et qui, bien que républicain, ne s'était jamais posé en intransigeant. Il aimait la liberté avant tout, de quelque côté qu'elle vînt. Il négocia avec lui et chercha un moyen de rapprochement. Cela se passait en 1864.

Il proposa à M. Ollivier d'être rapporteur de la loi si libérale sur les coalitions. M. Ollivier accepta. Dès cet instant, de même qu'une jeune fille de seize ans commence à sentir les pommes, M. Ollivier commença à sentir le pouvoir. Le premier pas était fait : c'est le seul qui coûte. Un peu plus tard on sait ce qu'il advint.

M. de Morny mourut le 10 mars 1865, peu de temps après avoir fait cette recrue à l'empereur. Le souverain n'oublia pas le conseil que lui avait donné le plus habile et le plus dévoué de ses amis politiques. Le comte Walewski devait lui succéder comme président du Corps législatif, et le marquis de Lavalette devenir ministre de l'intérieur à la place de M. Boudet. M. Rouher insista beaucoup pour qu'il en fût ainsi.

Dès son arrivée au ministère de l'intérieur, M. de Lavalette donna le signal de la persécution contre le *Moniteur*. Cela nous surprit beaucoup, car M. de Lavalette était ce qu'on appelle un gentleman. Il fut aidé dans cette tâche par son secrétaire général, M. de Saint-Paul, ancien préfet et ancien secrétaire de M. Billault à ce même ministère de l'intérieur. Pourquoi M. de Lavalette en voulut-il au *Moniteur?* Il n'aurait pu le dire, et c'est précisément pour cela qu'il se montrait injuste. Les rapports forcés entre lui et M. Paul Dalloz s'envenimèrent à ce point que ce dernier, qui avait un traité en vertu duquel le *Moniteur* était journal officiel jusqu'au 1er janvier 1869, n'opposa d'abord que la force d'inertie aux mauvaises humeurs du ministre, puis peu de temps après crut devoir éviter toute relation directe avec lui. Alors on jeta le masque, et on lui fit savoir qu'à son expiration le traité ne serait pas renouvelé, et que le *Moniteur*, ce qui était une faute, ainsi qu'on l'a reconnu depuis, ne serait plus l'organe du gouvernement, ainsi qu'il l'avait été depuis 1789.

C'est ainsi que commença une guerre de taquineries et de mesquineries avec lesquelles M. Paul Dalloz pourrait faire un livre bien comique, s'il lui prenait un jour l'idée d'écrire les *Mémoires d'un Directeur du Moniteur*.

On se battit les flancs pour trouver le journal en défaut, afin de pouvoir prétendre qu'il n'y avait pas de sécurité à laisser ce journal entre les mains de

M. Dalloz. On trouva des prétextes, mais le hasard voulut que tous ces prétextes se retournassent contre le ministère.

Je vais citer des exemples.

Au mois de mars 1866, M. Laboulaye se présentait comme député de l'opposition à Strasbourg contre M. le baron de Bussières, candidat officiel. Ce fut même à cette occasion qu'il reçut cet encrier qui a fait couler des flots d'encre. Le préfet de Strasbourg avait reçu l'ordre de combattre M. Laboulaye et d'en faire une sorte de bête du Gévaudan.

Il manœuvrait en conséquence, lorsque, pendant la période électorale, le *Moniteur* arriva à Strasbourg contenant un éloge, d'ailleurs très mérité, de M. Laboulaye. Cet éloge lui avait été décerné à la Sorbonne à une cérémonie relative à la fondation des bibliothèques populaires. En lisant ces éloges le préfet de Strasbourg pâlit et écrivit au ministre de l'intérieur, M. de Lavalette, qu'on avait compromis le sort de l'élection en faisant dans l'organe officiel du gouvernement l'apologie de celui qu'il avait mission de combattre.

Si le préfet de Strasbourg avait pâli, M. de Lavalette jubila. Le *Moniteur* était en faute, et on conta l'affaire à l'empereur. On nous fit comparaître pour nous accabler. Mais quel ne fut pas le désappointement du ministre quand on lui eut rappelé qu'il avait revu le journal et qu'il n'avait pas fait d'observation. Il nous demanda pourquoi nous avions pris sous notre bonnet d'avoir parlé de cette cérémonie. Il croyait nous tenir, mais il fut forcé de reconnaître qu'il ne nous tenait pas du tout, quand il lui fut prouvé que ce n'était pas nous qui avions pris sous notre bonnet de parler, mais bien M. le général Favé, aide de camp de l'empereur, qui nous avait adressé un compte rendu écrit sur du papier portant ces mots : *Palais des Tuileries, Cabinet de l'Empereur!* On voulut bien nous absoudre, et M. de Lavalette en fut pour une colère rentrée.

Autre exemple :

Le 10 novembre 1867, le général de Failly, qui commandait à Mentana contre Garibaldi, envoie au ministre de la guerre son rapport sur cette affaire, et le termine par ces mots : *nos chassepots ont fait merveille.* M. Dalloz, en envoyant les épreuves du *Moniteur*, signala cette phrase malheureuse. Au ministère on nous demanda de quoi nous nous mêlions, et on ne nous écouta pas. On sait ce qui se passa le lendemain. Ce fut, dans Paris, un *tolle* général contre cette lugubre facétie.

⁂

J'arrive maintenant à un autre ordre d'idées. Je voudrais bien dire quelques mots sur la cour de Napoléon III, et sur ce qui passait l'hiver aux Tuileries et l'automne à Compiègne ; mais les documents font défaut. On n'était renseigné à cet égard que par le journal *l'Indépendance belge*, qui jouait à cette époque un peu le rôle de la *Gazette de Hollande*.

L'*Indépendance* avait à Paris des correspondants
qui allaient partout et auxquels chacun faisait des
confidences qu'on n'aurait pas pu utiliser dans des
journaux publiés à Paris. L'*Indépendance* était donc
le fruit défendu, mais un fruit défendu très anodin
S'il en eût été autrement, si les chroniqueurs se
fussent montrés indiscrets, ou même trop bien ren-
seignés, on l'aurait saisie à la frontière, petit désagrément qui lui arrivait souvent.

L'empereur et l'impératrice avaient donné mission
à leurs maîtres des cérémonies d'animer la cour. Il
ne fallait pour cela que des jolies femmes et des
hommes d'esprit, qui dans aucun temps n'ont fait
défaut en France.

Je ne dirai rien des femmes élégantes et spirituelles de cette époque, qui servaient pour ainsi dire
de dames d'honneur à l'impératrice. Je ne ferai
d'exception que pour la princesse de Metternich,
femme de l'ambassadeur d'Autriche. C'était un
démon pour l'esprit. C'est d'elle qu'on disait : elle
n'est pas jolie, elle est *pire*. C'était l'Autrichienne
la plus Parisienne qu'on pût imaginer. Elle allait
à l'Opéra par genre, mais elle s'amusait bien mieux
dans les petits théâtres. Elle vit plus de cinquante
fois le *Punch Grassot* au Palais-Royal. Elle protégeait Wagner et fit jouer son *Tannhauser* à l'Opéra,

Quant aux hommes — on devine leurs noms — ils
formaient le dessus du panier du talent. Les écrivains qui s'étaient distingués dans quelque genre
que ce fût faisaient partie des séries de Compiègne.
Il en était de même pour les peintres, les sculpteurs

et les architectes. On y jouait, entre amateurs, des pièces improvisées par les invités, en souvenir de l'*Impromptu de Versailles.*

En France, pays fort spirituel, on est parfois presque bête. Depuis la chute de l'Empire, des pointus et des fâcheux ne se sont-ils pas avisés de reprocher à certains hommes d'être allés à Compiègne. Peut-on s'imaginer quoi que ce soit de plus injuste? On allait à Compiègne parce qu'on était pourvu d'un mérite qui vous classait dans l'élite. Et d'ailleurs, en étant l'hôte de l'empereur, on rendait visite à celui qui avait rétabli le suffrage universel et qui, jusqu'à présent encore, reste celui que le susdit suffrage a le plus comblé de ses faveurs. J'en parle bien à mon aise, moi qui n'eus jamais ni cet excès d'honneur, ni cette indignité, ajouterai-je pour terminer ma citation.

A Compiègne, l'empereur attirait à lui Mérimée, Sainte-Beuve et M. de Saulcy pour parler de sa *Vie de César*, à laquelle il travaillait lorsque la politique le lui permettait. Il questionnait beaucoup ses interlocuteurs, et souvent lorsque la comédie allait commencer, il fallait le prévenir et l'arracher à la guerre des Gaules et à Vercingétorix. Que de savants ont fait des recherches pour un livre qui ne devait pas être achevé!

Mais Sainte-Beuve, tout en mettant son érudition à la disposition de l'empereur, préférait au séjour de la cour ces dîners dans lesquels il se retrouvait avec Théophile Gautier, Renan, Schérer, Saint-Victor, Flaubert, Nefftzer, Charles Edmond, madame Sand. On avait, on ne sait pas pourquoi, appelé ces réunions le *dîner des athées*. On y discutait à perte de vue philosophie et littérature, et on n'était pas toujours d'accord. Sainte-Beuve ouvrait son cœur de libre penseur. C'était, comme on sait, la malice incarnée. Il prenait, si l'on en excepte une vingtaine, tous ses contemporains en pitié. Il ne voyait en eux que des gens n'osant pas parler, et empiergés par des préjugés politiques, philosophiques, littéraires et religieux, avec lesquels ils n'avaient pas le courage de rompre. Lui-même partageait un peu cette timidité que sa double qualité de sénateur et d'académicien lui conseillait. Ce ne fut qu'à ses derniers instants qu'il déclara nettement sa pensée, et afficha ne croire à rien. Il se fit sottement enterrer civilement. Ce fut à croire que les tristes lauriers de Lamennais troublaient son dernier sommeil. Il a laissé une œuvre considérable qui prouvera qu'il fut un très grand érudit, un écrivain subtil ; mais cherchez-y une conviction, une consolation, une espérance, vous ne les y trouverez pas. Ce fut un misanthrope, un inassouvi, qui ne put jamais se consoler d'avoir été laid, et qui traversa la vie en rêvant à être aimé des duchesses, et n'arrivant à posséder que des maritornes qu'il ne sut pas poétiser, parce qu'il lui manquait l'enthousiasme de Don Quichotte. Malgré tout cela son œuvre restera, parce qu'elle est distincte de l'homme.

M. Renan, tout en allant aussi loin que lui, est bien plus attrayant. C'est avant tout un charmeur et un dilettante. Dans sa *Vie de Jésus* ne soutient-il pas le plus charmant et le plus ingénieux des paradoxes ? On avait enseigné à Renan que Jésus était un Dieu qui s'était fait homme. Il n'en veut rien croire, et en écrivant après tant d'autres son histoire, il nous prouve, quoi? que Jésus est un homme qui s'est fait Dieu parce qu'il l'égale en sagesse et en bonté. Croit-il, ou ne croit-il pas à Dieu? il ne s'est jamais nettement expliqué à cet égard. Il a sur ce point des hésitations délicieuses qui sont incapables de scandaliser, même les dévots. Qu'on relise le discours qu'il fit à l'Académie française en recevant M. Pasteur, et on sera de mon avis. Et puis M. Renan est un philanthrope convaincu. Il croit les hommes bons, et rappelle que leur éternel honneur sera d'avoir créé la morale et l'art. M. Renan, je l'affirme, ne corrompra jamais personne. La jeunesse confiée à ses soins ne courra pas le moindre danger. Toute sa vie il se souviendra du séminaire où il fut élevé. Il restera comme un des plus prodigieux écrivains de son siècle.

Théophile Gautier, on l'a déjà deviné, brillait au premier rang dans cette société d'élite. On peut dire de Gautier qu'il était blasé d'Idéal, tant il l'avait médité, admiré et atteint lui-même dans ses œuvres. Il restera, celui-là, le poète des élégants et des délicats. Il eut ce mérite très rare d'avoir su écrire aussi bien en vers qu'en prose. *Émaux et Camées* est un pur chef-d'œuvre. *Mademoiselle de Maupin* n'est pas qu'un roman obscène, ainsi que le pensent les esprits obtus et bornés, c'est un livre philosophique dans lequel Gautier examine et discute toutes sortes de problèmes. Quoi de plus élevé que ce parallèle du génie du paganisme avec celui du christianisme? On peut n'être pas de son avis, mais quels beaux coups d'aile dans cette fugue originale et téméraire? Ses romans, ses contes, ses nouvelles sont des bijoux. *Fortunio*, la *Toison d'or*, le *Nid de rossignols* rappellent les contes de Voltaire.

Il est tout à la fois créateur et critique. On lira toujours avec plaisir les belles luttes qu'il dut soutenir pour faire triompher le romantisme en littérature et en peinture. C'est par la brèche ouverte par sa plume que Victor Hugo, Alexandre Dumas, de Vigny, Delacroix et Decamps sont montés à l'assaut. Gautier, en accomplissant cette tâche, fit un effort magnifique de talent. C'était le plus doux des hommes. Il avait su régler, d'une façon fort sage, ce qu'on pourrait appeler ses rapports avec ses semblables. S'ils étaient faibles et impuissants, il ne discutait pas; mais s'ils étaient forts, gare à eux. Que de fois il lui est arrivé, alors qu'il se trouvait dans un milieu qui n'était pas le sien, de ne pas ouvrir la bouche; au risque de passer pour un imbécile aux yeux des sots qui l'environnaient. Il ne tenait pas du tout à leur considération.

Peut-être bien parce qu'il avait beaucoup lu Rabelais, il en aimait, dans l'intimité, la langue grasse. On se refusait à admettre que le poète qui avait porté la délicatesse du langage et la splendeur de la forme à ses dernières limites, pût, dans une conversation privée, se montrer aussi fort en gueule. Il prenait, dans ces moments-là, un air tout à la fois formidable et doux. Jamais, même quand il discutait avec animation, il n'élevait la voix ni ne se départissait de sa sérénité olympienne. Il va sans dire que, dans un salon peuplé de jolies femmes, nul ne savait marivauder mieux que lui. Un mot résume sa vie, le travail. Pendant plus de douze ans j'ai passé avec lui tous mes dimanches. Il ne se reposa jamais ; ce jour-là, il écrivait son feuilleton de théâtre du lundi sur des petits carrés de papier. Il avait une écriture microscopique. Après chaque feuillet, il se levait machinalement et s'en allait à l'imprimerie, près de laquelle il travaillait. Il saisissait une lettre d'imprimerie, l'examinait avec curiosité, puis la remettait dans sa casse. C'était chez lui un tic dont il n'avait pas conscience. Il attendait toujours au dernier moment pour écrire son feuilleton. « On ne se fait jamais, disait-il, guillotiner avant l'heure.

Il avait tout lu. Il était latiniste de première force. Quant à la langue française, elle n'avait pas de secret pour lui. Il maniait avec la même élégance la langue du xviie et celle du xviiie siècle. C'est dans la langue de Louis XIII qu'il a écrit le *Capitaine Fracasse*, et c'est dans la langue de Marivaux qu'il a écrit le *Petit chien de la marquise*. C'était un jeu pour lui de pasticher Montaigne, Rabelais et Brantôme.

Pendant plus de trente ans, il écrivit un feuilleton dramatique. C'était un supplice pour lui d'aller au théâtre ; aussi, en écoutant les pièces, il prenait des attitudes d'âme en peine. Quant à son aversion pour la musique, elle est connue, il la partageait avec Lamartine et Victor Hugo, qui ne l'ont pas plus aimée que lui. Il disait que la musique était le plus coûteux de tous les bruits.

Ce grand écrivain, ce maître, se présenta à l'Académie, qui eut le très grand tort de le repousser. Car enfin, sous le romantisme de Gautier, il y avait l'instruction la plus solide et la plus académique jointe à une profonde connaissance des anciens et des classiques. Il fut repoussé de parti pris. Il ne s'agit pour s'en convaincre que de se rappeler ce qui se passa le jour de l'élection. Il y eut trois tours de scrutin. A chaque tour il obtint quatorze voix. Il en fallait seize pour passer. On renvoya l'élection à six mois, Gautier n'existait plus.

J'ai parlé de cette sérénité olympienne qu'il savait toujours conserver, même quand il parlait la langue grasse. En voici un exemple. Avant de se présenter à l'Académie, il fit des visites, et alla voir M. de Sacy. Celui-ci, étendu dans un fauteuil à oreilles, fronça le sourcil dès qu'il le vit entrer et prit un air tout scandalisé. Gautier, que cette attitude offensait à juste titre, crut devoir brûler ses vaisseaux. Alors, regardant M. de Sacy, il lui dit : « Rassurez-vous, monsieur, je ne viens pas ici pour vous dire des cochonneries. » Puis il se retira.

Il avait visité l'Italie, la Grèce, l'Égypte et la Russie. Ces voyages nous valurent cinq ou six livres exquis.

Je me rappelle que, près de Padoue, je trouvai, dans un couvent des Carmes, la trace de son passage. Le supérieur l'avait prié d'écrire quelque chose sur un registre qu'on présentait aux visiteurs. Dans ce couvent on était fort sale. Gautier avait écrit ces lignes : « Je n'ai jamais compris pourquoi des hommes se réunissent pour *puer ensemble* en l'honneur d'un

Dieu qui a créé quatre-vingt-dix mille espèces de fleurs. »

Dans la vie pratique Gautier était impossible. En voyageant avec lui j'ai constaté qu'il ne savait ni ouvrir ni fermer une malle. Il ne savait pas mettre sa cravate, ni acheter un chapeau. Quand il ne causait pas avec ses pareils, c'est à peine s'il parvenait à s'expliquer. Une fois il était seul au journal *l'Entr'acte* dont il fut un instant le rédacteur en chef honoraire. Il vit entrer un brave homme qu'il se mit à regarder et qu'il intimida probablement. Comme il ne parlait pas, Gautier, au lieu de lui demander ce qu'il désirait, lui dit : *Proférez quelques sons*. Là-dessus notre homme décampa et rencontra heureusement un garçon de bureau avec lequel il s'entendit. Il venait renouveler un abonnement, opération bien simple que Gautier n'aurait pu accomplir.

J'arrive à Paul de Saint-Victor, et, devant son souvenir, je me découvre en signe de respect et d'amitié. J'ai eu le bonheur de vivre plus de vingt ans en frère avec lui. Nous allions ensemble à toutes les premières représentations. Pendant les vacances, nous faisions des excursions. Je suis donc à même de le prendre ici en pantoufles.

Saint-Victor fut élevé dans la maison des Jésuites à Fribourg. Il alla ensuite à Rome achever sa rhétorique et sa philosophie. Il fit ce qu'on appelle de très brillantes études. Il fut gallican, aima peu ses maîtres, et partagea sur eux l'opinion de Pascal, qu'il regardait comme un saint homme.

Je ne voudrais point parler comme les biographies

universelles, cependant je suis bien forcé de dire qu'au sortir de l'école il se prit d'une belle passion pour les lettres et les arts.

Il partagea sa vie entre la lecture et les voyages. Lamartine, qui devinait son talent, le prit pour secrétaire, et le fit entrer d'abord à la *Semaine*, puis au journal *le Pays*, où il fit des feuilletons dramatiques qui fixèrent tout de suite l'attention. De là il passa à la *Presse*, où il remplaça Théophile Gautier, à la *Liberté*, et enfin au *Moniteur*, où il remplaça encore Théophile Gautier.

J'ai dit qu'il voyagea beaucoup. Il alla visiter les uns après les autres tous les musées de l'Europe, et c'est en méditant sur les chefs-d'œuvre de tous les maîtres qu'il forma son jugement. De retour chez lui, il retrouva son père, M. de Saint-Victor, qui était lui-même un écrivain de race, un critique d'art de premier ordre qui compléta son éducation.

Il avait lu tout ce qu'il est possible de lire. Il connaissait les anciens aussi bien que les nouveaux. Sa mémoire était prodigieuse. Il pouvait réciter des passages entiers d'Homère, d'Eschyle, de Virgile, de Dante, de Rabelais, de Shakspeare, de Molière, de Corneille, de Racine, de Victor Hugo, qui étaient ses auteurs favoris. En art comme en littérature il était éclectique et admirait *Phèdre* et le *Misanthrope* autant qu'*Hamlet* et *Hernani*. On le verra dans le troisième volume des *Deux Masques*, dans lequel, après les œuvres des poètes anciens, il parle de celles des poètes modernes.

On a dit qu'il était Grec avant tout : c'est vrai,

mais cela ne l'empêcha pas d'admirer les hommes du xvii° et du xviii° siècle.

Il avait des habitudes et des manies singulières. Ainsi toute sa vie il se servit d'un même encrier en bois noir qu'il avait rapporté de Fribourg. Il avait la superstition de croire qu'il ne trouverait pas d'idées sous sa plume, s'il en plongeait le bec dans un autre encrier.

Il ne pouvait écrire que dans son cabinet de travail. En voyage, c'est à peine s'il prenait des notes, tant il était sûr de sa mémoire. Il n'écrivit jamais avec une plume d'auberge, ni sur le bout d'une table. Il ne se mettait au travail qu'après avoir été rasé et coiffé; pour un peu, il aurait mis des manchettes de dentelle.

Il était la terreur des metteurs en pages, car, s'il écrivait sans raturer, il n'en était plus de même sur les épreuves. Il lui en fallait trois ou quatre, tant il redoutait les fautes typographiques.

A ce propos, voici ce qui lui arriva le jour de l'inauguration du nouvel Opéra. Le directeur du *New-York Herald* l'avait prié de vouloir bien rendre compte de la représentation, séance tenante. Pour cela, ce directeur installa Saint-Victor dans ses bureaux près de l'Opéra. Il écrivait sur des petits feuillets de papier, et au fur et à mesure qu'un feuillet était rempli, on le portait au câble sous-marin, retenu exprès, et on le télégraphiait à New-York. Quand le dernier feuillet fut expédié, Saint-Victor resta à sa place, attendant quoi? une épreuve de son article. Il comprit que c'était impossible. Il se retira inquiet en songeant que le lendemain matin, à New-York, on lirait de lui un article probablement criblé de fautes.

Lorsque, quinze jours après, on vint apporter à Saint-Victor le numéro du *New-York Herald* contenant son compte rendu, il prit le journal et le brûla sans l'ouvrir, n'osant pas constater les fautes dont, selon lui, il devait être émaillé.

Ce grand esprit, qui pendant vingt-cinq ans écrivit des feuilletons dramatiques qui sont des chefs-d'œuvre, avait pour le théâtre une aversion égale à celle que Gautier éprouvait lui-même. Il n'assistait qu'aux premières représentations. Jamais, lui qui avait ses entrées partout, il n'eut l'idée de se montrer dans une salle de spectacle.

Saint-Victor, cela ne paraît pas croyable, et cependant cela est, ne vit jamais la *Dame Blanche* ni la *Juive ;* ce n'était point par indifférence. Il préférait lire les pièces assis dans son fauteuil. Les auteurs dramatiques n'eussent pas été, d'ailleurs, fondés à se plaindre. Il n'y avait pas de critique plus consciencieux. Si parfois il fut sévère pour des auteurs et des artistes, on le vit presque toujours redevenir aimable avec eux. Ainsi un malentendu, un malentendu seul, l'avait brouillé avec Alexandre Dumas fils. Il prouva qu'il n'y avait chez lui aucun parti pris par le bien qu'il dit de *Monsieur Alphonse* et de la *Princesse de Bagdad*, qui était, selon lui, une pièce très originale. Ce fut la dernière fois qu'il eut à parler de Dumas.

Avec les peintres il en fut de même. Après avoir tenu la dragée haute à M. Bonnat et à M. Carolus Duran, il les loua ensuite sans réserve.

Saint-Victor avait horreur de ce qu'on pourrait appeler les cancans de coulisses. Selon son expression, les auteurs, les directeurs et les artistes n'étaient justiciables de la critique que la toile levée.

Cette réserve, il l'observait d'ailleurs dans toutes les circonstances de sa vie. Certes, il avait été assez fêté, assez adulé, ainsi que le prouvaient les lettres trouvées dans son secrétaire, et malgré cela il ne parlait jamais de lui ni de ce qu'il avait écrit. Il était sur ce point d'une modestie farouche. Il ne consentait à parler littérature ou art que quand on le questionnait. Il avait été très assidu à ce *dîner des athées* dont je viens de parler, puis à un autre dîner, dit des *Spartiates*. Là, entre confrères, il consentait à donner, et à tirer ce qu'on a appelé ses feux d'artifice, qui rivalisaient d'éclat, de verve et d'originalité avec ceux de Théophile Gautier. Sur un autre terrain que celui-là, il fallait voir Saint-Victor aux prises avec Barbey d'Aurevilly. Tous deux s'aimaient, s'estimaient, mais n'étaient point toujours d'accord. Après s'être bien disputés, et avoir jeté beaucoup d'esprit par la fenêtre, ils se serraient la main, mais ne se convertissaient pas.

Saint-Victor aima avec passion Phidias, Léonard de Vinci, Rembrandt et Watteau. Grâce à sa prodigieuse virtuosité, quand il parlait de ces grands artistes, il s'incarnait en eux. Comme Gautier, il était épris de la forme. Pygmalion aurait voulu que sa statue devînt femme. Saint-Victor, au contraire, aurait voulu que la femme devînt statue.

Il détestait la musique. Les *Huguenots*, le *Pré-aux-*

Clercs, *Don Juan*, avaient seuls le pouvoir de lui faire dresser l'oreille. Malgré cette aversion, toujours grâce à sa virtuosité merveilleuse, il en parlait avec compétence. Si on en doute, qu'on relise les magnifiques choses qu'il a écrites sur la mort de Rossini, sur ce qu'il appelait le côté jouisseur et païen du talent d'Auber, et enfin sur la musique du *Don Juan* de Mozart, sur la musique, vous entendez bien, et non sur le poème.

Par exemple, les ouvrages médiocres le mettaient en fureur. Les *Mousquetaires de la Reine*, le *Val d'Andorre* l'auraient fait fuir au bout du monde.

Il avait une passion pour Venise, et s'il avait été libre, il eût passé sa vie sur la place Saint-Marc.

Bien que ce fût un esprit grave, il avait ses instants de gaieté. Ainsi, comme Flaubert et Gautier, le type de *Monsieur Prudhomme* le mettait en belle humeur. Il recherchait Henri Monnier et l'écoutait avec curiosité.

Parmi les pièces de théâtre bien démodées et bien *rococo*, il s'en trouvait qu'il ne pouvait parcourir sans être en proie à une hilarité profonde. *Ketty ou le Retour en Suisse* et la *Leçon de botanique*, de Dupaty, étaient pour lui un régal. Les niaiseries qu'il y rencontrait reposaient son esprit.

Saint-Victor a été salué maître par Victor Hugo, par Sainte-Beuve, par Renan, par Taine, par de Pontmartin, par Barbey d'Aurevilly. Il a laissé une œuvre exquise dans laquelle on chercherait en vain une tache, une imperfection, un moment de lassitude. Il y avait en lui du tempérament de Schakspeare, toujours à outrance. Sa prose a l'harmonie et l'élégance du vers, tant elle est bien rythmée. Pour lui, il n'y avait pas de synonymes dans la langue, tant il savait toujours trouver le mot juste. Il possédait même ce mérite très rare de doter les mots d'acceptions délicieuses que de moins habiles que lui n'avaient pas trouvées.

Voilà pour l'écrivain, qui était prodigieux. Quant à l'érudit, il était peut-être plus prodigieux encore. Aussi avait-il le don de ne puiser qu'à des sources inconnues. Avec lui on était sûr d'être à l'abri des citations banales.

« Quel homme c'était! a dit Victor Hugo. Vous vous rappelez cette rudesse, défaut d'une âme franche qui recouvrait une grâce charmante. Pas de délicatesse plus exquise que celle de ce noble esprit. Combinez la science d'un mage assyrien avec la courtoisie d'un chevalier français, vous aurez Saint-Victor. »

Dans sa grande étude des tragiques grecs, il a pénétré tous les mystères des mythologies, et analysé avec une clarté surprenante les incarnations successives des divinités grecques. Dans son livre sur *Eschyle*, il donne de la fable de Prométhée une explication absolument originale et nouvelle par laquelle il prouve qu'on s'était jusqu'alors mépris sur le sens précis de cette fable.

Ses études sur les tragiques grecs, *Hommes et Dieux*, resteront des livres classiques où on ira puiser des modèles de style. *Barbares et Bandits* ne sont pas moins admirables. Le portrait du gros Guillaume égale, s'il ne les surpasse pas, les passages les plus admirés de nos plus grands écrivains. Je citerai aussi dans ce même livre les *Pigeons de la République*, cette page tendre et charmante qui a fait pleurer la reine d'Angleterre.

Dans ses critiques sur les peintres, il y a aussi des merveilles. Je signale particulièrement l'étude qu'il consacra aux peintures murales faites par Delacroix dans la bibliothèque de la Chambre des députés. D'un côté, Delacroix peint la civilisation sortant de la lyre d'Orphée, et, de l'autre, la civilisation anéantie et brisée sous les pas du cheval d'Attila. Saint-Victor a traité ce vaste sujet avec une éloquence et une poésie que nul ne saurait surpasser. C'est le plus magnifique précis d'histoire ancienne qu'on puisse s'imaginer et près duquel pâlit, selon moi, le *Discours sur l'histoire universelle* de Bossuet.

Hélas! comme Théophile Gautier, il se présenta à l'Académie qui s'empressa de le repousser. Mais l'opinion publique lui a donné une place avec Balzac, avec Dumas, et avec Gautier sur le quarante et unième fauteuil. Ils sont, comme on voit là, quatre, qui eurent certainement de l'esprit et du talent comme quarante. Arsène Houssaye, qui a imaginé ce quarante et unième fauteuil, les a priés de réserver une petite place pour Molière.

Et puisque je parle de ceux qui ont occupé et dont quelques-uns occupent encore une place considérable dans les lettres, je vais en poursuivre l'énumération.

J'ai toujours eu un faible pour M. le vicomte de Pontmartin qui est à mes yeux un gentilhomme lettré. Il a l'élégance et l'urbanité des écrivains du

XVIII⁰ siècle. Quand on le lit, on sent qu'on cause avec un patricien. Quand il est ironique, et l'ironie lui va très bien, il ne flagelle jamais que des travers et des ridicules réels. Quand, au contraire, il est aimable et souriant, il sait trouver les plus charmantes choses du monde. Il aime passionnément les lettres. Après avoir longtemps habité Paris, il s'est retiré dans ses terres près d'Avignon, plus près encore du Rhône qui fut souvent pour lui un voisin gênant et dangereux. Il lui arriva, lors des grands débordements, de se trouver comme Robinson cerné dans sa demeure.

M. de Pontmartin en est à son vingtième volume de critique. Il s'est prononcé en maître sur tous les livres sérieux qui ont paru depuis trente ans. Les *Samedis*, car c'est le titre de son livre, feront le digne pendant des *Lundis* de Sainte-Beuve. Il a eu toujours ce mérite de bien accueillir les débutants et de leur prodiguer de la façon la plus aimable ses conseils et ses encouragements. A côté du critique, il y a en lui un romancier remarquable. *Pourquoi nous sommes à Vichy, Or et clinquant,* les *Contes d'un planteur de choux, Pourquoi je reste à la campagne,* les *Corbeaux du Gévaudan,* et bien d'autres que j'oublie, sont des romans très passionnés et très intéressants. Il ne faut pas oublier les *Jeudis de madame Charbonneau* qui firent tant de bruit et qui valurent à son auteur tant de colères à l'Académie. Il écrit toujours avec plus de verve que jamais, et, le jour où il n'écrira plus, il fera de la peine aux lecteurs de la *Gazette de France*.

Il ne met pas tout son esprit dans ses livres. Il en conserve pour sa conversation, qui est toujours charmante. C'est lui qui disait d'un personnage avec lequel il n'était pas agréable d'être en tête à tête : « Il ne tient pas compagnie, il trouble la solitude. »

Il ne faut point oublier ceux qui ne sont plus. Je dis cela pour MM. de Boissieux et pour Paul de Molènes qui moururent, tous les deux, très jeunes après avoir écrit des choses exquises. On lit encore, et on a raison, les *Lettres d'un passant* de M. de Boissieux et les récits émouvants de Paul de Molènes.

Auguste Vacquerie, dont j'ai déjà parlé et qui est plus jeune que jamais, est une figure très originale. C'est un romantique fougueux qui, malgré le triomphe de cette école que personne ne conteste plus à présent, en est toujours resté aux ardeurs des premiers jours. Il a écrit deux œuvres étonnantes : *Tragaldabas* et les *Funérailles de l'honneur*, que le public ne voulut point comprendre, et qui n'eurent pas de succès. Par contre, ses pièces raisonnables, comme *Jean Baudry* et *Formosa*, que pour ma part j'aime moins, en ont eu énormément. Vacquerie est un précurseur qui va trop vite. Le public ne peut le suivre que de loin. On reprendra *Tragaldabas* et je prédis qu'on applaudira beaucoup.

L'amitié et l'admiration que j'ai pour Barbey d'Aurevilly me font hésiter à parler de lui. C'est le talent le plus fier qu'on puisse imaginer. Il y a dans son style quelque chose de crâne comme dans sa personne. D'Aurevilly aime la couleur non pas seulement dans la littérature, mais dans la vie domestique. De là son aversion pour notre pauvre costume, et de là aussi les efforts qu'il tente pour ne le point porter. Ce

Vénitien, amoureux de tout ce qui brille, a horreur de notre sordide habit noir et de notre piteux gilet.

D'Aurevilly est un catholique militant qui n'a point ménagé les volées de bois vert aux libres penseurs. Il a soutenu contre eux de fort belles luttes ; mais c'est un catholique assez étrange. On a dit qu'à la messe il priait la Vierge les poings sur les hanches, et faisant les doux yeux aux saintes peintes sur les vitraux. Il y a un peu de vrai dans cette malignité à laquelle on n'ajoutait pas foi, mais à laquelle on finit par croire après qu'il eut publié les *Diaboliques*. Il importe d'observer que d'Aurevilly prépare les *Célestes* qui, dit-on, surprendront beaucoup ceux qui l'auront jugé avec trop de précipitation.

Il faut s'attendre à tout de la part d'une imagination aussi puissante et aussi originale. D'Aurevilly a horreur des chemins battus. Dans ses romans, dans ses critiques, il nous étonne toujours par l'imprévu et l'étrangeté de ses récits ou de ses arguments. Il a l'imprévu redoutable toujours, aussi bien quand il le met au service d'un paradoxe qu'à celui de la vérité. Je ne connais pas de plus grand massacreur d'illusions. Ainsi j'aimais Diderot et j'aimais Gœthe ; mais voilà qu'un beau jour d'Aurevilly les attaque. Il avait ébranlé ma foi, que je n'ai pu recouvrer qu'en oubliant son maudit livre.

Les manuscrits de ce grand original sont illustrés comme des missels. Il écrit avec des encres de toutes les couleurs. Son écriture ressemble à celle de Richelieu ou de Mazarin. On devine que notre papier commun et nos plumes ordinaires l'agacent et l'offensent.

Son souhait serait d'écrire à l'eau-forte sur des plaques de cuivre.

Il est lui, celui-là, et il défie toute contrefaçon. Il y a des naïfs qui ont voulu le pasticher. La tâche était trop ingrate. Ils ont dû y renoncer.

*
* *

De 1860 à 1870 il y eut au café Riche, sur le boulevard, un cénacle qui s'assemblait tous les jours. Il était composé de journalistes, de romanciers, d'auteurs dramatiques, de musiciens, de peintres, d'avocats et de quelques amateurs. On discutait à perte de vue, dans ce cénacle. Politique, littérature, arts, calembredaines, tout y passait. C'était à qui se montrerait le plus fou et le plus amusant. On pouvait tout dire, tout soutenir, tout attaquer sans avoir à craindre une querelle ou même une simple altercation. Ce qui s'est débité là d'esprit, de bon sens, de bêtises, de drôleries et d'insanités formerait une encyclopédie. Les hommes politiques, les magistrats, les savants, les artistes étaient tour à tour mis sur la sellette. C'était un salmigondis dont on se fera une idée, quand j'aurai nommé les assistants.

Il y avait là le Sage et notre président, le docteur Cabarrus, ami de Girardin et de M. Ferdinand de Lesseps. Cet excellent docteur aimait beaucoup la jeunesse, et c'est pourquoi il était toujours là. Il nous racontait les détails les plus intéressants sur la Révolution. Il était fils de mademoiselle de Cabarrus, qui fut, comme on sait, successivement mariée au marquis de Fontenay, à Talien, et enfin en troisième noces au prince de Chimay. Le docteur Cabarrus avait fait la guerre d'Espagne de 1823 et assisté avec le duc d'Angoulême au fait d'armes du Trocadéro. C'est là qu'il avait connu Armand Carrel. Il savait sur Robespierre des anecdotes fort intéressantes. Talien lui avait raconté les conversations qu'en dînant ensemble Robespierre, lui Talien et Barras échangèrent deux ou trois jours avant le 9 thermidor. Ces anecdotes ne se trouvent pas dans les mémoires sur la Révolution. Il serait trop long de les rapporter.

A une heure du matin on levait la séance, et, parmi nous, il s'en trouvait quatre ou cinq formant la garde d'honneur du brave docteur et chargés de l'escorter jusqu'à la rue Saint-Lazare où il demeurait. Le docteur Cabarrus, qui faisait de la médecine homéopathe, possédait un philtre, c'est le mot, à l'aide duquel une cantatrice qui avait perdu la voix la retrouvait comme par enchantement, et pouvait chanter le soir.

Il y avait aussi là Xavier Aubryet, Clément Laurier, Gambetta, Albert Wolff, Jules Ferry, Alfred Mayrargues, un garçon de beaucoup d'esprit, auteur d'un livre sur Rabelais et qui était précepteur de M. le baron Edmond de Rothschild. Il est aujourd'hui agent de change, époux modèle et père excellent. Je citerai encore Murger, Villemessant, Aurélien Scholl, Auguste Villemot, Paul de Cassagnac, sortant à peine du collège, Léo Delibes, Amédée Feret, un Bordelais blond et très vif, ami intime de Gambetta, Narey, Lambert

Thiboust, Gustave Doré, Gaston Mitchell, son frère, Robert Mitchell, qui tout jeune fut rédacteur en chef du *Constitutionnel* et député, Nepfthalie, Charles Monselet, Charles Marschal, Sohège, quelquefois le poète Baudelaire, puis Guichardet, un ami de Balzac, un peu abruti par l'abus des petits verres, et enfin Francis Magnard, qui, à la mort de Villemessant, devait être rédacteur en chef du *Figaro*.

Lorsque Gambetta vint pour la première fois à ce cénacle du café *Riche*, il était tout à fait inconnu. Il n'avait à son actif que ses succès de parole à la conférence Molé. A peine installé, les empoignades commençaient avec Aubryet, qui était le plus fougueux des conservateurs. Malgré cela il le recherchait, et aimait à rompre des lances avec lui. S'ils n'étaient point d'accord en politique, par contre ils avaient les mêmes sympathies littéraires et s'extasiaient ensemble sur nos plus grands écrivains.

En parlant de ces grands génies, ils en revenaient par une pente insensible à la politique. Alors la bataille commençait. Gambetta exaltait la Révolution, et quand il en était arrivé au paroxysme de l'enthousiasme, Aubryet, pour le calmer, lui citait Joseph de Maistre et ajoutait que, selon lui, le roi Philippe le Bel avait été trop libéral. La querelle durait jusqu'au moment où on les priait de sortir, parce qu'il était l'heure de fermer le café, puis elle recommençait le lendemain. Laurier, sans faire la moindre concession à ses opinions avancées, était le girondin qui mettait le holà entre ce jacobin farouche et ce conservateur endurci.

La République, disait Gambetta, quand elle sera fondée depuis quelque temps en France, sera défendue précisément par ceux qui l'attaquent aujourd'hui. Et alors, appelant à lui des précédents historiques, il faisait observer qu'à Rome la République avait été égorgée par César s'appuyant sur les gens du Belleville de ce temps, et défendue par Cicéron, le conservateur, et Pompée, chef des patriciens. Mais rien n'y faisait. Aubryet persistait et protestait contre l'attitude grossière des réunions dans lesquelles Gambetta s'en allait semer les perles de son éloquence. Une fois où Aubryet se sentait blessé plus que de coutume par cette grossièreté de certains tribuns, il dit à Gambetta :

— Si jamais tu viens au pouvoir, je te demande de me nommer *désenmufleur* général de France et de Navarre.

— Accordé! répondit Gambetta.

Puis la conversation continuait, et Gambetta nous étonnait par des prodiges de mémoire. Il savait par cœur les livres de Rabelais, et les principaux discours de Mirabeau, qu'il récitait accompagnés de gestes magnifiques. Il n'était plus, en cet instant, assis dans un coin à une table de café, on l'aurait cru à la tribune, tenant une assemblée captive sous sa parole puissante.

Un soir qu'un journaliste avait apporté le rapport imprimé du budget, Gambetta fit le pari qu'il réciterait, tableau par tableau, les dépenses de chaque ministère. On le fit répéter, et il récita le tout sans se tromper une seule fois.

C'est, comme on le voit, à bâtons rompus que j'exhume tous ces souvenirs; aussi je passe des uns aux autres sans transition.

Quand il y avait des premières représentations à l'Odéon, Gambetta se tenait dans un café voisin et raccolait, c'est le mot, les critiques qui venaient au théâtre par devoir professionnel. Il les attirait et les empêchait d'entrer dans la salle en leur promettant des anecdotes et des histoires infiniment plus amusantes que la pièce nouvelle. Il se montrait entraînant et persuasif à ce point d'en retenir quelques-uns, qu'il savait amuser par sa verve et son esprit, et qui ne regrettaient pas du tout de n'avoir pas assisté à la représentation.

Cette vie de bohème dura jusqu'en 1869, époque à laquelle Gambetta plaida pour Delescluze dans le procès de la souscription Baudin. On sait l'éclatante plaidoirie qu'il fit à la police correctionnelle. Ce temps de galop d'éloquence le rendit célèbre et, dès le lendemain, marqua sa place au premier rang dans le parti qui attaquait l'Empire avec tant de violence.

Gambetta, tout en restant fidèle à ses amis, se sépara d'eux, et ne s'appartint plus: il appartenait désormais à la politique.

Laurier, tout en étant aussi républicain que Gambetta, faisait volontiers des concessions. C'était avant tout un homme d'esprit et, comme on dit à présent, un *tutti foutiste:* gare à ses principes, s'il trouvait un bon mot qui dût ou en faire douter ou les compromettre. Il fut, comme on sait, député du Var, ainsi qu'Émile Ollivier. Or il était écrit que l'un et l'autre devraient un jour en politique changer un peu d'avis. Des électeurs du Var, qui, eux, n'avaient pas changé, vinrent se plaindre à Laurier. Voici quelle fut sa réponse : « Vous avez le droit de vous plaindre, car en effet *Ollivier* et moi *Laurier* nous ne pensons plus comme autrefois. Décidément vous n'avez pas de chance avec les *arbustes*. » Tout Laurier était là, ce qui ne l'empêchait pas d'être de première force en affaires.

Aubryet, qui aimait la discussion, ramenait à tout propos la conversation vers la politique. Il était, cela va sans dire, contredit par Gambetta et par M. Jules Ferry qui, ni l'un ni l'autre, ne se doutaient alors qu'ils seraient plus tard premiers ministres. Un soir qu'Aubryet faisait très bon marché du suffrage universel, M. Ferry lui dit: « Mais vous n'attachez donc pas d'importance à vos droits politiques? » — « Moi, répondit Aubryet, je suis sur ce point de l'avis de Théophile Gautier, je donnerais tous mes droits politiques pour voir mademoiselle Julia Grisi au bain. » M. Jules Ferry lui cria : *Raca*.

Ce cénacle, parfois très bruyant, faisait fuir les clients qui venaient là pour se désaltérer après le spectacle. C'est bien le cas de dire qu'on y parlait de tout et d'autres choses encore. Les pièces nouvelles, les cancans du boulevard, les nouvelles politiques, tout était commenté et discuté avec autant d'animation que de confusion.

On était charmé dans le café Riche quand l'heure de fermer arrivait, parce qu'alors nous levions la séance. Vers une heure moins un quart, on éteignait une partie des becs de gaz. Cela nous contrariait. Aussi il fut convenu que le lendemain nous arriverions tous avec un bout de bougie dans notre poche. On s'avise d'éteindre, nous allumons tous nos bougies et nous convertissons le café Riche en chapelle ardente. Les passants s'arrêtaient sur le trottoir. Alors on ralluma le gaz et on nous pria d'éteindre nos bougies.

Parfois, après la fermeture du café, nous faisions des fugues, et nous allions dans un bastringue de dernier ordre, tenu, rue de Buffaut, par le Polonais Markowski, qui dansait la *Frisca*, pas de son invention, avec les étoiles du cancan. C'est là que Rigolboche, que Roqueplan avait appelée la *Huguenote*, tenait ses assises. Elle n'était pas jolie, mais elle était amusante. On faisait cercle autour d'elle au bal de l'Opéra.

Dans ce temps-là Albert Wolff et Henri Rochefort collaboraient. Ils écrivaient des vaudevilles pour le Palais-Royal. Wolff était protégé par Alexandre Dumas qui lui reconnaissait du talent. Il ne s'était point trompé. Wolff, en effet, a beaucoup d'esprit et beaucoup de gaieté ; il s'est fait une large place dans le journalisme. Il est né en Allemagne, ce qui ne l'a point empêché d'écrire très purement le français et de devenir un Parisien accompli. Il m'amène, ainsi que Rochefort, à parler du *Figaro* fondé par Villemessant, qui, celui-là, est une des figures les plus curieuses de cette époque.

Ce fut le 28 mai 1867 que le *Figaro*, qui avait été hebdomadaire jusque-là, devint quotidien. En tête de ce premier numéro Villemessant dit à ses lecteurs:

« Ce que je voudrais, ce serait d'arriver à vous contraindre à lire le journal depuis la première ligne jusqu'à la dernière. » Il y est arrivé, parce qu'il avait pour ainsi dire le génie du journalisme. Et comment s'y prit-il? Il examina les journaux les mieux faits, et reconnut qu'ils avaient tous le tort de donner trop de place dans leurs colonnes à la partie *documentaire* qu'on ne lisait point, et pas assez à la partie anecdotique dont on était friand dans tous les mondes. Il appela près de lui des gens d'esprit et de talent, et leur donna carte blanche pour écrire sur les grands événements du jour et sur les petits cancans du boulevard. Il relégua la politique au troisième plan, et en un mot créa ce journal après lequel aspiraient les désœuvrés, les esprits légers et les femmes. Il eut le tort souvent de trop exploiter le scandale, mais on n'est point parfait. Il sut, d'ailleurs, ce que cela coûte d'ennui et de désagréments.

Villemessant n'écrivait pas, et cependant nul ne trouvait mieux que lui un sujet d'article. Il serinait un sujet à ses rédacteurs, et leur mâchait pour ainsi dire la besogne. Il faisait des mots pour son compte, et avait même le talent d'en faire faire aux autres. C'était tout à la fois un stimulant, une Égérie, un boute-en-train. Horace dit dans son *Art poétique,* car c'est au latin qu'il faut demander de nous faire tout comprendre :

> Vice cotis, acutum
> Reddere, quæ ferrum valet, exsors ipsa secandi.

Il était cette pierre incapable de couper, mais servant à aiguiser l'esprit d'un autre et à en faire jaillir les traits les plus malins.

Il dut lutter très longtemps avant que d'arriver à la fortune. On ne saurait énumérer le nombre de feuilles de choux qu'il créa avant de mettre la main sur le *Figaro* qui le fit millionnaire. Mais dans la prospérité il n'oublia jamais le temps où il avait dû manger, comme on dit, de la vache enragée. C'était un bourru bienfaisant. Il était parfois brutal, maladroit, injuste, mais il savait reconnaître ses torts et les réparer magnifiquement. J'eus pour ma part souvent maille à partir avec lui. Ainsi il m'avait commandé une série d'articles que je signais *Un monsieur en habit noir*. Un matin, sans que rien ne motivât ce revirement, il interrompit la série. Je me rebiffai sans rien obtenir. Trois jours se passèrent; alors je reçus un bon à toucher sur la caisse, supérieur à ce qui m'eût été dû si j'avais terminé ma série.

Il était d'une inaltérable bonne humeur. Les duels, les procès, les réclamations, tout était prétexte à plaisanteries. Quand il était cité en justice, — et Dieu sait s'il y fut souvent appelé ! — il badinait avec ses juges et arrivait toujours à les faire rire et à les désarmer.

Un de ses plaisirs l'hiver, quand il faisait bien froid, que la terre était couverte de neige, consistait à chercher dans la rue un pauvre déguenillé. Il l'arrêtait, le conduisait dans un magasin de confection, l'habillait des pieds à la tête, et lui donnait dix francs pour aller faire un bon dîner. Il entendait, d'ailleurs, la charité d'une façon toute chrétienne, et voulait que sa main gauche ignorât ce que donnait la droite. Un jour, apprenant qu'un journaliste de talent qui avait été ministre était en prison et sans ressources, il chargea M. Saint-Genest de lui faire parvenir anonymement deux mille francs par l'intermédiaire d'un pasteur protestant, qui allait le voir dans sa prison. Le journaliste refusa ce don, et quand M. Saint-Genest remit les deux mille francs à Villemessant, celui-ci dit en maugréant : « Je n'ai pas de chance de revoir mon argent qui a été refusé par celui auquel je l'offrais, et que le pasteur n'a même pas eu l'esprit d'intercepter. » On lui eût volé son porte-monnaie, qu'il n'aurait pas été plus furieux.

Quand le *Figaro* devint quotidien, Villemessant avait pour collaborateurs : Jouvin, son gendre, Albert Wolff, Henri Rochefort, Édouard Lockroy, Aurélien Scholl, Albéric Second, Francis Magnard, Adrien Marx, Georges Maillard, Alfred d'Aunay, Duchesne, Prével. Quant à Henri de Pène qui avait écrit de si charmantes choses dans le *Figaro* hebdomadaire, il se séparait pour fonder avec M. Tarbé le journal *le Gaulois*.

En feuilleton il publiait un roman de M. de Pontmartin.

Rochefort et Wolff se partageaient la chronique. Rochefort expliquait de la façon la plus spirituelle comment lui, républicain, avait consenti à écrire dans un journal dirigé par un partisan fanatique du comte de Chambord. Il est vrai qu'il s'était réservé certaines franchises, ainsi qu'on va pouvoir en juger. On se rappelle que, lors de l'Exposition universelle de 1867, tous les souverains de l'Europe vinrent à Paris. On imagina pour eux des bals, des spectacles, des fêtes et des chasses. Rochefort en rendait compte de la façon la plus amusante ; jamais on n'avait parlé des têtes couronnées avec plus de familiarité. Il prétendait que, dans les chasses organisées à Compiègne et à Fontainebleau, le capitaine des chasses de l'empereur s'était arrangé de façon que les lièvres, les faisans et les chevreuils, qui devaient tomber sous le plomb de ces divers souverains, portassent tous le grand cordon de leurs ordres. Les pièces de gibier abattues par le roi de Prusse portaient l'aigle rouge; celles abattues par l'empereur d'Autriche, la croix de Saint-Étienne.

Malgré ces facéties, Rochefort n'était encore qu'un modéré en politique, faisant représenter au théâtre des Variétés la *Vieillesse de Brididi* et je ne sais plus quoi au Palais-Royal. Étant donné son tempérament, il ne pouvait s'en tenir là. Aussi il quitta le *Figaro* pour fonder la *Lanterne*, ce petit cahier facétieux et violent qui fut pour quelque chose dans la chute de l'Empire.

Je laisse la *Lanterne* pour ce qu'elle est. Si j'en parle, c'est pour émettre cet avis que Rochefort, en l'écrivant, s'est montré pamphlétaire de première force. Qu'est auprès de lui Paul-Louis Courier ? Il le dépasse en esprit, en gaieté, en verve et en malignité. Quand on a lu la *Lanterne*, Paul-Louis Courier devient illisible et n'est plus qu'un vieux radoteur. Il y a dans Rochefort des côtés qui me déplaisent et qui me froissent. Je trouve son impiété et son athéisme haïssables et de mauvais goût. Quand il aborde ce sujet, lui, qui a tant d'esprit, n'en a pas et n'est plus qu'un simple loustic. Les effets auxquels il arrive sont à la portée de tout le monde, aussi devrait-il les dédaigner. Mais quand Rochefort laisse le sacré de côté et qu'il ne s'en prend qu'aux personnes et aux choses, alors, sans l'approuver toujours, je me sens touché par sa verve gauloise et ses puissantes ironies. En quatre lignes il désarçonne, exécute et couvre de ridicule celui auquel il s'en prend. Gare au malheureux qui tombe sous sa griffe. Après avoir bafoué les uns après les autres tous les hommes de l'Empire il en est arrivé aux républicains. En 1871, pendant la Commune, alors que M. Thiers et le gouvernement étaient à Versailles, il s'est égayé à leurs dépens. C'est lui qui disait de l'Assemblée constituante : « Cette Chambre est tellement orléaniste que son président d'âge, M. Benoist d'Azy, ressemble à Madame Adélaïde, sœur de Louis-Philippe. » Il rend compte d'une soirée de réception chez M. Thiers à Versailles et il dit : « Vers neuf heures les frères Picard (M. Picard était alors ministre de l'intérieur) s'apprêtaient à faire quelques tours d'adresse lorsqu'on vint annoncer que le général Palikao était entré dans la ville. « Adressez » vite, dit M. Thiers à M. Picard, une proclamation aux » habitants pour les inviter à mettre leur argenterie » sous clef. » Alors M. Picard propose au président de faire arrêter Palikao et de l'enfermer au petit Trianon « Gardez-vous-en bien, reprend M. Thiers, le petit » Trianon est un palais d'Été, on le pillerait. »

Rochefort, dans la vie privée, est tout autre qu'on le

suppose. Il est, comme on sait, de très bonne maison, mais ne porte pas ses titres. Il est d'une bravoure remarquable, mais très doux de caractère. Il est resté tout jeune par certains côtés. Il adore le spectacle et le jeu. Ses opinions politiques lui ont coûté très cher car il n'est pas allé, comme l'avait fait Eugène Sue s'enfouir au fond des bois pour se dispenser de secourir ses coreligionnaires politiques. Il est resté à Paris et moi, qui l'ai vu à l'œuvre, je puis dire qu'il s'est souvent dépouillé pour venir au secours de gens dans la gêne, de femmes et de petits enfants.

Il faut ajouter qu'il n'est pas ambitieux et qu'il a tout fait pour n'être pas élu député.

*
* *

Il m'en faut revenir à la politique pour quelques instants. En 1866 le comte Walewski présidait le Corps législatif, avec moins de fermeté que M. de Morny. Il avait cependant des qualités. On rendait justice dans la Chambre à son impartialité. Les membres de la gauche, quoique plus violents que jamais, aimaient assez leur président et avaient accepté de dîner à la présidence. On sait que sous M. de Morny ils refusèrent toute invitation, ne voulant point paraître dans les salons de l'homme sur lequel ils faisaient peser la plus grande responsabilité du coup d'État du 2 décembre.

Les honneurs du palais de la présidence étaient faits

avec une grâce exquise par la belle comtesse Walewska, une noble Florentine qui fut sans contredit la femme la plus élégante de la cour de Napoléon III. Si Saint-Simon l'avait connue, il l'eût certainement comparée à une déesse marchant sur la nue, tant sa démarche était fière et superbe. Elle avait eu le don d'apprivoiser les plus farouches tribuns, et les avait amenés à marivauder avec elle. M. Jules Simon, M. Pelletan, M. Jules Favre et même M. Glais-Bizoin étaient assidus à ses réceptions.

Ce fut pendant cette session que M. Jules Simon, qui était député de Paris, se révéla comme orateur. Sa réputation comme écrivain et comme professeur était déjà faite. Il avait remplacé à la Sorbonne M. Cousin comme professeur de philosophie, puis avait publié plusieurs livres d'érudition. Plus tard il avait abordé les questions à l'ordre du jour et composé ces beaux livres qui s'appellent *le Devoir*, *l'Ouvrière* et bien d'autres. Il étonna la Chambre par sa franchise, son savoir, ainsi que par la modération avec laquelle il soutenait des idées très avancées. Dès ce moment on devina qu'il y avait en M. Jules Simon, non pas seulement un ministre de l'instruction publique, mais un président du conseil et un homme d'État. Le temps a prouvé qu'il sut tenir ce qu'il promettait. Il s'est placé au premier rang dans le monde politique.

Pendant cette année 1866 on était anxieux à la Chambre, d'abord à cause de l'expédition du Mexique qui n'en finissait pas, puis à cause de la guerre redoutable qui devait éclater entre la Prusse, alliée à l'Italie, et l'Autriche. M. Drouin de Lhuys, ministre des affaires étrangères, était d'avis que la France se prononçât avant le commencement des hostilités soit pour la Prusse, soit pour l'Autriche. Mais le ministre de la guerre était là pour rappeler qu'une partie de nos forces militaires était au Mexique.

Napoléon III n'osa point prendre un parti. Le choc eut lieu et on sait que l'Autriche, malgré ses succès contre les Italiens, fut écrasée par la Prusse à Sadowa. La France en était réduite à contempler passivement ces graves événements. M. Drouin, qui blâmait cette attitude, donna sa démission de ministre des affaires étrangères et fut remplacé par M. de Moustier, ambassadeur à Constantinople. L'intérim du ministère fut confié à M. de Lavalette, ministre de l'intérieur, qui, le 16 septembre, adressait à nos ambassadeurs une circulaire dont il sera beaucoup parlé plus tard dans l'histoire, et qu'à aucun prix M. Drouin de Lhuys, qui était un vrai diplomate, n'aurait voulu signer.

On lisait dans cette circulaire les passages suivants :

« La Prusse, agrandie, libre désormais de toute solida-
» rité, assure l'indépendance de l'Allemagne. La France
» n'en doit prendre aucun ombrage. Fière de son admira-
» rable unité, de sa nationalité indestructible, elle ne sau-
» rait combattre ou regretter l'œuvre d'assimilation qui
» vient de s'accomplir, et subordonner à des sentiments
» jaloux les principes de nationalité qu'elle représente et
» professe à l'égard des peuples. Le sentiment national de
» l'Allemagne satisfait, ses inquiétudes se dissipent, ses

» inimitiés s'éteignent. En imitant la France, elle fait un
» pas qui la rapproche et non qui l'éloigne de nous. »

Et plus loin :

« Au point de vue élevé où le gouvernement impérial
» considère les destinées de l'Europe, l'horizon lui paraît
» dégagé d'éventualités menaçantes. »

Enfin ceci encore :

« Quant à la France, de quelque côté qu'elle porte ses
» regards, elle n'aperçoit rien qui puisse entraver ou trou-
» bler sa prospérité. »

C'était à croire que ce document diplomatique avait été inspiré par Pangloss lui-même, tant il était optimiste et tant celui qui l'avait rédigé fermait complaisamment les yeux. « L'horizon lui paraissait dégagé d'éventualités menaçantes. » En réalité le diplomate qui parlait ainsi ne voyait rien de ce qui crevait les yeux de tout le monde, et par contre discernait des choses qu'il était seul à voir et qui n'existaient que dans son imagination. Il fallait faire, je le sais bien, contre fortune bon cœur, mais on s'y prenait, il faut l'avouer, d'une bien singulière façon.

Ces illusions, qui ne furent d'ailleurs partagées par personne, ne durèrent pas longtemps. Quelques mois après, le 15 mars 1867, M. Thiers discuta l'incroyable politique du gouvernement et fit justice facilement de cette circulaire. Dans un magnifique discours il prouva que c'était l'unité italienne, œuvre de la France, qui avait fait l'unité germanique, obtenue par la victoire de Sadowa : car, disait-il avec raison, l'Autriche aurait sûrement battu la Prusse sans son alliance avec l'Italie, alliance qui l'avait obligée de diviser ses forces et de ne pouvoir les opposer toutes à la Prusse. Mais le mal était fait. On essaya en vain de répondre à M. Thiers, mais la réplique fut aussi faible que la circulaire. A partir de cet instant l'Empire perdit une moitié de son prestige, et crut se sauver en faisant des concessions.

Ce discours de M. Thiers fit une très grande impression, en ce qu'il démontrait à tout le monde combien la politique suivie à l'extérieur par le gouvernement était maladroite. Je me rappelle que je passai la nuit chez M. Thiers, dans son hôtel de la place Saint-Georges, à corriger avec lui les épreuves de ce discours. Il fit de nombreuses corrections et ne termina son travail qu'à quatre heures du matin. Un service de voitures reportait les épreuves au *Moniteur* au fur et à mesure qu'elles étaient corrigées et en rapportait d'autres. M. Thiers buvait du chocolat à chaque instant, et me demandait de quelle façon on devait écrire certains mots. Les sténographes le redoutaient beaucoup, parce qu'il prétendait qu'on lui avait attribué des paroles qu'il n'avait pas dites à la tribune. Ils aimaient bien mieux Berryer et Jules Favre, les deux seuls orateurs qui ne revoyaient jamais leurs épreuves.

Dans cette année 1867, il y eut une trêve. L'Exposition universelle amena, comme on sait, tous les souverains de l'Europe à Paris. Napoléon III eut pour hôtes l'empereur de Russie, le roi de Prusse, le roi d'Italie, l'empereur d'Autriche, le sultan; on ne comptait pas les princes régnants. Il n'y avait plus de palais pour les caser. Il y eut des revues, des chasses, des festins, des représentations de gala. L'Opéra eut son parterre de rois. Le roi de Prusse, le prince royal, l'empereur Alexandre, le czarewich, M. de Bismarck virent la *Grande Duchesse* au théâtre des Variétés, et vinrent dîner au cabaret, c'est-à-dire au *grand seize* du café *Anglais*, où Adolphe Dugléré, le dernier grand cuisinier, leur servit un festin dont voici le menu :

HORS-D'OEUVRE.

OEufs de vanneau, poularde, caviar.
Potage tortue et à la Charles VI.

RELEVÉS.

Carpe du Rhin à la Chambord.
Baron de mouton à l'anglaise.

ENTRÉES.

Filets de faisan à la Metternich.
Filets de poularde à la Mazarin.
Croustades à l'impératrice.
Filets de sterlet et crevettes Bagration.

Punch à la romaine et sorbets crème d'Alast.

ROTIS.

Dindonneaux nouveaux. Ortolans.
Salade princesse. Romaine.

ENTREMETS.

Petits pois de Paris. — Truffes en rocher. — Petits soufflés Lavallière. — Bombe royale.

DESSERT.

Fraises, pêches, raisin, reines-Claude, fromage de la Croix de Fer.

VINS.

Madère retour de l'Inde. — Château d'Yquem 1847. — Mouton Rothschild 1847. — Château-Laffitte 1848. — Romanée gelée 1858. — Johannisberg Metternich 1837. — Tokaï 1824. — Rœderer et Pommery.

Les souverains et leurs suites s'amusèrent beaucoup, et en retournant dans leurs États proclamèrent Paris la plus belle ville du monde. Il y eut cependant une tache noire dans ces fêtes. Je veux parler de l'attentat contre le tsar à la revue de Longchamps. Ce souverain de toutes les Russies habitait, comme on sait, le palais de l'Élysée. Sa distraction favorite était de s'en aller tous les matins au Cours-la-Reine voir les omnibus changer de roues au moment où ils allaient s'engager sur ce que l'on appelait alors le chemin de fer américain et à présent les tramways. Tous les matins il s'en allait voir ça.

Un seul parmi tous ces princes amenés à Paris par

l'Exposition se souvint qu'en France il y avait des hommes éminents; ce fut le prince royal de Prusse, qui eut de fréquents entretiens avec M. Renan, M. Michel Chevalier, M. Leverrier et quelques membres de l'Académie des sciences.

Au mois d'octobre 1867 il y eut une modification ministérielle. M. de Lavalette fut remplacé au ministère de l'intérieur par M. Pinard, un avocat général qui s'était montré très éloquent. Avant de quitter le ministère M. de Lavalette, après avoir consulté son sous-secrétaire d'État, M. de Saint-Paul, qu'il sonnait à tout propos, ce qui l'avait fait surnommer *le sonneur de Saint-Paul*, crut devoir placer une sentinelle au *Moniteur* à côté de M. Paul Dalloz. Il y a des esprits — il est vrai que ce ne sont pas les plus forts — qui aiment à mettre une cinquième roue à un carrosse.

L'année 1868 fut assez calme. On discuta devant les Chambres deux lois importantes : la loi sur la garde mobile et la loi sur la presse. Mais bien qu'on fût tranquille en apparence, il y avait quelque chose dans l'air. L'Europe n'était plus l'Europe. Les conquêtes de la Prusse avaient changé l'axe de la politique. Et puis dans la presse on faisait au gouvernement la plus implacable et la plus vive opposition. Rochefort dans la *Lanterne* mettait les pieds dans le plat. On poursuivit le neuvième numéro de sa publication. Il fut condamné à un an de prison, puis ensuite à trois autres années pour le numéro treize de la susdite *Lanterne*. Il crut prudent de se retirer en Belgique.

C'était à la fin de l'année 1868 qu'expirait le traité

avec le *Moniteur universel*, qu'on était bien décidé à ne pas renouveler, car si M. de Lavalette n'était plus au ministère, il y avait laissé ses idées. Le gouvernement mit en adjudication son organe officiel auquel il avait la prétention de conserver ce titre : *le Moniteur officiel*. M. Dalloz fut même contraint de l'annoncer dans les numéros du 26, 27, 28, 29 novembre et 2 décembre 1868. Je fus chargé par lui d'aller voir M. Rouher et de le prier de nous dispenser de publier cet avis de nature à porter un très grave préjudice aux intérêts qu'il représentait. M. Rouher ne voulut rien entendre. Je me rappelle la scène. C'était le soir. Quand je me présentai, j'interrompis une partie de piquet que le ministre d'État faisait avec Vivier, l'artiste si spirituel que tout le monde connaît. Précisément parce que les raisons que je faisais valoir étaient excellentes, il devint presque furieux, et tapa si fortement sur la table qu'il faillit renverser la lampe Carcel qui nous éclairait. Madame Rouher, effrayée par ce bruit, entr'ouvrit la porte. La discussion s'apaisa, mais je sortis sans avoir pu rien obtenir et il nous fallut au *Moniteur* insérer l'avis. C'est alors que M. Paul Dalloz mit les fers au feu et assigna le gouvernement devant le tribunal de commerce de la Seine en usurpation de titre. On sait que c'est là un point sur lequel la magistrature consulaire ne badine pas à Paris. Le 28 décembre le tribunal rendit un jugement par lequel il déclarait que le titre de *Moniteur* était la propriété de la Société Dalloz-Panckoucke, et faisait défense au gouvernement de s'en emparer.

Au ministère on ne se tint pas pour battu. On fit appel devant la cour, à laquelle on demanda de vouloir bien suspendre ses vacances de Noël pour statuer sur ce cas urgent. Le 30 décembre les parties comparurent devant elle, et là, sans qu'on s'y attendît, le gouvernement, qui avait enfin reconnu ses torts, se désista de sa prétention, l'organe du gouvernement qu'il allait créer devant s'appeler *Journal officiel de l'Empire français.* C'était là ce qu'on appelle une retraite en bon ordre par laquelle le gouvernement s'épargnait un nouvel échec.

Par ce jugement et ce désistement, M. Dalloz triomphait dans la lutte engagée contre le gouvernement et ne tardait pas à apprendre que l'empereur lui-même avait blâmé la façon dont on avait agi avec lui. Il trouva là toutes sortes de motifs pour persévérer dans le dessein de continuer sans l'officialité la publication du *Moniteur Universel.* Il fallait, pour tenter pareille entreprise, sa belle passion pour le travail. Jeune, riche, beau garçon comme il l'était, combien en est-il qui, à sa place, n'eussent pensé qu'aux plaisirs, eussent entrepris de longs voyages, eussent fait courir des chevaux, et se fussent enfin abandonnés à toutes les distractions qui font, dit-on, le bonheur des heureux de ce monde. Il n'y songea pas un seul instant. Il organisa tout de suite, pour remplacer ceux qui s'en iraient au nouvel officiel et qui le quitteraient avant que le coq n'eût chanté, une rédaction politique et littéraire très forte pour le journal absolument indépendant qu'il allait diriger. Cela fait, au *Moniteur* et au *Petit Moniteur*, qu'il possédait déjà, il ajouta trois ou quatre autres journaux sans compter ceux qu'il se proposait de créer. Il fit tant et si bien qu'un an ou deux après, il était parvenu à grouper dix journaux dans sa main, et à fonder au quai Voltaire un centre de publicité considérable. Il passe onze mois de l'année dans cette fournaise, conversant tour à tour avec des journalistes, des hommes politiques, des hommes de lettres, des peintres, des graveurs, des dessinateurs, puis des mécaniciens, des inventeurs, et puis, hélas ! des bavards. Les inventeurs, surtout, ont le don de le fasciner, sans doute parce qu'ils lui ont coûté cher. C'est lui qui a soutenu l'inventeur Lenoir, dont les moteurs rendent tant de services. Il fut un des premiers à s'occuper des bronzes, des cloisonnés, des porcelaines et des étoffes de la Chine et du Japon. Depuis longtemps déjà il étudie les progrès de l'électricité. Et avec tout cela il trouve encore le temps d'écrire sur les arts et sur les découvertes, mais le soir, à sept heures, il sort de son cabinet avec une migraine, quotidienne comme la plupart de ses journaux. Il a des domestiques dont il ne se sert pas, des chevaux qu'il ne fait jamais atteler, des campagnes qu'il ne visite qu'en passant et un yacht de plaisance dont il se sert six heures par an. Quand ses amis lui reprochent de vivre de la sorte, il leur répond qu'il ne comprend pas la vie autrement. Son portrait sera achevé quand j'aurai dit qu'il est très serviable et très indulgent pour son prochain.

Les ministres en France ont toujours eu une façon bien originale de défendre les intérêts des contribuables. Quand on mit l'organe officiel en adjudication comme une fourniture de charbon de terre ou d'huile à brûler, on voulait, disait-on, réaliser des économies. Où sont-elles ces économies? Si on s'avisait demain, à la commission du budget, d'additionner ce que l'*Officiel* a coûté et coûte encore au gouvernement par suite d'acquisition d'immeubles, de constructions, d'achat de matériel et enfin de prix de revient de la main-d'œuvre, on serait étonné du total énorme auquel on arriverait, et on verrait que le nouvel ordre de choses créé coûte par an infiniment plus cher que l'ancien. Et si encore on avait une belle publication, un ouvrage digne du gouvernement. Mais il n'en est rien.

L'*Officiel*, c'est le bulletin des lois. Il est ennuyeux, il ne contient rien en dehors des débats des Chambres et des actes du pouvoir exécutif. C'est une petite feuille qu'on est toujours prêt à confondre avec les *Petites Affiches* ou l'*Écho des halles et marchés*. Un jour, bien sûr, une commission du budget mettra le nez là-dedans.

Les élections générales des membres du Corps législatif eurent lieu le 20 mai 1869. Le gouvernement perdit quelques sièges. Gambetta, le défenseur de Delescluze dans l'affaire de la souscription Baudin, fut élu à Belleville grâce à son programme qui s'appela le programme de Belleville. Il fut élu aussi à Marseille. Il opta pour les Bouches-du-Rhône, et ce fut, aux élections supplémentaires, Rochefort, ayant accepté le programme de Gambetta, qui fut élu à Belleville à sa place. M. de Forcade, ministre de l'intérieur, le laissa rentrer et ne l'inquiéta pas. Il importe de rendre cette justice au ministre, il se montra très conciliant.

Je lisais la *Lanterne* de Rochefort et je la trouvais, peut-être à tort, plus spirituelle que méchante. Rochefort, par ses audaces et ses familiarités, parvenait à mettre les rieurs de son côté, et non à se faire des partisans, ce qui est bien différent. Je remarquais surtout que son pamphlet était lu bien plus aux Tuileries, au Sénat, au Corps législatif, dans les ambassades et dans les ministères que dans les faubourgs. Paris trouvait en lui son Aristophane. Je demeurai convaincu qu'il y avait moyen de combattre ce succès de la *Lanterne*, et je fis part de mon idée à M. de Persigny. Je croyais le moment venu d'écrire une biographie de Napoléon III, qui serait imprimée sur du beau papier et répandue à profusion dans toute la France, vendue à ceux qui pouvaient la payer et donnée pour rien aux autres.

Je m'expliquai longuement avec M. de Persigny et je lui demandai toute liberté pour écrire cette biographie telle que je la comprenais. Rien ne prêtait en effet plus que l'existence agitée de Napoléon au récit que je rêvais. Il était né sur les marches du trône, puis emporté en exil. En Italie, il se faisait carbonaro et attaquait l'Autriche à la tête de quelques conspirateurs. Il servait dans l'armée suisse, conspirait à Strasbourg, s'en allait en exil en Amérique, revenait conspirer à Boulogne, était condamné à mort, puis retenu prisonnier six ans à la citadelle de Ham, s'évadait de sa prison, s'en allait parcourir l'Italie, puis se fixait à Londres, où il vivait en débauché et en mauvais sujet jusqu'à ce que la révolution de 1848 lui permît de rentrer en France. Enfin il était élu président de la République, tordait le cou à cette République et se faisait empereur.

J'étais convaincu qu'en racontant cette existence qui tenait de la légende, sans flatterie, avec même une pointe d'ironie, on pouvait rendre plus populaire qu'il ne l'était celui qui avait passé tant de fois de la prospérité à la misère. M. de Persigny parut être de mon avis et me ménagea une entrevue avec l'empereur, dans laquelle, cela avait été convenu, je pourrais parler en toute liberté.

Je fus reçu par l'empereur, en 1869, le jour du vendredi saint au palais des Tuileries. L'empereur m'accueillit avec une grande bienveillance et me dit :

« Persigny m'a fait part de ce que vous désirez me dire, parlez en toute liberté, je verrai ensuite si nous pouvons nous entendre. »

Je m'inclinai.

En cet instant le petit prince impérial entra. Il embrassa son père et lui dit qu'il s'en allait, avec son précepteur, faire ses dévotions à l'église Saint-Germain-l'Auxerrois.

J'exposai mon plan à l'empereur qui m'écouta sans rien dire, tordant sa moustache droite, ce qui était son geste habituel. Quand j'eus finis, il me dit:

« J'approuve votre projet, racontez ma vie, ne cachez ni mes misères ni mes défauts, dites que j'ai été malheureux, fugitif, sans ressources et couvert de dettes. Je puis bien l'avouer maintenant que j'ai pu réparer tous mes torts, et surtout épargnez-moi ces flagorneries que pour me plaire on me décerne dans des journaux très dévoués, je le sais, mais qui me nuisent auprès de ceux qui ne sont pas pour moi. »

Puis il ajouta :

« Je fais des livres, moi aussi, et je sais ce qu'il en coûte. Votre livre sera édité à mes frais ; vous voudrez bien m'en faire voir les épreuves, n'est-ce pas ? »

Je m'inclinai de nouveau, et je repris :

« Il y a, Sire, dans votre existence une période sur laquelle je ne puis trouver de renseignements. Elle se rapporte au voyage que Votre Majesté a fait en Amérique après l'affaire de Strasbourg. »

« Vous voulez dire, reprit-il, au voyage que le gouvernement de Juillet m'a fait faire ?

Puis se mettant à sourire il ajouta :

« Je l'approuve, il ne devait pas agir autrement. Eh bien ! pendant ce voyage, je suis resté presque tout le temps à New-York. J'avais pour compagnon mon cousin Pierre Bonaparte qui est plus jeune que moi, et le marquis de Gricourt qui est aujourd'hui sénateur. Adressez-vous à Gricourt. C'est avec lui que j'étais dans une des plus belles avenues de New-York, errant et m'ennuyant, lorsque j'aperçus écrit en anglais sur l'enseigne d'un changeur : « On demande des napoléons » pour des souverains. » Cela, dis-je à Gricourt, m'irait parfaitement. Oui, demandez des notes à Gricourt, et rien surtout à mes ministres qui ne me connaissent pas. C'est entendu ; travaillez, je parlerai à Persigny. »

Après un instant de silence, l'empereur ajouta : « Si le général Fleury était ici, vous pourriez le consulter. Il m'aime celui-là et il me connaît bien. »

Je saluai l'empereur après l'avoir remercié d'avoir bien voulu m'entendre, et je me retirai.

Hélas ! je me suis mis à l'œuvre ; mais absorbé par les journaux dans lesquels j'écrivais, je ne pus travailler que fort lentement. L'année 1870 arriva. L'Empire fut emporté et je brûlai mes notes, car je n'en étais encore qu'à réunir des notes.

Dès le 1er janvier 1869, M. Dalloz avait reconstitué la rédaction de son journal qui reprenait son titre de *Moniteur universel, Gazette nationale fondée en 1789*. En compulsant cette intéressante collection qui restera comme le document le plus précieux pour ceux qui voudront écrire l'histoire du dernier siècle, on trouve tous les emblèmes. D'abord ce sont les fleurs de lys de la monarchie de Louis XVI, puis les faisceaux de la République de 1792, l'aigle du premier Empire, les fleurs de lys de la Restauration, le coq gaulois du gouvernement de Juillet, et enfin l'aigle du second Empire.

Cette rédaction se composait, pour la partie politique, de M. Jules Valfrey, un polémiste de premier ordre, très instruit et très ferré en matières diplomatiques, de M. Jules Amigues, de M. Léo Joubert, de M. Alexandre Pey et de M. Eugène Asse.

Dans la partie littéraire se trouvait M. Sainte-Beuve qui restait, ayant refusé d'écrire dans le *Journal officiel*. Par malheur, M. Dalloz avait un associé trop prompt à l'alarmer. Or cet associé n'ayant pas approuvé un article de M. Sainte-Beuve, celui-ci passa au journal *le Temps*, qui le guettait depuis longtemps. M. Dalloz se hâta de se débarrasser de cet associé gênant qui lui faisait perdre un des atouts de son jeu. Venaient ensuite M. Paul de Saint-Victor, M. Mérimée, M. Édouard Thierry, M. Amédée Achard.

Le *Moniteur* fit au gouvernement une opposition modérée. Il voulait l'Empire libéral, une politique extérieure mieux dirigée. Il soutenait M. Émile Ollivier qui grandissait et dans lequel les esprits libéraux voyaient un futur premier ministre.

Dans ce temps-là, M. Jules Amigues était presque républicain. On devait au *Moniteur* contenir ses impatiences poussées à ce point, de vouloir déclarer dans ses articles qu'il n'était pas *sujet* de l'empereur. Il fit même des démarches pour obtenir l'autorisation de fonder un journal intitulé *la République*. Plus tard, alors que la France était en république, il devint bonapartiste militant et projeta de créer un journal intitulé *l'Empire*. M. Amigues était poète et auteur dramatique. C'est lui qui fit représenter à la Comédie française *Maurice de Saxe*, un drame en vers dans lequel il y avait cet étrange alexandrin :

« Messieurs les accoucheurs, de la gloire à vos fers. »

Grâce à cet ensemble de talents, le *Moniteur* conserva ses abonnés. Il conserva surtout intact ce bataillon de collectionneurs qui, de père en fils, recevaient cette intéressante publication.

Il se passa, dans cette année 1869, un fait qui mérite d'être signalé, tant il a d'importance et tant surtout il est glorieux pour la France : je veux parler de l'inauguration du canal de Suez, cette œuvre gigantesque accomplie par ce Français extraordinaire qui s'appelle M. Ferdinand de Lesseps.

On a pu rencontrer sur les boulevards un homme à la tournure élégante, personnifiant ce type du Parisien distingué, qui menace de disparaître. L'extrême simplicité de la tenue semble faire ressortir davantage son grand air. Un je ne sais quoi dit qu'il est là chez lui. En l'observant, on est porté à croire qu'il se rend à son cercle pour apprendre les bruits du jour, faire une partie de wisth et tuer le temps en attendant le dîner. Il n'en est rien.

Cet apparent désœuvré, ce faux fainéant est au contraire le travailleur le plus intrépide, le lutteur le plus tenace et le plus vigoureux de notre époque. Pour tout dire, c'est M. Ferdinand de Lesseps.

M. de Lesseps est né à Versailles au commencement de ce siècle. Sa famille est originaire de Bayonne. Il débuta dans la diplomatie, et fut en 1829 nommé vice-consul à Alexandrie.

En arrivant à son poste, il dut faire une quarantaine qui dans ce temps-là était rigoureusement de quarante jours. Le consul français lui fit passer des livres à bord, parmi lesquels se trouvait une relation de l'expédition du général Bonaparte en Égypte. Dans cette relation, des savants se livraient à toutes sortes d'hypothèses sur le percement de l'isthme de Suez, et prétendaient que la différence des niveaux entre la mer Rouge et la Méditerranée rendait cette opération impossible. M. Ferdinand de Lesseps, en lisant ce passage, haussa les épaules, et aurait bien voulu qu'il fût permis de prouver à ces savants qu'ils se trompaient. Mais comme il était consul, il devait ne s'occuper que de nos nationaux et ne point songer à remuer les sables de l'Afrique.

Il géra fort bien son consulat et, lors d'une peste effroyable qui se déclara à Alexandrie, en 1835, il fit preuve d'un grand courage, soigna les malades, et resta à son poste tandis que tous les Européens prirent la fuite. Il fut fait, pour sa belle conduite, chevalier de la Légion d'honneur.

D'Alexandrie, il fut envoyé comme consul à Barcelonne. Là il se trouva en face d'un autre fléau, la guerre civile. Il défendit ses nationaux, et les défendit si bien qu'il contribua à aider les autorités espagnoles à vaincre l'insurrection.

En 1849, le président de la République le nomma commissaire à Rome, où triomphait la révolution ayant à sa tête Mazzini. Ce poste était périlleux et on ne trouvait pas d'amateur pour l'occuper. Il partit avec mission d'incliner pour les idées libérales adoptées par l'Assemblée nationale. Mais bientôt il reçut de l'Élysée l'ordre de faire de la réaction. Il ne tint aucun compte de cet ordre et fut destitué. De retour à Paris il voulut être jugé. Il le fut et on désapprouva sa conduite. M. de Lesseps profita du moment pour dire un éternel adieu aux consulats. Il ne prit aucun souci de sa disgrâce, se sentant apte à faire mieux qu'à légaliser des passeports.

Les natures ardentes comme la sienne ne sauraient rester inactives. Il se souvenait de l'Égypte qu'il connaissait, qu'il avait explorée, et déjà se berçait de l'espoir de percer un jour l'isthme de Suez. Ce gigantesque projet le faisait rêver tout éveillé. Il avait dans l'esprit comme un vague souvenir d'avoir causé avec le grand Sphinx qui lui avait dit que si les Pharaons d'autrefois, aidés par des myriades d'esclaves, avaient élevé des pyramides et des obélisques tatoués de signes hiéroglyphiques, les Pharaons d'aujourd'hui devaient accomplir une tâche plus utile et non moins grande, c'est-à-dire avoir raison de cette languette de terre qui séparait l'Afrique de l'Asie, de la même façon qu'Hercule avait eu raison de celle qui soudait autrefois, à Gibraltar, l'Europe à l'Afrique. Alors M. de Lesseps s'abandonnant à son enthousiasme, que je qualifierai de sublime, puisqu'il y puisa la force de convertir sa chimère en réalité, éprouvait ces béatitudes et ces impressions délicieuses qui sont la récompense des grands esprits après qu'ils ont enfanté de grands projets. Sa vivacité naturelle et sa prompte conception des choses aidant, il entrevoyait, comme dans une simultanéité vertigineuse, les grands et les petits côtés de son œuvre. Vasco de Gama et la Méditerranée se dressaient devant lui, mystifiés, humiliés et confus. En effet, il dispensait les Européens, qui voudraient aller dans l'Inde, de doubler le cap de Bonne-Espérance. Quant à la Méditerranée, elle, qu'Hercule avait fait passer de la catégorie des lacs à celle des mers, il la réduisait à l'état de canal servant de trait d'union entre l'océan Atlantique et l'océan Indien. L'Afrique elle-même cessait d'être un continent et devenait la plus grande île de notre planète.

Mais, hélas! tandis que ces belles prouesses miroitaient dans la tête de M. de Lesseps, la fatalité voulait que l'Égypte fût gouvernée par un sultan indolent qui s'appelait Abbas-Pacha, personnification complète de la nullité orientale, amolli par son harem et opposé à tout progrès. Mais il fallait vivre. Alors M. de Lesseps alla s'enterrer à la Chesnay, une propriété située dans l'Indre, qui appartenait à sa famille, et se fit agriculteur, rêvant toujours à son projet et croyant à son étoile.

Un matin, alors qu'il était monté sur le toit de la ferme pour surveiller des ouvriers couvreurs, on vint lui remettre une lettre. Elle lui apprenait que Mahomet avait fait à Abbas-Pacha la grâce de l'appeler dans son paradis. Aussitôt M. de Lesseps descendit, endossa un habit de voyage, dit adieu aux siens, et partit pour l'Égypte passée sous le sceptre de Mohammed-Saïd qui était un aigle, comparé à son prédécesseur.

En 1855, M. de Lesseps, aidé par les ingénieurs qu'il avait appelés, entreprit l'exploration minutieuse du sol de l'Égypte depuis Péluze jusqu'à Suez, sur le bord de la mer Rouge, fit opérer des sondages et dresser la topographie du sol sur lequel devait être creusé le canal projeté. Ces travaux d'exploration durèrent quatre années, jusqu'en 1859, époque à laquelle, les études étant achevées, on pouvait, en toute sécurité et avec espoir de réussite complète, entamer les travaux. Une souscription fut ouverte et la presse, avec le plus loyal empressement, prodigua ses encouragements à M. de Lesseps et contribua à lui procurer les capitaux nécessaires à sa vaste entreprise.

Il faudrait entrer dans de trop longs développements pour décrire les difficultés qu'on eut à vaincre pour creuser dans des sables le canal projeté. Ce travail de Titan dura dix ans, c'est-à-dire jusqu'en 1869. Pendant dix ans, M. de Lesseps fut le général en chef d'une armée de travailleurs dont le nombre s'éleva jusqu'à cinquante mille, venus de tous les pays et installés confortablement, grâce à la prudence et à l'humanité de celui qui les commandait. Pendant dix ans, sur tout le parcours du Canal, aucun vol ne fut commis, tant ces ouvriers étaient bien disciplinés et dévoués à leur chef.

M. de Lesseps parcourait sans cesse la longue ligne des travaux, s'arrêtant là où se dressaient les obstacles, encourageant ses travailleurs, couchant sous la tente au milieu d'eux et vivant de leur vie.

Doué d'une santé de fer, qu'il doit en partie à sa

sobriété, M. de Lesseps, après avoir voyagé toute la journée, soit à cheval, soit sur un dromadaire, rentrait sous sa tente, non pour se reposer, mais pour écouter les rapports de ses chefs de service, correspondre avec Paris et avec Londres, donner des nouvelles de son entreprise et démentir les faux bruits que les sceptiques mettaient en circulation.

De 1859 à 1869, M. de Lesseps franchit trente fois l'espace qui sépare le bord de la mer Rouge de Paris et de Londres, voyageant sans bagage et vivant de pain et de fruits. Après avoir stimulé ses travailleurs, on le voyait arriver à Paris et à Londres, pour rassurer les actionnaires qui lui avaient donné leur argent et leur rendre l'espoir qui les abandonnait. Pendant ces dix années, M. de Lesseps se prodigua sans jamais proférer une plainte ni témoigner la moindre lassitude. Comparé à lui, le Juif errant était un être sédentaire.

Quand on creusait la partie du Canal qui touche à la mer Rouge, M. de Lesseps, une Bible à la main, lisait dans le livre de Moïse et essayait de vérifier s'il y avait encore des traces de la description de ces parages. On prétend qu'il a retrouvé, enterrés assez profondément dans le sable, les pieds des palmiers sous lesquels les Hébreux passèrent au moment de traverser la mer. Ce détail prouve l'activité de ce puissant esprit, qui sait tout conduire de front.

Pendant ces dix années, M. de Lesseps reçut beaucoup de visites. Les princes vinrent les uns après les autres examiner ses chantiers. Il en fit les honneurs à M. le comte de Chambord et au roi des Belges, alors prince royal. Il fit avec ce dernier une excursion pendant laquelle l'absence de tout cuisinier se fit cruellement sentir. Un certain jour, le duc de Brabant en fut réduit à ne manger à son dîner que du raisin sec. Plus tard, devenu roi et ayant M. de Lesseps à sa table, dans son palais de Laëken, il lui fit en souvenir de son voyage servir comme premier plat du raisin sec.

Ce fut, comme on le sait, vers la fin de 1869 que les travaux de percement terminés permirent aux eaux de la mer Rouge et de la Méditerranée de se mêler. Cette fusion s'opéra sans cataclysme et prouva que M. de Lesseps avait eu raison de rire des savants qui avaient signalé une différence de niveau considérable.

Le 19 novembre 1869, M. de Lesseps livra le canal de Suez à la circulation, et dans cette première journée quatre-vingts navires défilèrent sous ses yeux. Jamais grand amiral n'eut autant que lui le droit d'être salué par sa flotte. Après avoir présidé les fêtes de l'inauguration, il partit et revint en France. Mais, de temps en temps, il s'en va inspecter sa grande œuvre et constater par lui-même qu'il a su pleinement résoudre son gigantesque programme.

Il ne faudrait pas le chercher à Paris : il est probablement, ce pourfendeur d'isthmes, à Panama.

* *
* *

J'en reviens à la politique.

Les discussions du Corps législatif furent, en 1869, très orageuses. L'empereur, loin de s'en émouvoir, y puisa des enseignements. En ce temps-là, il lisait avec un redoublement de curiosité le *Mémorial de Sainte-Hélène,* et un passage, surtout, l'avait beaucoup frappé. C'est celui dans lequel le captif de Saint-Hélène semble s'adresser à son successeur et lui conseiller de donner aux Français autant de liberté que lui, Napoléon Ier, leur a donné d'égalité. Il prit bien vite un parti et résolut de modifier la Constitution de 1852. Il voulait en arriver à ce qu'on avait appelé le couronnement de l'édifice, c'est-à-dire à l'empire libéral. M. de Morny, en mourant, lui avait parlé de M. Émile Ollivier; il s'en souvenait, et, le 2 janvier 1870, le choisissait comme premier ministre et le chargeait d'aller au Sénat présenter les modifications qu'il était d'avis d'apporter à la Constitution et de résumer ce que l'on appelait les points plébiscitaires. Il fallait, comme on sait, que ces points plébiscitaires fussent approuvés d'abord par un sénatus-consulte, et ensuite ratifiés par un plébiscite.

Il fallait, pour aller soutenir cette grave discussion au Sénat, être tout à la fois orateur et jurisconsulte. M. Ollivier était l'homme qu'il fallait pour cela. Les divers discours qu'il prononça mirent le comble à sa réputation et le classèrent parmi les grands orateurs. Il fit, là, preuve d'un incontestable talent, et on fut unanime pour admirer la clarté, la logique et la force de son argumentation.

Le plébiscite eut lieu, et pour la quatrième fois le suffrage universel accordait à Napoléon III plus de six millions de suffrages. Qu'étaient-ils devenus, le 4 septembre suivant, ceux qui avaient apporté ces suffrages?

Dès les premiers jours, l'année 1870 fut troublée par des événements regrettables... je veux parler de l'affaire du prince Pierre Bonaparte qui tua, dans sa maison d'Auteuil, Victor Noir, qui, prétendait-on, était venu le provoquer et le menacer chez lui. On profita des funérailles de Victor Noir pour organiser une manifestation à la tête de laquelle se trouvait Rochefort, député de Paris, qui avait engagé les citoyens à venir protester dans la rue contre le meurtre accompli. Il avait publié dans un journal dont il était le rédacteur en chef un article d'une grande violence, qui décida le ministre de la justice à demander à la Chambre l'autorisation de le poursuivre. Ce droit fut accordé, et Rochefort fut condamné à quelques mois de prison. Il resta sous les verrous jusqu'à la révolution du 4 septembre. Ce jour-là, il fut délivré par la foule.

Malgré ce point noir, on était généralement satisfait de l'ère nouvelle dans laquelle l'Empire libéral allait nous faire entrer. On vit ceux qui avaient jusque-là boudé le gouvernement revenir à lui. Aux soirées de M. Émile Ollivier, on comptait parmi les assistants M. Guizot, le général Changarnier, Odilon Barrot. Et puis Prévost-Paradol acceptait le poste d'ambassadeur de France aux États-Unis et Weiss, son collaborateur au *Courrier du dimanche* et au *Journal des Débats*, était nommé sous-secrétaire d'État au ministère des beaux-arts. Presque par acclamation, M. Émile Ollivier était élu membre de l'Académie française en remplacement de M. de Lamartine.

Ce fut, comme on sait, M. Émile Augier, un poète charmant qui ne s'était jamais occupé de politique, qui fut chargé de recevoir M. Ollivier dont le bagage était tout politique. La réception n'eut lieu que près de deux ans après l'élection et les discours ne furent point prononcés, M. Ollivier ayant refusé d'accepter des modifications que lui demandait le bureau de l'Académie.

Que fût devenue la France avec l'Empire libéral? Il eût été intéressant de le savoir. Par malheur, la fatalité voulut qu'on ne pût jouir des avantages de ce nouveau régime.

L'horizon qu'on croyait calme devint noir tout à coup, et une tempête effroyable éclata.

Certes, en allant prendre les eaux à Ems au mois de juin, le roi de Prusse ne se doutait pas qu'il devrait interrompre sa cure pour revenir en hâte à Berlin décrocher de sa panoplie l'épée du grand Frédéric et se mettre à la tête de ses armées pour combattre la France.

La guerre était-elle fatale, ainsi que le colonel Stoffel, notre attaché militaire à Berlin, l'avait prédit dans des lettres qu'il avait adressées à l'empereur?

Cette guerre, au contraire, pouvait-elle être évitée et n'est-elle résultée que de maladresses diplomatiques? Je n'en sais rien et je déclare que je n'ai rien compris à tout ce que j'ai lu à ce propos.

Me bornant à raconter mes souvenirs, je me garderai bien de juger ces tristes et graves événements. Je voyais beaucoup M. Émile Ollivier; je constate qu'il était très préoccupé, très fourvoyé, et qu'il ne voulait pas la guerre. Les événements furent plus forts que la volonté des hommes. Nos armées furent battues après des résistances héroïques, l'empereur capitula et fut fait prisonnier et, le 4 septembre, la République était proclamée à Paris. L'impératrice régente, qui ne disposait pas même d'un régiment, s'éloigna. Les Chambres furent dissoutes et les fonctionnaires disparurent. Rien de tout cela ne fût arrivé si, au lieu de se rendre, Napoléon III se fût fait tuer à Sedan.

Le gouvernement de la Défense nationale, composé des députés de Paris avec le général Trochu pour président, s'installa à l'Hôtel de Ville.

Les Prussiens, envahissant la France, avançaient à grands pas sur Paris qui se fortifiait, fermait ses portes et s'apprêtait à soutenir un siège. Cette défense, par la force des choses, dut être non combinée, mais improvisée. Le gouvernement resta à Paris et envoya une délégation à Tours, qui était composée de M. Crémieux, ministre de la justice, de M. Glais-Bizoin, de M. de Chaudordy, représentant le ministre des affaires étrangères, de M. l'amiral Fourichon et de M. Clément Laurier, représentant le ministre de l'intérieur.

Étant garçon, je n'avais à prendre soin ni d'une femme ni d'enfants, mais j'avais une vieille mère de quatre-vingts ans, qui habitait la Ferté-sous-Jouarre. Je m'en allai quelques jours après le 4 septembre la prendre pour la conduire en lieu sûr. Elle n'était jamais montée en chemin de fer. Pour son début, je la conduisis à Montpellier. Ma mère était une femme du xviiie siècle. Elle en avait l'esprit, l'élégance et les grandes manières. En 1799, étant petite fille, elle avait dansé chez Barras, au palais du Luxembourg. En 1814, étant jeune femme, elle avait dû quitter la Ferté pour fuir devant les Prussiens, de la même façon qu'en 1870. Je voudrais pouvoir me rappeler les tristesses que lui inspirait cette dure nécessité.

Après l'avoir installée à Montpellier, chez son fils, je revins à Paris, mais déjà la Capitale était investie.

Il me fut impossible de rentrer, même par la ligne de l'Ouest. Ce que voyant, je m'en allai à Tours, auprès de la Délégation, où je retrouvai M. Dalloz parlementant avec Clément Laurier qui lui demandait de mettre le *Moniteur* au service de la Délégation. Il importait, pour transmettre les nouvelles et les ordres, que le gouvernement eût un organe. Cet organe, M. Dalloz l'avait, car il avait eu le soin d'emporter toutes les listes de ses abonnements. Comme imprimerie et comme machines, il pouvait disposer de l'établissement de son parent, M. Mame, qui est, comme on sait, un des premiers imprimeurs du monde.

Séance tenante, on rédigea un contrat aux termes duquel M. Dalloz mettait le *Grand Moniteur* et le *Petit*

Moniteur à la disposition de la Délégation, et s'engageait à publier les lois, décrets, ordonnances et règlements du Pouvoir exécutif. Dans cette partie officielle le gouvernement pouvait publier et dire tout ce qu'il voudrait. Ensuite venait la partie non-officielle dans laquelle M. Dalloz se réservait le droit de discuter librement. Cette convention étant signée, la Délégation fut aussitôt pourvue non seulement d'un journal à deux éditions quotidiennes, l'une le matin, l'autre le soir, mais d'adresses toutes faites indiquant à la poste là où il fallait porter les journaux.

Ce que je raconte se passait vers les premiers jours d'octobre de cette terrible année 1870. Paris était investi et assiégé, il y avait quarante départements envahis, le nord de la France ne pouvait plus communiquer avec le Midi que par mer, il s'agissait de lever des hommes et d'improviser des armées. C'est à peine si Turenne et Carnot eussent suffi à la tâche, et nous avions pour ministre de la guerre par intérim M. Crémieux, avocat presque octogénaire, doublé de M. Glais-Bizoin qui, en redingote verte et en chapeau blanc à longs poils, passait en revue les rares soldats formant l'armée de la Loire. Jamais une grande nation n'en était arrivée à une détresse comparable.

Aussi ce fut avec une joie réelle que l'on vit arriver Gambetta à Tours. Quand je le revis, je pensai à ce bon garçon, gai, insouciant, du café Riche, et je me refusais à croire qu'il était ministre de l'intérieur et ministre de la guerre, et chargé d'une aussi lourde responsabilité. Je l'ai vu à l'œuvre à Tours d'abord, à

Bordeaux ensuite, et je puis parler de l'ardeur patriotique avec laquelle, aidé de M. de Freycinet qui le seconda beaucoup, il se mit à lever des soldats et à les armer avec ce qu'il trouva dans nos arsenaux. C'est par centaines de mille qu'il faut compter les gardes mobiles qu'il envoya à l'armée de la Loire. Par malheur on n'improvise pas de soldats. Ces enfants, arrachés brusquement à leurs travaux, firent tout ce qu'ils purent. Gambetta ne désespéra jamais ; il n'eut, dans l'accomplissement de sa mission patriotique, ni découragement ni défaillance, et conserva jusqu'à la fin ses illusions généreuses.

A Tours et à Bordeaux il déploya une activité prodigieuse. Il visitait sans cesse les chefs de corps et passait presque tout son temps avec eux sous la tente, les encourageant et prêchant à tous la discipline et la foi dans la victoire.

Quand il n'était pas en inspection, il travaillait nuit et jour. Il rendait justice à toutes les bonnes volontés, on pourrait dire à tous les héroïsmes. Je me rappelle encore que ce fut avec des larmes dans les yeux qu'il reçut la duchesse de Luynes, à laquelle il était chargé d'apprendre que le duc de Luynes, son fils, avait été tué la veille à la bataille de Patay, et son second fils, le duc de Chaulnes, blessé très grièvement. Il remit à la duchesse éplorée la croix de la Légion d'honneur qu'il avait décernée au duc de Chaulnes.

Gambetta fut aussi beaucoup touché de l'attitude du marquis de Charette lorsque celui-ci, venant de Rome à la tête de ses zouaves pontificaux, accourut pour servir dans l'armée de la Loire et prier le ministre de la guerre de lui indiquer le poste de combat le plus proche. Ces souvenirs restèrent gravés dans sa mémoire. Aussi deux mois plus tard, en résiliant ses fonctions de ministre de la guerre, il rendit hommage, dans une proclamation qui restera comme pièce historique, au courage et au patriotisme du parti royaliste.

Nul récit ne saurait donner une idée de la joie qu'il ressentit lorsqu'il apprit, par une dépêche qu'apportait un ballon, que la garnison de Paris avait fait une sortie victorieuse et refoulé l'ennemi jusqu'à Épinay.

Ce n'était, hélas! qu'une illusion. Il n'y avait pas eu de sortie.

Le plan de campagne, vers la fin du mois d'octobre 1870, consistait à concentrer nos forces militaires sur la Loire, à repousser l'ennemi qui était aux portes d'Orléans, et par une marche rapide à venir débloquer Paris. On conçut quelque espoir de réussir le jour où nos troupes, commandées par le général d'Aurelles de Paladine gagnèrent la bataille de Coulmiers qui devrait en réalité s'appeler la bataille d'Orléans. L'ennemi fut repoussé et essuya de grandes pertes.

Mais cet espoir fut de courte durée. Sur ces entrefaites Metz ayant capitulé permettait à l'armée du prince Frédéric-Charles de venir se joindre aux Bavarois postés entre Orléans et Paris.

Gambetta mobilisait tous les départements du Midi, de façon à grossir autant que cela était possible l'armée de la Loire. Du lit où le retenait la blessure qu'il avait reçue près de Sedan le maréchal Mac Mahon écrivit à Gambetta pour lui signaler le général Chanzy qui était en Afrique et l'engager à lui confier le commandement en chef de l'armée de la Loire. Il le nomma tout de suite à ce poste important.

En même temps il confiait au général Bourbaki, qui était venu à Tours se mettre à sa disposition, le commandement d'un corps d'armée qui devait faire une pointe dans l'Est. Gambetta avait foi dans ces deux généraux plus que dans Garibaldi qui avait cru devoir accourir au secours de la France. On le reçut à Tours sans enthousiasme. Il partit un soir de la préfecture où il avait passé deux jours près de Gambetta. Il était accompagné de son aide de camp Bordone. Quand il monta en voiture il n'y avait autour de son carrosse de louage que deux témoins, M. Paul Dalloz et moi. On sait quels furent ses exploits.

Bien que j'aie présents à la mémoire tous les faits qui s'accomplirent pendant ces tristes jours, je ne puis les raconter en détail. Ma mémoire s'évapore quand j'y fais appel, et je dirais volontiers avec Virgile :

Animus meminisse horret luctuque refugit.

Tours, malgré la présence de la Délégation et d'une partie du corps diplomatique, malgré les nombreux étrangers qui s'y étaient installés, présentait un aspect lugubre. On était inquiet et assailli par le pressentiment d'apprendre une mauvaise nouvelle. On voyait errer dans la grande rue de Tours de braves gens chassés de chez eux par le danger et obligés de fuir pour mettre en sûreté des vieillards, des femmes et des enfants. Je raconterai donc d'une façon très laconique ces deux affreuses haltes à Tours et à Bordeaux.

Le mois d'octobre avait été beau, mais dès le mois de novembre il y eut des pluies torrentielles. Les soldats de l'armée de la Loire étaient campés dans la boue. La terre était détrempée à ce point, qu'il fallait à tout instant changer le campement des régiments de cavalerie.

Il y eut, comme on sait, un retour offensif de l'ennemi qui parvint à reprendre Orléans. A partir de cet instant Tours était menacé, et la Délégation devait songer à se transporter ailleurs. On hésitait entre trois villes, Brest, Clermont-Ferrand ou Bordeaux. Tous les matins ceux qui s'étaient réfugiés à Tours se réunissaient, comme les hirondelles à l'automne alors qu'elles songent à partir. On interrogeait ceux qui approchaient Gambetta et les autres membres du gouvernement. Selon les uns, on restait encore; selon les autres on allait s'éloigner.

Les heures les plus tristes de la vie sont parfois traversées par des éclairs de gaieté. Un matin le bruit était généralement accrédité que la Délégation allait partir pour s'installer à Bordeaux, et chacun alors songeait à faire ses malles; mais, vers onze heures, une brave mère de famille vint démentir la nouvelle : « On ne part pas encore, affirma-t-elle. — Et qu'en savez-vous? lui cria-t-on de toutes parts. — On ne part pas dit-elle, parce que madame l'amirale Fourichon vient de donner encore du linge sale à sa blanchisseuse. » En effet, on ne partit que quinze jours plus tard.

M. Crémieux avait habité l'archevêché de Tours et fait très bon ménage avec Mgr Guibert, aujourd'hui archevêque de Paris. Il avait passé son temps à nommer des avocats généraux comme s'il n'y avait pas eu un seul Prussien en France. Il prit congé de l'archevêque.

Clément Laurier était à Londres pour négocier un emprunt.

Gambetta s'en était allé à Bourges installer le général Bourbaki dans son commandement. C'est de là qu'il se rendit à Bordeaux. Il habita la préfecture.

M. Dalloz à peine arrivé à Bordeaux et aidé de Camille Debans, de Léo Joubert et de Peÿ, ses collaborateurs, prit possession de l'imprimerie de M. Crugy, rédacteur en chef du *Courrier de la Gironde*, qui voulut bien la mettre à sa disposition et y fit monter des presses, puis installer des ateliers de clichage, prévoyant déjà qu'après la paix il y aurait des élections pour nommer une Assemblée qui viendrait siéger à Bordeaux. Il voulait tout de suite se mettre en état de pouvoir publier les débats de cette Assemblée, si, comme il le supposait, cette tâche était au-dessus des forces de ceux qui à Paris étaient chargés du *Journal officiel*.

Ce fut vers les premiers jours de décembre que la Délégation vint à Bordeaux. Il faisait un froid tel que la Gironde était prise, ce qui ne s'était pas vu depuis quarante ans. On sait que l'hiver de 1870 à 1871 fut très rigoureux.

Bordeaux, malgré son animation, était aussi morne d'aspect que Tours. Les nouvelles de la guerre étaient désastreuses, puis on savait par les dépêches arrivées de Paris par pigeons que les Parisiens souffraient cruellement du froid et un peu aussi de la faim, tant la nourriture était mauvaise. Par contre, les marchés et les halles de Bordeaux regorgeaient de victuailles, de poissons, de gibier, de truffes et de fruits de toute espèce qu'on ne pouvait partager avec eux. On se faisait scrupule de savourer toutes ces bonnes choses quand on songeait que ceux que nous aimions et qui étaient enfermés dans Paris en étaient réduits à manger des chevaux de fiacre et les animaux du Jardin des plantes.

A Bordeaux Gambetta était plus visible qu'à Tours. Presque tous les soirs, pour les besoins du *Moniteur*, nous allions, M. Dalloz et moi, le voir à la préfecture. Il nous donnait des nouvelles de nos divers corps d'armée et rendait pleine justice à la tactique du général Chanzy, qui pour tenir tête à l'armée était obligé de se battre presque tous les jours. Malgré nos revers il demeurait plein d'espoir, et se montrait déjà le partisan de la *guerre à outrance*.

Il avait pour lieutenants M. Spuller, son ami, un journaliste de talent et fort instruit, qui partageait toutes ses illusions; M. Isambert, qui devint rédacteur en chef de la *République française*; puis M. Ranc, investi des fonctions de directeur de la sûreté générale, qu'il sut remplir avec une très grande habileté. Il faisait avec un flair parfait et une énergie prodigieuse la guerre aux espions dont nous étions infestés à

Tours et à Bordeaux et sut en prendre quelques-uns la main dans le sac. Il rendit de véritables services. Je l'approuve moins lorsqu'il se transporta à l'armée de la Loire pour inviter le prince de Joinville, qui servait comme un simple soldat, à se retirer, alors que tant d'autres se dispensaient de ce devoir sacré. Il chercha infructueusement le duc de Chartres qui, sous le nom de Robert le Fort, était dans les rangs de l'armée du général Chanzy.

Paris, après une héroïque résistance, capitula. On dit que M. Thiers, qui s'en était allé visiter les rois de l'Europe pour nous trouver des alliés sans réussir nulle part, approuvait cette capitulation. Quant à Gambetta, il fut d'un avis contraire, c'est-à-dire pour la guerre à outrance. Mais il lui fallut céder, tous ses collègues du gouvernement de la Défense nationale étant décidés à faire la paix. Il donna sa démission de ministre de l'intérieur et de ministre de la guerre, et s'en alla à Saint-Sébastien, non pas attendre les événements ainsi qu'on l'a prétendu, mais pour se soigner, car il était très malade : il ne pouvait plus parler et crachait le sang à pleine cuvette. Je l'ai vu la veille de son départ, et je puis affirmer ce que j'avance.

Il y eut des élections. L'Assemblée vint à Bordeaux et siégea dans le grand théâtre, converti en salle des séances. Le président était sur la scène, les représentants dans les loges, les stalles et les balcons, et la tribune sur le trou du souffleur.

Le *Journal officiel* n'ayant pu démarrer de Paris, ce fut M. Dalloz qui, dans le *Moniteur*, imprima les débats de l'Assemblée. Il dut, pour accomplir une telle besogne, réaliser des prodiges d'activité. On réquisitionna une salle de concert pour établir les ateliers de composition et les salles de départ, et c'est là que le soir les députés venaient pour corriger les épreuves de leurs discours. Victor Hugo, coiffé de son képi, y vint plusieurs fois.

M. Thiers fut nommé chef du Pouvoir exécutif et prit pour ministres : M. Jules Favre aux affaires étrangères, M. Picard à l'intérieur, M. Dufaure à la justice, M. Pouyer-Quertier, son élève, aux finances, le général Leflô à la guerre, M. Jules Simon à l'instruction publique, M. Lambrecht au commerce, M. de Larcy aux travaux publics et l'amiral Pothuau à la marine.

Ceci se passait en février 1871. Le 14 mars il fut décidé que le gouvernement retournerait à Paris et que la Chambre siégerait à Versailles.

La Chambre alla à Versailles, et le 18 mars, la Commune ayant éclaté à Paris, le gouvernement alla la rejoindre. Après l'invasion, la guerre civile.

. . . .
. . . .
. . . .
. . . .

.

Je pourrais évoquer mes souvenirs se rapportant aux douze dernières années, mais je préfère m'arrêter en 1870, parce que je considère comme inutile de parler d'événements et de personnages que chacun connaît aussi bien, si ce n'est mieux que moi.

Je me bornerai en quelques lignes à rappeler les noms de ceux qui depuis 1870 ont su conquérir la juste notoriété dont ils jouissent.

Avant 1870, par exemple, M. le duc de Broglie était déjà de l'Académie française, mais il n'avait pas eu l'occasion de prouver qu'il était un grand orateur et un grand homme d'État sachant illustrer encore davantage le beau nom qu'il porte.

M. Paul de Cassagnac n'était pas ce brillant et vaillant polémiste qu'il est à présent.

Dans le roman, MM. Alphonse Daudet, Ernest Daudet, Du Boisgobey, Paul Perret, Ohnet, Zola, Claretie, Th. Bentzon, Texier et le Senne, Ludovic Halévy, Henry Rabusson, Pierre Loti, Anatole France, Albert Delpit, Guy de Maupassant, Pierre Véron et d'autres que j'oublie, n'avaient pas écrit les livres qui ont fait leur réputation.

En peinture MM. Bonnat et Henner n'étaient pas les maîtres qu'ils sont aujourd'hui.

Il en était de même en architecture pour M. Garnier, qui à cette époque n'avait point achevé l'Opéra.

En sculpture, MM. Mercier, Dubois n'avaient pas exécuté les belles œuvres qui en font des artistes de premier ordre.

Dans les sciences on connaissait à peine M. Marcel Després, l'électricien.

Enfin, comme compositeur, M. Massenet ne s'était pas encore révélé.

Je pourrais prolonger mon énumération, mais je m'arrête, et je termine mon livre avec la satisfaction d'y avoir inscrit les noms de ces puissantes individualités. En France, les vivants vont vite.

Janvier 1881.

FIN

LISTE ALPHABÉTIQUE

DES PERSONNES DÉSIGNEES DANS CE VOLUME

A

Abd-el-Kader............ 111
About (Edmond)... 116-145-208-234
Achard............... 104
Adelon................ 4
Affre (Mgr)............ 70
Alloury............... 95
Amigues (Jules)......... 34
Antigny (Blanche d')..... 170
Arago................ 58
Arlincourt (d')......... 98
Assé (Eugène).......... 321
Assolant (Alfred)....... 203
Auber................. 224
Aubryet (Xavier)........ 183
Audebrand (Philibert)... 176
Augier (Emile)......... 232
Aumale (duc d')......... 53

B

Ballanche (de).......... 29
Balzac................ 105
Banville (Théodore de)... 83
Barbès................ 68
Barbet (Henri).......... 120
Barbey d'Aurévilly...... 201
Barrière (Théodore)..... 83
Barrot (Odilon)......... 66
Basset................ 161
Bastoggi (comte)........ 259
Bayard................ 68
Bell (Georges).......... 177
Bellanger (Marguerite).. 248
Benazet............... 253
Béranger.............. 63
Berryer............... 89
Berthrand............. 26
Beuzeville............ 118
Billaut............... 213
Bischoffsheim.......... 219
Bismarck (prince de).... 258
Bixio................. 193
Blancart de Bailleul (Mgr).. 122
Blanqui............... 68
Boieldieu............. 127
Boisgobey (du)......... 343
Bonaparte (prince Pierre).. 89
Bougars (Esther de).... 8

Boudet	269
Boissieux (de)	291
Bouilhet (Louis)	233
Brainne	116
Brière (Léon)	118
Broglie (duc de)	204
Brohan (Mme)	234
Bryan	216
Buloz	157

C

Cabarus (docteur)	304
Cantagrel	59
Capefigue	89
Cassagnac (Paul de)	295
Castel	188
Castille (Hippolyte)	96
Cavaignac (général)	69
Caze (duc de)	204
Changarnier	114
Charles Edmond	193
Chassis-Pollet	66
Chateaubriand	29
Chaudordy (comte de)	332
Cico (Mlle)	86
Claretie	343
Clogenson	123
Cochinat (Victor)	133
Coquereau (abbé)	27
Cora Pearl	247
Cordier	141
Cormenin	55
Couilhac (Louis)	139
Cousin (Victor)	11
Cousin (Joseph)	188
Crémieux (Adolphe)	334
Crémieux (Hector)	237
Crétineau-Jolly	167
Cuvillier-Fleury	201

D

Dalloz (Paul)	205-272-315
D'Argout	51
Daru (Paul)	26
Daudet (Alphonse et Ernest)	218
Daugny	219
Debans (Camille)	342
Dejazet	137
Delahante (Gustave et Fernand)	259
Delaunoy	89
Delibes (Léo)	294
Delion (Anna)	246
Degouve-Denunque	116
Delpit	343
Delprat	203
Denis (Achille)	243
Denormandie	5
Déroulède (Paul)	171
Des Varannes	246
Doche (Mme)	135
Doré (Gustave)	225
Drouyn de Lhuys	221
Du Charmel (baron)	7
Dugléré (Adolphe)	310
Dujarier	38
Dumas (Alexandre)	32
Dumas fils	166-178
Dumont (Auguste)	42
Dupin	96
Dupont (de l'Eure)	63
Duthuit	122
Duval (Ferdinand)	203

E

Ennery (d')	241
Erdan	95
Esparbié	

F

Falloux (comte de)	92
Fargueil (Anaïs)	2
Faucher (Léon)	66-82
Favier (général)	111
Favre (Jules)	217
Féret (Amédée)	294
Ferronays (marquis de la)	194

TABLE ALPHABÉTIQUE

Ferry (Jules). 208
Feuillet (Octave). 235
Fiorentino 104
Flaubert (Gustave). . . . 142-181
Forbras (abbé). 124
Fould (Achille). 208
Frank-Carré. 122
Fraser (major). 25
Freycinet (de). 335

G

Gaiffe 167
Galitzin (prince). 215
Gambetta. 295
Ganesco. 203
Garnier (Mlle Marie). 237
Garnier-Pagès. 65
Gautier (Théophile). 278
Gille (Philippe). 237
Girardin (Mme Delphine de). . 32
Girardin (Émile de). 7-73
Goncourt (Edmond et Jules de). 181
Gondinet, ... 171
Gozlan (Léon). 161
Grammont-Caderousse (duc de). 244
Granier de Passagnac. . . . 162
Grévy (Jules). 69
Guichardet. 235
Guimond (Esther). 247
Guizot. 10

H

Halévy (Ludovic). 241
Hassé (Caroline). 247
Haussmann (baron). 265
Hervé. 203
Houssaye (Arsène). . . . 163-231
Howin de Tranchère. 91
Hugo (Victor). 92

I

Isambert. 340

J

Janin (Jules). 51
Janicot (Gustave). 95
Joinville (prince de). 341
Judic (Anna). 241
Jussieu (Adrien de). 51

K

Kalib Bey 270

L

Labiche (Eugène). 171
Laboulaye (Tninguy) 107
Laferronnais (comte de). . . . 260
La Guéronnière. 159
Lamartine 195
Lambert-Sainte-Croix 203
Lambert Thiboust. 172
Lamennais (abbé de) 62
Lanfrey 200
Lapierre 116
Laquerrière 128
Laurier (Clément). 294
La Valette (marquis de). . . 28-55
Lavalette (Adrien de) 75
Lavoix (Henri) 166
Leblanc (Léonide) 235
Ledru-Rollin. 53
Lemoinne (John) 203
L'épine. 218
Leroy (baron Ernest) 120
Lesseps (Ferdinand de) . . . 323
Lévy (Calmann). 171

Lévy (Michel). 198
Littré 202
Lola Montès 36
Louis Blanc 28-55
Louis-Napoléon. 72
Louis-Philippe (roi). 12
Loyer (Félix). 5
Lubomirski (prince) 112

M

Magnard (Francis) 295
Maillot 132
Manvoie (Athalie). 236
Marie Duplessis 40
Marrast (Armand). 27
Mars (Mlle). 50
Marschal (Charles) 295
Maurice Alhoy 139
Maxime du Camp. 142
Mayrargues 294
Meilhac (Henri). 248
Mélesville 7
Méreaux (Amédée) 132
Mérimée. 161-276
Méry 168
Metternich (princesse de) . . . 275
Meurice (Paul). 95
Meyerbeer 229
Michelet. 147
Mirès 161
Mitchell 295
Mocquart 103
Modène (marquis de). 245
Molé (comte) 103
Molènes (de). 291
Monselet (Charles) 84
Montaland (Céline) 236
Montalembert. 91
Montégu (Émile) 320
Montessu (Pauline). 136
Moreau (Hégésippe). 2
Morny (duc de) 213-217
Murger. 83-145
Musset (Alfred de). 24-196

N

Nadar. 85
Napoléon III. 318
Napoléon (prince). 194
Noriac (Jules) 140

O

Octave (Mlle) 79-86
Odry. 7
Ollivier (Émile). 216-271
Orléans (duc d'). 14

P

Pellat 46
Pelletier 210
Pène (Henri de). 302
Pereire (Émile et Isaac). . . . 267
Persigny. 317
Pestel (parti). 110
Pey (Alexandre) 321
Picard (Ernest). 265
Pierson (Blanche). 236
Plunkett. 134
Ponsart 233
Ponson du Terrail 109
Pontmartin. 289
Pouchet 125
Pouyer-Quertier. 268
Prévost-Paradol. 203
Proudhon. 61

R

Rachel. 47
Ranc 340
Renan. 277
Regnaud (Henri) 57

TABLE ALPHABÉTIQUE

Ricord (docteur) 137
Rivoire 115
Rivoli (Masséna duc de). . . . 246
Rochefort (Henri). 303
Roger de Beauvoir. 24
Roqueplan (Nestor) 35
Rossi 45
Rossini 228
Rothschild (baron de) 6
Rouher. 262
Rovigo (duc René de). 7
Royer-Collard 31
Royer (Alphonse). 223

S

Sacy (Sylvestre de). 200
Saint-Albin. 90
Saint-Marc Girardin 201
Sainte-Beuve. 277
Saint-Victor (Paul de). 282
Sand (George) 145
Sardou 150
Schneider (Hortense). 236
Scholl (Aurélien) 160-177
Scribe (Eugène). 230
Second (Albéric). 243
Seymour (lord) 30
Simon (Jules) 306
Soubeyran (baron de). 211
Soubirane 133
Sue (Eugène). 23-194

T

Texier (Edmond). 117
Thiers. 78-102-103
Thierry (Édouard). 252
Tougard 141
Toulgouët 96
Treilhard (comte). 269

Trimm (Timothée) 238
Turgan 205

U

Ugalde (Mme). 137
Ulbach (Louis) 142

V

Vacquerie (Auguste) . . . 165-294
Valette. 46
Valfrey (Jules). 321
Vergniaud 114
Vernet (Horace). 9
Véron (docteur). 224
Véron (Pierre) 343
Veuillot (Louis). 117
Victor-Emmanuel (roi) 194
Vigny (Alfred de). 85
Villemain 10
Villemessant 300
Villemot (Auguste). 188
Visinet 110
Vitu (Auguste). 84

W

Waldeck-Rousseau 81
Walewski (comte). 219
Weiss 203
Wilson (Daniel). 245
Wolff (Albert) 299

Z

Zola. 343

www.ingramcontent.com/pod-product-compliance
Lightning Source LLC
Chambersburg PA
CBHW060323170426
43202CB00014B/2650